古代歷史文化^{研究}輯刊

四 編

王 明 蓀 主編

第 7 冊

漢初的學術與政治
——兼論當時傳統與現實的關係

霍 晉 明 著

統一帝國之宗教

(221B.C.～8A.D.)

林 慶 文 著

國家圖書館出版品預行編目資料

> 漢初的學術與政治——兼論當時傳統與現實的關係　霍晉明
> 著／統一帝國之宗教（221B.C.～8A.D.）　林慶文著－初版
> －台北縣永和市：花木蘭文化出版社，2010〔民99〕
> 目 2+96 面＋目 2+98 面；19×26 公分
> （古代歷史文化研究輯刊 四編；第 7 冊）
> ISBN：978-986-254-227-9（精裝）
> 1.秦漢史　2.學術思想　3.中國政治制度　4.宗教史
> 621.9　　　　　　　　　　　　　　　　　　99012823

ISBN - 978-986-254-227-9

古代歷史文化研究輯刊
四 編 第七 冊　　　　　　　　　ISBN：978-986-254-227-9

漢初的學術與政治——兼論當時傳統與現實的關係
統一帝國之宗教（221B.C.～8A.D.）

作　　　者　霍晉明／林慶文
主　　　編　王明蓀
總 編 輯　杜潔祥
印　　　刷　普羅文化出版廣告事業
出　　　版　花木蘭文化出版社
發 行 所　花木蘭文化出版社
發 行 人　高小娟
聯 絡 地 址　台北縣永和市中正路五九五號七樓之三
　　　　　　　電話：02-2923-1455／傳真：02-2923-1452
電子信箱　sut81518@ms59.hinet.net
初　　　版　2010 年 9 月
定　　　價　四編 35 冊（精裝）新台幣 55,000 元

漢初的學術與政治
——兼論當時傳統與現實的關係

霍晉明　著

作者簡介

霍晉明，男，1960 年生於台灣台北。1983 年，畢業於淡江大學電子計算機科學系。由於在大學期間，對於人生意義與民族文化前景有著極深的感觸與憂慮，在多方涉獵思索的過程中，因接觸唐君毅、錢賓四等學者的著作，對哲學、歷史、文化等產生了較大的興趣，並有一定程度的鑽研。1988 年，進入中央大學中國文學研究所就讀，尋因自認對秦漢之際歷史文化之大轉變略有所見，遂以此為題撰寫碩士論文，頗受口試老師之謬賞與肯定。後於 1994 年進入景文科技大學任教至今（2010）；截至目前，在學術上尚未見特殊之建樹與貢獻。

提　要

　　本文的主旨是：希望經由對先秦至漢初之「學術發展」與「社會變動」兩方面互動關係的研究，來探討漢初（至漢武帝之復古更化）學術與政治形成的原因和特色；並希望藉此研究能對當代所面臨的社會轉型與文化衝突問題有所啟發。

　　首章旨在說明本文寫作之動機，以及本文論點得以成立所賴之哲學基礎（歷史的意義）與本文所採的研究方法。

　　第二章是以「對周文崩解之回應」與「繼憂患意識而來的精神發展」為主要線索，來解釋先秦學術發展變化之脈絡。此乃理解漢初的學術淵源所必須者。

　　第三章則以漢初之民生社會的歷史淵源為研究課題；亦即是對晚周以降的社會變動略作說明。其中以「封建解體與四民社會興起」、「士階層的興起」及「宗族與孝道觀念之普遍化」為討論的核心；並藉以點明學術與政治的互動關係。

　　第四章則是繼前章之所述，進一步探討漢初之社會政治問題及當時政府的因應對策。分「高祖呂后」、「文景」及「武帝初期」三個階段論述之。旨在說明「復古更化」的由來背景與內容。

　　第五章討論漢初的學術。承繼前文所說明的先秦學術發展脈絡與春秋戰國時期學術發展與政治社會變化之互動關係，來解釋漢初學術的發展方向與特色，藉此看出如董仲舒等漢儒的用心所在，並明其學術成就與限制。亦即：藉由前文所建立起的解釋系統，期能對漢初儒者作出較為同情公允的評價。

　　第六章結論，提出「主觀性原則」與「客觀性原則」這一對觀念，以對先秦至漢初這段學術與政治的互動歷程，作一系統性的超越說明；也就是從歷史哲學的角度，（不同於前文以歷史事實為出發）對以上的論題作一回顧。並指出漢初所面臨的社會變動，在性質上與當代有相類之處，其中實有值得我們深思者在。

目次

第一章　緒　論

第一節　歷史的意義及本文寫作之目的

一、人之存在的意義與歷史

　　歷史，就一般了解的常識意義來說，不過就是一連串過去的人與事；對這些人與事的記錄與敘述，就是歷史。如此看來，「歷史」和活在現在的每一個個人，又有什麼關係呢？它不過只是少數人有興趣研究的題材罷了。或者有人會說，因為我們現在所有的、所正在發生的一切，無一不是從過去中來，所以研究歷史，無非是為了解現代，解決現在所面臨的問題。此說似亦能言之成理。但若真如此說，則探究歷史，不過是為了明白現在面臨之事的來龍去脈。因此而由「現在」而上溯「歷史」，其所理解者，僅能及於和「現在」所面臨者之關係密切者；出此之外，則亦無意義。整體的「歷史」，仍宛若是人的身外之物而與「我」不發生任何關係。或又以為研究歷史能增進吾人之智慧，所謂「前事不忘，後事之師」，歷史是人類經驗智慧的豐富寶庫，可從中吸取寶貴的教訓。此說亦相當有理，也是很多人對歷史發生興趣的原因。但問題是，雖說「太陽底下無新事」，但歷史也是永不重演的；其可作為「教訓」的意義，是有時而窮且又無絕對保證的。且在此說之下，歷史必將呈顯為片斷的「故事」而不成其為整體，且自己民族的歷史與其他民族的歷史在本質上亦無重要性的差別（反正只是提供經驗教訓而已），個人與歷史的聯繫仍是外在的認取而非本質的關聯。

　　然則歷史可別有深意？如前所述，歷史不外乎是過去的人和事；我們若

將這些在史籍上留名的特殊的人和事沉下，則可見到在此「特殊」之下，還有普遍的人和事以爲襯托，此即表現爲政經制度、民俗風向、觀念思想、社會形態等等。然而我們若將此普遍者與特殊者一齊壓下，則可見到有更根本的支撐者浮顯出來，此即爲一「精神實體」。原來，所謂「事在人爲」，歷史的開展，還是以人之「意欲」爲根本動力。而「意欲」看似屬於個人而又人人不同者，實則因爲「事」非成於一人，而是眾人之「意欲」交錯互動的結果；也因爲「事」的聯結，使人成爲聲氣相通者〔註1〕，於是「意欲」成爲一集體而綜合的表現。就其在個人而論，史實像是少數人的「動機——事件」的直線因果關係；但就其綜合而論，則表現爲一時代的發展取向，爲一時代的精神。我們如了解到此點，則可驚訝的發現，「歷史」可說是一「精神實體」的自我發展；因爲每一時期的「時代精神」都是與其前後相聯而發展變化的。於是，過去與現在，就在此一「精神發展之流」中被貫串起來而合而爲一。〔註2〕

當我們將歷史的意義提高到「精神發展」之層次的時候，每一個個人便因此而與歷史取得了內在而緊密的聯繫。因爲個人的生命，亦無非是一精神的表現。生命中有理想，有欲望……，不論其當理與否，皆是「精神」欲突破自我的藩籬而邁向無限的表現。此「表現」必離不開時代環境，而時代環境則爲歷史精神之具現。所以，當人對自我意識沒有清楚的自覺時，其所表現者自然的在歷史精神之洪流的籠罩之下；而當人對生命的意義有所自覺，要求其自身的生命能夠表現得順適而如理，則必當重新認識其所處的環境，加以疏理而明其所由，以便能相應地創造價值。而理解時代的精神即是理解歷史精神（此即所謂「一切歷史都是現代史」之意）〔註3〕。所以對自己存在意義的覺醒，也就表現爲對歷史意義的發現；因爲「精神實體」畢竟是「一」

〔註1〕 從表面上看可以如此說。但也可反過來從發生的理據上說，必先肯定了人在本質上的相通爲一，所以才有可能合以成事。

〔註2〕 何以歷史的意義是精神實體的自我發展，而不是其他？（如以歷史爲直線式的自然進化；或以歷史爲生老病死的自然規律；或以歷史爲少數英雄的精神表現；或以歷史爲生產關係牽連而出者……）此爲一史觀的問題，難說何者爲絕對正確何者絕對爲非。要之以其所欲論述的主題而定。然若以傳統儒家人文主義的立場，以肯定性善下的人生之圓滿爲主要關懷，則自然以「精神實體」觀點來透視歷史最爲相應。當然「精神實體」一詞之成立若要嚴格論之，其背後有很複雜的哲學問題，本文不擬討論，而逕以牟宗三先生的《歷史哲學》一書爲依據。

〔註3〕 意大利哲學家克羅齊（Croce, Benedetto 1866～1952）的名言。

而非「多」。而此一與歷史在精神上的自覺相通爲一，與所謂明其「來龍去脈」，在層次上是迥不相侔的。

更進一步說，人自身生命價值的完成，是立基於歷史上的完成。蓋人作爲一「追求意義的存在」〔註4〕，必然地要求對人生價值的充分滿足。對此一價值的體會，雖可藉宗教信仰或哲學思辯而達到，但所能達到者僅爲一主觀的「無限之境界」；人不能只駐足於境界之中，而主觀的精神境界亦要求其自身的客觀化，所以人必須在生活中落實價值感，具體地實現價值。因此，生命必須是一道德的實踐（創造價值的實踐）。而此創造的憑依（創造方向的指引）必來自歷史；而創造之成果，亦必累積於歷史。人必經由此一具體的道德實踐，而自覺或不自覺得與歷史發生關聯，因此而使「無限感」得以落實，使人努力的成果經由歷史而得到永恆的安立。

也因此，所謂的歷史，就成爲絕對的、形上的「精神實體」落於有限的現實世界之無盡的展開。當此一「展開」對人類而言是有意義的時候，必先表現爲一觀念形態。觀念既因連結著現實而有，因此必是有限的，所以在不同的民族、不同的文化系統中，可有不同的原始觀念形態之表現。至於其表現者爲何，則只有發生上的機緣而無邏輯上的必然理由。然不論其首出者爲何，只要人類追求價值之心不滅，則必然有無盡的充實發展，而不斷地豐富著歷史文化，以副「精神實體」之絕對無限。此即是牟宗三先生所說的：「觀念形態在現實發展中豐富其自己也是精神的表現。而精神的表現是有理路的，在理路中表現，就是逐步客觀化它自己。而觀念形態也就在精神之逐步客觀化中逐步豐富它自己，完整它自己。因此，在現實的發展中，觀念形態的豐富過程中，『道德的心』的內容可以全部誘發出來；而在開始各民族之不同，可以逐步期於會通，在精神表現的理路中會通。這就是人類的前途與夫各民族之所以有未來之故。」〔註5〕

由此可知，疏通歷史的鬱結，即是疏通我們生命的鬱結；掌握生命的方向，亦就是掌握歷史發展的方向。從這個角度來看歷史，想要抉發出「精神實體」在歷史中的曲折表現，就是對「歷史精神」的研究，即所謂「歷史哲學」。

〔註4〕　意即：人是以道德性爲其本性的。因明覺感通、及物潤物而與萬物合而爲一。此一不斷的過程即可說是「追求意義」。

〔註5〕　《歷史哲學》，頁4。

二、寫作本文之理由與目的

　　本文主旨在探討漢初（至武帝一朝止）學術與政治的互動關係；可說是一篇以「政治」爲主要著眼的思想史論文。而爲了明白時代背景，亦不得不上溯先秦之學術政經社會等，以求明其演變之跡，藉以了解漢初的學術文化在整個中國文化之流中所居之地位。

　　之所以圈定「漢初」爲討論的範圍，除了在發生上的一些機緣外〔註6〕，主要是因爲認識到漢初在我國歷史發展上的重要地位：一方面它是此後二千年政治社會規模的奠基者，大一統的王朝組織形態直至清末無根本改變，而基本的社會結構（如家族的重要地位及士農工商的四民社會）及社會信念（如重農抑商、孝弟力田等）亦在此時確立〔註7〕；但在另一方面，它理當總結春秋戰國百家爭鳴的學術思想，但在事實上卻似乎又沒有很高的學術表現〔註8〕；這些現象究竟是由什麼原因促成？顯示什麼意義？實值得我們作深入的認識與探討。

　　而本文以「學術思想」爲主要的探討內容，是因爲「思想」本身即爲該時代之人對其自身所處之時代、所面臨之問題的反省，較其他的歷史現象能

〔註6〕　本文的寫作動機主要因閱讀牟宗三《歷史哲學》與錢穆《兩漢經學今古文評議》及顧頡剛《秦漢的方士與儒生》等書所引起。

〔註7〕　徐復觀以爲：「兩漢思想，對先秦思想而言，實係一種大的演變。演變的根源，應當求之於政治、社會。尤以大一統的一人專制政治的確立，及平民民性的完成，爲我國爾後歷史演變的重大關鍵。」見於《兩漢思想史·卷一·自序》，頁1。又說：「不僅千餘年來，政治社會的局格，皆由兩漢所奠定。所以嚴格地說，不了解兩漢，便不能徹底了解近代。」見於《兩漢思想史·卷二·自序》，頁1。

　　　　馮友蘭亦曰：「及秦漢大一統，政治上定有規模，經濟社會各方面之新秩序亦漸安定。自此而後，朝代雖屢有改易，然在政治經濟社會各方面，皆未有根本的變化。各方面皆保其守成之局。」見氏著《中國哲學史》，頁493。

〔註8〕　例如勞思光就認爲：「而漢興以後，先秦學統既絕，新學統亦未能建立，中國哲學及文化精神之中衰於此開始。」又：「兩漢經術，爲後世所稱；然按其實情，則儒學大義已乖；……自西漢初至東漢，支配知識份子之思想，止孔孟之儒學，而爲混雜陰陽五行之妖言。……董仲舒本人即深信五行災異之妄言，正與其餘以『儒術』著稱之經生，同其旨趣。如此，儒學似興而實亡。孔孟心性之論及成德之義，皆湮沒不彰。……此中國哲學之大劫也。……董仲舒之後，則天人相應之說立，妖言被正規化，茫茫昧昧，世之言儒學者悉歸於陰陽五行。而價值德性亦依『宇宙論中心』之觀念而解釋之：心性論大衰。孔孟之學統實已斷絕。」見氏著《中國哲學史·卷二》，頁「拾、拾壹」。當然，如何評價漢代學術是十分有爭議的問題。

更爲直接地反應出該時代之精神；所謂「一切歷史都是思想的歷史」〔註9〕，故經由「學術思想」來把握歷史精神，不失爲一簡要的方法。且漢初思想的價值高下與所代表的意義，一直是很有爭議的問題〔註10〕，使此一題目更具研究價值。至於爲何要以「政治」爲主要的著眼點？客觀上的理由是因爲漢初的學術思想可說是以政治問題爲核心而展開的〔註11〕，但重要的是主觀上的理由，即：漢初實處於一傳統文化崩解後，重新建構的時代；而此一重建是以政治上的問題爲根本核心。這與我們目前所處的環境有幾分相似。清末至民初亦是傳統文化的崩解時代，「百家爭鳴」不下於戰國；而現在則大體上國家一統，可謂到了重建的時候，其中最困難的部分亦是政治上的問題。中共之馬列專政，亦與秦及漢初之重酷吏與嚴刑重法有幾分相似。此雖是無根的比附，但實可引起我們對漢代的研究興趣。而對這一段歷史演變的方向與所代表之精神的理解，或亦有助於我們廓清當代的問題而看清應有的前進路向。而在此一時代背景下研究漢代，抑或可得出與前人不同的看法，此亦可爲「一切歷史皆是現代史」添一註腳。〔註12〕

〔註9〕英國史學家柯林烏（R. G. Collingwood 1889～1943）的名言。
〔註10〕勞思光認爲漢代學術衰息，爲中國哲學之大劫。見註8所引。
　　　　戴君仁亦以爲「沿著它們（指《中庸》、《大學》）下來，應該很快就產生類似宋代的新儒學。不意漢儒專用力於訓詁章句，學術完全附屬在書本上，不能創獨立的思想，又雜陰陽五行之學，開了倒車，這實在是很可惜的。」見氏著《梅園論學集》，頁237。
　　　　李澤厚則以爲「……以董仲舒爲重要代表的秦漢思想，在海內外均遭低貶或漠視，……被視爲『儒學一大沒落』。本文認爲恰好相反，以陰陽五行來建構系統論宇宙圖式爲其特色的秦漢思想，是中國哲學發展的重要新階段。正如秦漢在事功、疆域和物質文明上爲統一國家和中華民族奠定了穩固基礎一樣，秦漢思想在構成中國的文化心理結構方面起了幾乎同樣的作用。」見氏著《中國古代思想史論》，頁129。
　　　　徐復觀在論賈誼思想時則說：「是反映西漢初年思想的大勢，及當時政治社會的要求，不能以『內在的關連』或純邏輯推理的角度去加以批評。」見氏著《兩漢思想史·卷二》，頁155。
　　　　大體來說，從哲學的角度來看，則看輕漢代；從思想史的角度說，則未可輕忽。
〔註11〕唐君毅說：「……所以漢承秦興，整個的學術潮流便是向凝合融化先秦諸家之學術思想之路子上走。同時漢代之學者更努力於求政治與學術文化的打成一片，這一種想使學術政治表現成一整個的統一的文化體之祈求，實兩漢學術思想發展之內在的動力。……他們同時重學以致用，欲以學術改造政治。」引自〈漢代哲學思想之特徵〉一文，見氏著《哲學論集》，頁162～163。
〔註12〕在當代研究漢代思想的諸學者之中，抱此態度的以徐復觀先生最具代表性。

第二節　論述方式與本文限度

一、方法論問題與「歷史精神」成立的基礎

　　如前所述，本文的撰寫目的是在探討漢初學術所能代表的歷史精神與時代意義。能夠達成此一目的的論述方式至少可有兩種：一為先立一超越的分解之架構，直接指明其歷史精神為何，然後再舉證史實以明之。牟宗三先生的《歷史哲學》便是此一方式的代表作。牟先生以「綜合的盡理之精神」與「綜合的盡氣之精神」為中國之文化精神，而與之對應的西方文化精神則為「分解的盡理之精神」。全書引歷史人物的個別表現、集體表現、學術發展、制度設施等說明之，以顯現象背後之精神發展的深層理路，藉以解釋中國文化之精采及其未能及時產生民主科學之故。洞見慧識迭出，至為精采。問題是，該書由上（作者本人的哲學觀念）而下（歷史事實）的寫法，對於不能理解其根本觀念的讀者而言，則甚難發揮引導作用。而對於對其基本的超越之分析的架構採懷疑立場的讀者而言，由於其對史實的處理是引證式的說明而非論證式的證明其基本觀點，故說服力略顯不足。因此，可顯出另外一種論述方式的必要性。

　　此另外一種論述方式，便是經由對史料的全面整理研究（有別於前一種方法對史料的選取是片面的），而建立起一種能予以貫串並全面解釋的關係網絡，再以此為基礎來論述所欲抉發的「歷史精神」。由於其中可能存在的「關係網絡」並非唯一，故其所論述的「歷史精神」亦不會只得到唯一的結果，要之應為相容而非相妨。換言之，這種由下而上的論述方式，並非藉研究方法本身去分析出一種客觀而唯一的結論，而是作者秉其「問題感」與對相應於此問題意識而顯的「歷史精神」之體悟而為其論述（研究）的指導。也就是說，

　　　徐氏曾說：「我更深體悟到，在二十餘年的工作中，證明了克羅齊『只有現代史』的說法。沒有五十年代台灣反中國文化的壓力，沒有六十年代大陸反孔反儒的壓力，我可能便找不到了解古人思想的鑰匙，甚至我不會作這種艱辛地嘗試。」見氏著《兩漢思想史・卷三》之〈代序〉。
　　　牟宗三先生撰寫《歷史哲學》，亦是因為「自五四以來，治史專家，多詳於細事之考證，而不必能通觀大體，得歷史文化之真相。吾華族歷史，演變至今，非無因者。若終茫昧不覺，交引日下，則民族生命、文化生命，勢必斷絕，而盲爽發狂靡有底止。是故貫通民族生命，文化生命，以指導華族更生所必由之途徑，乃為當今之急務。故不揣固陋，述大事而窺大體。」見《歷史哲學》之〈自序〉。

其所欲表彰的「歷史精神」是在其論述之前便已充分理解把握的（這一點與前一方法相同）；但由於論述方式自身的要求，使其論述不一定是成功的；亦即其所掌握的史料與對之解釋的能力不一定能充分支持原先所期望的目的。因此，若其論述是成功的，則其說服力與啓發性均強於第一種方式。〔註13〕

在此，我們必須討論有關「論述方法」與「研究方法」異同的問題，以及有關價值眞理的客觀性問題。所謂「論述」，其實是屬於「研究」的一部分。嚴格言之，「論述」是有方法論自覺的「研究」，但並非所有的研究都可以自覺地運用方法。原來「研究」在某一義下是沒有方法的（或說包含了所有可能的方法），它就是一個人以其全部的心力去探討某一問題的狀態。因此，在找到「答案」或充分掌握問題之前，是不可能有方法上的預設，這完全是心智創造力的表現。而當他感覺能解答或掌握了此一問題而進一步欲有所表達時，則進入了「論述」的階段。此時是以表達工具（通常爲語言文字）來勘定問題與解答，並非單純的「表而出之」，意即「論述」雖然最終呈顯爲文字或語言，但並非只有寫作和演說才是論述；且論述方式（結構）亦不必限於一種。故所謂「論述」，一方面是試圖以一合宜的方式來表達問題並呈現前一階段的研究成果，但同時也是藉「論述」來進行對此一成果的反省檢查與修正。故其在性質上或進行的過程上，亦不可與第一階段的研究做明顯的劃分（故曰：「研究包含論述」）。然而我們在概念上還是要區分此二者，是爲了明白「方法論」僅能及於論述，而不能及於整個的研究。這是我們在做方法論上的反省與批評時所當先了解的。

由此可知，前文所說「欲表彰的『歷史精神』是在其論述之前便已充分理解把握的」，此「歷史精神」並非一成見，而仍然是我們研究的成果。但問題是此一「成果」非「方法論」所能完全掌握者，則其客觀性如何？如何證明這並非僅是主觀的「意見」？簡單的回答是：此一「歷史精神」的提出，的確是主觀的，但此「主觀」非個人私見之謂，而是「繫屬於主體」的意思；而我們若能了解眞實的主體是「一」而非「多」，則繫屬於主體者亦得其客觀性。此乃價值的客觀而非事實的客觀。事實上，「事實之客觀」亦脫離不了「價值之客觀」，唐君毅先生論之曰：「夫歷史中之事，皆爲往事。夫往事

〔註13〕因其對資料照顧的周全，故其說服力強。而其並不首先將「歷史精神」表出，而只是潛藏於整個論述之中，至結論時方于以點明的論述方式，其啓發性亦較強。

析而觀之，乃無窮之事也。則事事而述之，非人力之所能。歷史家何以選此事而敘述之、考訂之，不選他事而敘述之、考訂之，豈無歷史家個人內心之權衡？此權衡豈能不依於一重要、不重要之價值標準？⋯⋯此不能無，則其所為客觀之敘述，其輕重疏密之間，亦不能逃其主觀意見之蔽也。⋯⋯然果天下後世而有公論，則是非善惡之價值，亦當有客觀普遍之標準。則歷史之世界中，非徒有一一之史事人物，為客觀之實在；此一一史事人物中所表現之普遍價值，亦為客觀之實在。夫事不離理。價值者理也。事客觀，而理亦客觀。」〔註14〕

如此我們可承認確有「價值的客觀性」。然此中真偽又如何判定？一般「客觀事實」的真偽，可透過邏輯與公認的感官認知而得其解，也就是透過其客觀性之所在而判定之。同樣的，此價值觀的真偽之判定就在於其客觀性的來源──精神實踐過程中之「具體的普遍性」。「具體的解悟把握具體的普遍性，此是踐履的，動態的；此並不要通過歸納分類，而只要通過存在的證悟，在精神發展之認識中以把握之。」〔註15〕而「在發展過程中，其種種形態之內容雖有及與不及，有盡與不盡，然而在發展中，在同一的『發展之理路』中，它們是不相礙的，而且是相參贊的。凡是價值都當實現，而且都能實現；凡是價值都不相礙，都當相融，而且都能相融；一時的僵滯與固執並無關係。」〔註16〕換言之，其最終之判準必收歸於主體之實踐，而非僅憑認知可得者。而對於歷史精神之敘述，凡可成立者（容或有不盡不及）必顯出一「凡存在皆合理」的「歷史判斷」〔註17〕；對史實的解釋能同情地盡其曲折，雖有批判但必無否定。

在說明了「歷史精神」的客觀性之成立基礎及有關研究方法的問題之後，則可進而說明本文實際所採的論述方式及其所能達到的成果。

二、本文之論述方式與所能呈現者

上一小節似已暗示本文擬採取前述的第二種論述方式。但若真採取此一

〔註14〕見唐君毅〈中國歷史之哲學的省察──讀牟宗三先生《歷史哲學》書後〉一文，牟宗三《歷史哲學》附錄一，頁7～8。

〔註15〕見牟宗三〈關於歷史哲學──酬答唐君毅先生〉一文，牟宗三《歷史哲學》附錄二，頁28。

〔註16〕同註15，頁30。

〔註17〕「凡存在即合理」乃德哲黑格爾的名言。其意義及「歷史判斷」的意義，可參見牟宗三〈論『凡存在即合理』〉，收入氏著《生命的學問》。

方法，則是一件非常龐大的工程。首先必須對有關資料做全面性的閱讀，並依政治制度、學術思想、社會經濟三方面做整理〔註18〕。其次方能依此基礎建立一論述方式。本文所採的方式是一以「關係」爲主的論述。徐復觀先生認爲思想史的研究有三個層面，其中之一是「在歷史中探求思想發展演變之跡的層面。不僅思想的內容，都由發展演變而來；內容表現的方式，有時也有發展演變之跡可考。只有能把握到這種發展演變，才能盡到思想史之所謂『史』的責任，才能爲每種思想作出公平正確地『定位』。」〔註19〕本文所謂的「關係」正是指這種「演變」，且更包括橫向的牽連，如時代環境與學術思想的互動。希望透過此一關係網路來浮現出此一時代的歷史所可有的意義與啓示。第三則是以此爲基礎來直接論述「歷史哲學」，點出其間或正或反的發展。此基本上當是一哲學性質的工作。

　　以本文的主題而言，僅第一階段所需閱讀的材料就已十分龐大，此中不僅有義理理解問題，更有史實查考、版本考據等問題，牽涉非常廣泛，非深厚的學問基礎及數年的專家式研究不能有成。本文於此自不可能做到，因此只有大量利用前輩學者已有的研究成果作爲立論的根據。〔註20〕

　　本文的重點是擺在第二步的工作，即是對「關係」的論述。既要論「關係」，則必先決定數個「關係連結點」以作爲綱維，藉此建立對「關係」的支撐。但由於筆者對前述第一步驟的研究工作不足，所以不能充分的說明這些個「關係連結點」是如何選定的，如：對學術背景的敘述何以不及墨家？對現實環境的敘述何以不及漢初的邊患問題？凡此之類，在文中均不能做深入的交代。因此對於文中子題之劃分與圈定，皆似出於獨斷或沿襲前人之格套而缺乏足夠的論證說明。此外，也因爲重點是在「關係」，所以對各家思想內容的敘述，僅能及於與所欲表達的「關係」有關者，其餘則略去。故文中對有關各家的思想內容之敘述並不能完整賅備，這或可歸因於此一論述方式的限制，但換個角度看，也可說是本文所欲建立之「關係網」不夠嚴密完全之故。凡此皆可視爲是本文的缺點，然因爲學力所限，只能留待日後改進之。

　　至於第三步的工作，本文則僅在結論中略述個人看法，提出一個觀點以作爲理解此一階斷歷史之意義的基本架構，以期能對漢儒得到較公允的評

〔註18〕錢穆以爲：「大體言之，歷史事態，要不出此三者之外。」見氏著《國史大綱‧引論》，頁8。

〔註19〕徐復觀《兩漢思想史‧卷三‧代序》，頁4。

〔註20〕其中於徐復觀及錢穆兩位先生的著作獲益最大。其他請見參考書目。

價。此一觀點，基本上是延續牟宗三先生在《歷史哲學》中的見解進一步發展而來。其表達方式與牟先生有所不同，詮釋之重點也有差異，但在實質上並不能算是自出新意。而對於此一工作所需要的哲學素養，筆者自認尚未具備，因而不能深入討論更基本的哲學問題，而只能直接表述之。就哲學的要求而言，此或為不足；但以本文之結構而論，則無害於本論文的完整性。

第二章　漢初的學術背景

　　本章略述漢初的學術背景，也就是將先秦學術作一簡明的敘述。首先論西周的禮文制度及其中之精神，以明中國文化的基型。在先秦諸子方面，則只敘述儒、道、法、陰陽四家，這是因為漢人所承之先秦思想主要者為此四家。墨家雖為先秦之顯學，但至漢初已大衰而無甚影響，故本文不論。而對於此四家的論述方式，則是以因應「周文疲弊」的問題為線索，指出其「解決之道」的特色，而不泛論各家內容大旨（其中唯對陰陽家的論述方式稍異，蓋以陰陽家之興起另有來源之故）。

第一節　周文的特色

　　中國文化，肇始於三代。一般以「文化史」的方式論文化之特色，常以由自然環境之影響而形成的生活方式為立論之起點。本文採「思想史」的方式，則以文獻為主。而有關文獻之記載，則在經書。其中尤以《詩經》、《今文尚書》、《易經》之卦爻辭為主。其中記載又以周代為大宗，故敘述中國傳統文化之特色，可以周代為始。

　　周代在文化上的重要性，可以兩條線索探討之。其一為外在的制度方面，其二則為內在的精神意識方面。周人在制度方面，建立了宗法與封建，而在精神方面，則漸棄鬼神之迷信而突出人之「自我」的決定力量，意識到主體精神對客觀環境之演變所能起的巨大影響，此即所謂「憂患意識」。而至孔子，才明白點出「仁」為此一主體性的本質，並以此彰明周文，黏合此二者，而總結了上古之文化，奠立往後之中國文化的基本性格。

一、作爲禮樂傳統的周文

有關周代之創制，王國維〈殷周制度論〉：

> 中國政治與文化之變革，莫劇於殷周之際。……又自其表言之，則古聖人之所以取天下及所以守之者，若無以異於後世之帝王，而自其裏言之，則其制度文物與其立制之本意，乃出於萬世治安之大計，其心術與規摹，迥非後世帝王所能夢見也。〔註1〕

其重要性於此可見。而若論其制度之要，則：

> 欲觀周之所以定天下，自其制度始矣。周人制度之大異於商者，一曰立子立嫡之制，由是而生宗法及喪服之制，並由是而有封建子弟之制，君天子臣諸侯之制。二曰廟數之制。三曰同姓不婚之制。〔註2〕

此制度的具體內容，本文不擬具論，但重要的是此一制度成立的根源是什麼？憑以運作的原則是什麼？王國維說：

> 以上諸制，皆由尊尊、親親二義出。然尊尊、親親、賢賢，此三者，治天下之通義也。周人以尊尊親親二義，上治祖禰，下治子孫，旁治昆弟；而以賢賢之義治官。故天子諸侯世，而天子諸侯之卿大夫士皆不世。蓋天子諸侯者，有土之君也；有土之君不傳子、不立嫡，則無以弭天下之爭。卿大夫士者，圖事之臣也，不任賢無以治天下之事。〔註3〕

而此一制度建立後，其影響則是：

> 是故有立子之制而君位定。有封建子弟之制而異姓之勢弱，天子之位尊。有嫡庶之制，於是有宗法、有服術，而自國以至天下合爲一家。有卿大夫不世之制而賢才得以進。有同姓不婚之制而男女之別嚴。且異姓之國，非宗法之所能統者，以婚媾甥舅之誼通之，於是天下之國，大都王之兄弟甥舅，而諸國之間，亦有兄弟甥舅之親，周人一統之策，實存於是。由是制度，乃生典禮。……制度典禮者，道德之器也，周人爲政之精髓實存於此。〔註4〕

〔註1〕 王國維《觀堂集林》，卷十。
〔註2〕 同註1。又：錢穆認爲封建是一種侵略性的武裝移民與軍事佔領，乃源於周初立國情勢之需要，非如王氏所論之單純（見《國史大綱》第一編第三章）。然此意無害於本節所論。
〔註3〕 同註1。
〔註4〕 同註1。

由此實可見出周人乃一富於政治天才之民族。〔註5〕

　　然而周文的作用卻不僅僅是政治的，更是文化的。以「親親」、「尊尊」之義為中心的周文，給後世莫大的影響。先秦諸子的異同及其間的關係，均可從其對周文的態度中找出清楚的脈絡〔註6〕，而宗族的社會功能以及由「親親」、「尊尊」深化而來的「孝」與「禮」的觀念，更是形成了中國文化的核心。

二、周文之精神內涵

　　周人在精神意識上的發展，是轉化了殷人天命與鬼神的觀念〔註7〕，不再認為最終的決定力量是外在而神祕的天神，而感覺到天命是會隨人的行為而有所轉移，因而生出「憂患意識」〔註8〕，以對自己行為負責任的觀念取代了對外在神祇的祈求。這在《尚書》中多有表現，如：

　　　相古先民有夏，天迪從子保，面稽天若。今時既墜厥命。今相有殷，
　　　天迪格保；面稽天若，今時既墜厥命。……我不可不監于有夏，亦
　　　不可不監于有殷。我不敢知曰，有夏服天命，惟有歷年；我不敢知
　　　曰，不其延；惟不敬厥德，乃早墜厥命。我不敢知曰，有殷受天命，
　　　惟有歷年；我不敢知曰，不其延；惟不敬厥德，乃早墜厥命。（召誥）
　　　我聞曰：上帝引逸，有夏不適逸，則惟帝降格，嚮於時夏，弗克庸

〔註5〕錢穆以為「周人乃一種極長於實際政治上爭強之民族」，見《國史大綱》，頁26。

〔註6〕牟宗三以「周文疲弊」為先秦諸子產生的基源問題。見《中國哲學十九講》第三講。

〔註7〕漢人有所謂「夏尚忠，商尚鬼，周尚文」之說。《禮記‧表記》：「殷人尊神，率民以事鬼，先鬼而後禮。」張蔭麟《中國上古史綱》：「在商人看來，神鬼的世界是和有形的世界同樣地實在，而且這兩個世界關係極密切。鬼神充斥於他們的四周，預知他們自身及其環境的一切變動，操縱著他們的一切利害吉凶禍福，需要他們不斷的饋饗和賄賂。」（頁31）

〔註8〕徐復觀解釋「憂患意識」：
　　不同於作為原始宗教動機的恐怖、絕望。一般人常常是在恐怖絕望中感到自己過分地渺小，而放棄自己的責任，一憑外在的神為自己作決定。……由卜辭所描出的「殷人尚鬼」的生活，正是這種生活。「憂患」與恐怖、絕望的最大不同之點，在於憂患心理的形成，乃是從當事者對吉凶成敗的深思熟考而來的遠見；在這種遠見中，主要發現了吉凶成敗與當事者行為的密切關係，及當事者在行為上所應負的責任。憂患正是由這種責任感來的要以己力突破困難而尚未突破時的心理狀態。所以憂患意識，乃人類精神開始直接對事物發生責任感的表現。語見《中國人性論史（先秦篇）》，頁20。

> 帝，大淫泆有辭，惟時天罔念聞。厥惟廢元命，降致罰，乃命爾先
> 祖成湯革夏。……亦惟天丕建，保乂有殷。殷王亦罔敢失帝，罔不
> 配天其澤。在今後嗣王，誕罔顯於天，……罔顧於天顯民祇，惟時
> 上帝不保，降若茲大喪。……今惟我周王，丕靈承帝事。有命曰割
> 殷，告敕於帝。……予亦念天，即於殷大戾。……非我一人，奉德
> 不康寧。時惟天命無違。（多士）
>
> 惟帝降格於夏，有夏誕厥逸。……不克終於帝之迪，……厥圖帝之
> 命，不克開於民之麗，乃大降罰，崇亂有夏。天惟時求民主，乃大
> 降顯休命於成湯，刑殄有夏。……今至於爾辟，弗克以爾多方享天
> 之命。……非天庸釋有夏，非天庸釋有殷。乃惟爾辟，以爾多方，
> 大淫圖天之命。（多方）

凡此，皆說明失天命是因為失德，而如何能不失德？則唯在「敬」。如：

> 惟王受命，無疆惟休，亦無疆惟恤。嗚呼，曷其奈何弗敬。（召誥）
>
> 王如弗敢及天，基命定命。……公不敢不敬天之休。（洛誥）
>
> 周公曰，嗚呼，自殷王中宗及高宗及祖甲及我周文王，茲四人迪哲。
> 厥或告之曰，小人怨汝詈汝，則皇自敬德。厥愆，曰朕之愆，允若
> 時，不啻不敢含怒。（無逸）

於是「敬」就成為周人掌握天命的樞紐。據徐復觀先生的研究，「周初文誥，
沒有一篇沒有敬字」〔註9〕，而「敬」指的是「直承憂患意識的警惕性而來的
精神斂抑、集中，及對事的謹慎、認真的心理狀態」〔註10〕。而所謂「天命」，
並不直接得自神祕的「神的旨意」，而是表現在人民的身上：

> 惟天降命肇我民。（酒誥）
>
> 人無於水監，當於民監。（酒誥）
>
> 天亦哀於四方民，其眷命用懋，王其疾敬德。（召誥）
>
> 天畏棐忱，民情大可見。（康誥）
>
> 天聰明自我民聰明，天明畏自我民明威。（皋陶謨）

於是「敬」不只是在侍神的宗教儀節之中，而是貫注於所有的政治行為之內。
於是政治之成敗與施政者之行為（態度）有相當理性化的關係，此一關係可
說是人文精神之發軔。而原為鬼神祖先之祭祀而設的「禮」，也因此有了意義

〔註 9〕徐復觀《中國人性論史（先秦篇）》，頁23。

〔註10〕同註9，頁22。

上的轉化，從宗教走向人文，豐富了「禮」的精神內涵〔註11〕。下至春秋時代，便開啓了以「禮」為中心的人文世紀，而為孔子所代表的「哲學之突破」〔註12〕做好了準備的工作。

第二節　先秦儒家之發展與特色

西周三百年的禮樂制度，到了春秋時代便發生了問題，封建的政治秩序開始崩解，禮樂逐漸淪為虛文。此即所謂的「周文疲弊」〔註13〕。諸子百家皆是在此一情境中應運而生，對此作了不同的反省，提出不同的主張。

這其中，當然以孔子所代表的儒家出現的最早，對其他各家影響最大。但由於孔子對周文的肯定與繼承，使得先秦及漢代學者並不把孔子認作是諸子之一，而以為是傳六藝的正統〔註14〕。以下對孔子學說的說明，就僅以孔

〔註11〕 禮的原始意義，可從禮字的原來之字形和字義來看，《說文》：「禮、履也，所以事神致福也。」徐灝說文解字注箋：「禮之名起於事神，引申為凡禮儀之稱…………蓋本古禮字，相承增示旁。」古豊、豐同字，由豊字衍生出來的禮字，則是指這些祭祀活動。故禮之原始意義當起於先民事神祈福之意義也。所以禮字在最早的祭神儀式中，乃是希望通過一種儀節而能與神相交接，何晏謂禮是「交接會通之道」，此乃禮之通義。但到了春秋時，幾乎所有的人倫道德，皆由禮來統攝。這種轉變，主要的便是因為「敬」的作用。《左傳》僖公十一年：「禮，國之幹也。敬，禮之輿也。不敬則禮不行。」僖公三十三年：「敬，德之聚也。」成公十三年：「禮，身之幹也。敬，身之基也。」可見春秋時已明白將「敬」視為禮的精神內涵。至於此種轉化的過程及「禮」在春秋時代的普遍意義，可參見徐復觀《中國人性論史》第三章。

〔註12〕 春秋時代是一個「以禮為中心的人文世紀」，其說詳見於徐復觀《中國人性論史》第三章。又：所謂「哲學的突破」（Philosophic Breakthrough）乃社會學家韋伯（Max Weber, 1864～1920）提出的觀念；存在主義哲學家雅斯培（Karl Jaspers 1883～？）也提出「超越的突破」（Transcendent Breakthrough）這樣的類似觀念，意指四大古文明在西元前五世紀均經歷了「樞紐的時代」，人類文明因而進入高級文化階段。對此，余英時在〈道統與政統之間〉一文中曾解釋道：「所謂『突破』是指某一民族在文化發展到一定的階段時，對自身在宇宙中的位置與歷史上的處境發生了一種系統性、超越性、和批判性的反省；通過反省，思想的形態確立了，舊傳統也改變了，整個文化終於進入了一個嶄新的、更高的境地。」見氏著《史學與傳統》，頁41。

〔註13〕 參見註6。

〔註14〕 《莊子·天下篇》不列儒家；《史記·太史公自序》：「王道缺，禮樂衰，孔子脩舊起廢，論詩書，作春秋，則學者至今則之。」錢穆以為「……則仲舒之尊孔子，亦為其傳六藝，不為其開儒術。故漢志於六藝一略，末附論語孝經小學三目，此亦以孔子附六藝，不以孔子冠儒家也。」（見《兩漢經學今古文評議》，頁180）

子與周文的關係而論之，不能及於全部孔子思想。

一、孔子對周文的繼承與點化

孔子對周文持肯定的態度。

> 子曰：周監於二代，郁郁乎文哉！吾從周。（《論語》八佾）

> 子曰：吾說夏禮，杞不足徵也。吾學殷禮，有宋存焉。吾學周禮，今用之。吾從周。（《中庸》）

孔子之時，周文已崩壞，而孔子仍對周文持肯定的態度，則其所見之周文，必不止於禮樂的形式而已，而必是能看出周文的根本合理性。原來周人本親親、尊尊之義而制禮作樂，只能代表人文精神的半自覺階段，至孔子，方拈出「親親、尊尊」的根源在內心不容已的「仁」，仁即是禮樂的根本：

> 子曰：人而不仁如禮何，人而不仁如樂何。（八佾）

> 林放問禮之本，子曰：大哉問。禮、與其奢也，寧儉；喪、與其易也，寧戚。（八佾）

> 子曰：禮云禮云，玉帛云乎哉？樂云樂云，鍾鼓云乎哉？（陽貨）

此是以內在的「仁」給周文以超越的安立。由於仁的明覺感通，使形式上的儀節皆能煥發其文化意義。《中庸》所謂：「大哉聖人之道，洋洋乎發育萬物，……」能「發育萬物」，即是能表彰萬物的道德意義，而使人間秩序不是一無理由的外加的秩序，而是一合於人之性情的道德秩序。

「仁」當然要藉「禮」以行之，周文本於親親尊尊之義，故值得肯定。但只要能依於仁，則禮節無妨因時損益。所以孔子對禮的形式並不堅持：

> 子曰：麻冕，禮也。今也純儉，吾從眾。拜下，禮也。今拜乎上，泰也。雖違眾，吾從下。（子罕）

> 子張問十世可知也？子曰：殷因於夏禮，所損益可知也。周因於殷禮，所損益可知也。其或繼周者，雖百世可知也。（為政）

百世可知的當是建立「禮」的精神，而非禮文本身。

由於孔子將禮之本定在內心的仁德，因此雖未明言性善，但實際上卻函蘊了性善的意義。禮既由仁心所貫注，而人與人間可藉禮的溝通而歸於仁，所謂「一日克己復禮，天下歸仁焉」（顏淵）。這種良心善意可藉人與人間的互相感通擴散，終可導至整體人間社會的和諧美善，便成為孔子政治思想的中心觀念。所以孔子說：「政者正也，子帥以正，孰敢不正？」（顏淵）又說「舉直錯諸枉，則民服。舉枉錯諸直，則民不服。」（為政）可見孔子認為政

治的好壞主要繫於施政者的德性。當然這種施政者與人民間之「感應」，不可能是直接的，而是要靠當政者的「以禮讓爲國」（里仁）。當施政者具有眞誠的仁心，再加以「文之以禮樂」，則自能啓發庶民，而達一充滿禮樂教化的道德世界。

所以，對孔子的「正名」政治思想，我們可透過下面所引，而從兩方面把握之：

> 子路曰：衛君待子而爲政，子將奚先？子曰：必也正名乎。子路曰：有是哉？子之迂也！奚其正。子曰：野哉！由也。君子於其所不知，蓋闕如也。名不正則言不順，言不順則事不成，事不成則禮樂不興，禮樂不興則刑罰不中，刑罰不中則民無所措手足。故君子名之必可言也，言之必可行也。君子於其言，無所苟而已矣。（子路）

所謂「正名」，最核心的意思是，「君子於其言，無所苟而已矣」；這是指內心的誠敬。而另一方面，正名的用意，是要「興禮樂」，興禮樂方能安百性。這兩方面（內心的仁德與外在的禮樂），後來便分別爲孟子和荀子所強調。而漢人的「天人相應」之說，雖非直承孔子，但我們亦可相信這必受到孔子重視「感通」的啓發。

二、孟子的仁心仁政

孟子對孔學的最大貢獻，是提出了「性善說」，肯定道德源於人的主體性。人只要能「反求諸己」、「反身而誠」，善養其性，擴而充之，則不難「盡心知性知天」。再加以「知言養氣」，則不僅是個人的內聖，更是足以保四海的外王。

以「性善說」爲思想核心的孟子，在面對政治失序、戰爭凶殘的戰國，其所提出的政治主張，便是以「行仁政」爲中心。對於「仁政」的內容，孟子固有許多描述〔註15〕，但最重要的是在位者需先有仁心的自覺。孟子相當強調「仁心」的成效，這是孔子德治思想的進一步強化。例如：

> 孟子曰：三代得天下也以仁，其失天下也以不仁。國之所以廢興存

〔註15〕《孟子》書中論及仁政的的內容及「先王之道」者極多，約言之，在於使民安樂。可以梁惠王上第七章所言爲代表：「是故明君制民之產使仰足以事父母，俯足以畜妻子，樂歲終身飽，凶年免於死亡。……五畝之宅，樹之以桑，五十者可以衣帛矣，雞豚狗彘之畜，無失其時，七十者可以食肉矣。……謹庠序之教，申之以孝悌之義，頒白者不負戴於道路矣。」

亡者亦然。天子不仁，不保四海。諸侯不仁，不保社稷。卿大夫不仁，不保宗廟。士庶人不仁，不保四體。今惡死亡而樂不仁，是猶惡醉而強酒。（《孟子》離婁上）

孟子曰：人不足與適也，政不足與閒也。惟大人爲能格君心之非。君仁，莫不仁。君義，莫不義；君正，莫不正。一定君而國定矣。（離婁上）

孟子曰：人皆有不忍人之心。先王有不忍人之心，斯有不忍人之政矣。以不忍人之心行不忍人之政，治天下可運之掌上。……（公孫丑上）

凡此均可見出孟子對仁心的強調及認爲「行仁政」與郅治的緊密關聯。事實上，行仁政是否能如此速效？恐不無疑問。孟子所肯定的應只是一基本大原則，但在求急功近利的戰國時代，其不能受到在位者的青睞是很可理解的。然而，至漢初，鑑於秦雖以法家得國，又因法家失國，則孟子所謂仁政自必再受到重視，雖然站在政治上「求治」的立場，未必能明白孟子所謂的仁心，但對所謂「仁政」確是不敢輕忽。

孟子既肯定仁義內在，而又以惻隱之心爲仁之端，則毫無疑問必肯定仁者愛人，所謂「仁民愛物」（盡心上）「仁者無不愛也」（盡心上）「仁者以其所愛及其所不愛」（盡心下），所以仁政必以愛民爲務，因此而有「民貴君輕」的民本思想。這種「保民而王」（梁惠王上）的理論，可謂是孟子政治思想的骨幹，亦成爲儒家政治思想中共許的重點。

孟子既以爲「惟仁者宜在高位」（離婁上），則對於不仁者在位的問題必須有所處理。孟子於此雖肯定湯武革命，認爲「聞誅一夫紂矣，未聞弒君也」（梁惠王下）。但革命畢竟不可能爲常法，則孟子對政權轉移又作如何的看法？《孟子》書中，有一章談及此問題：

萬章問曰：人有言，至於禹而德衰，不傳於賢而傳於子。有諸？孟子曰：否，不然也。天與賢則與賢，天與子則與子。……舜禹益相去久遠，其子之賢不肖，皆天也，非人之所能爲也。莫之爲而爲者，天也。莫之致而至者，命也。匹夫而有天下者，德必若舜禹，而又有天子薦之者。故仲尼不有天下。繼世以有天下；天之所廢，必若桀紂者也。故益、伊尹、周公不有天下。……太甲顛覆湯之典刑，伊尹放之於桐。三年，太甲悔過，自怨自艾，於桐處仁遷義三年以

聽伊尹之訓己也。復歸於亳。周公之不有天下，猶益之於夏，伊尹

之於殷也。孔子曰：唐虞禪，夏后殷周繼，其義一也。（萬章上）

所謂「莫之爲而爲者，天也。莫之致而至者，命也」，是以民心（天命）爲政權移轉之依歸。此只能是一原則，而於實際之成法的合理性未有討論。

因此，孟子雖肯定民心決定政權，而「不嗜殺人者能一之」（梁惠王上），且同意「湯放桀，武王伐紂」（梁惠王下）；這對於後儒必有所啓發，但對於如何使有德者在位，仍沒有很好的解決。

三、荀子的重視現實

荀子之世略晚於孟子〔註16〕，其時戰國紛亂有增無已，求治已更形迫切。而荀子對人之本性並無如孟子一般樂觀，而是純就事實著眼，認爲順人性之自然發展是靠不住的，社會秩序的建立，必須靠禮義之教：

> 今人之性，生而有好利焉，順是故爭奪生而辭讓亡焉。生而有疾惡
> 焉，順是故殘賊生而忠信亡焉。生而有耳目之欲，有好聲色焉，順
> 是故淫亂生而禮義文理亡焉。然則從人之生，順人之情，必出於爭
> 奪，合於犯分亂理而歸於暴。故必將有師法之化，禮義之道，然後
> 出於辭讓，合於文理而歸於治。用此觀之，然則人之性惡明矣，其
> 善者僞也。（性惡篇）

很明顯的荀子的性惡論，只是就人的存在面之實然而論〔註17〕。荀子所關懷

〔註16〕依錢穆《先秦諸子繫年》，荀子約晚孟子五十年。

〔註17〕關於荀子之「性」的性質，曾昭旭老師論之曰：

一般解荀子之性，多仍是將之視同於告子的即生說性，這其實是不妥的。因
爲荀子所說的惡是有道德意義的，而且他說性惡態度上也是很鄭重的；但從
告子的性中卻分析不出惡來，然則他們所說的性，那裏能是同義呢？荀子所
說的性，其實是存在之性；存在之性者，心身凝合之性也。他真切見到惡是
由存在之性中生出的；這等於是說，心靈與形質本身都非惡，但卻在二者的
凝合中生出惡來。因此必須經過後天的修養訓練，以規約此性、導引此性，
使之向善。這就是他在〈性惡篇〉所說的：

人之性惡，其善者僞也。今人之性，生而有好利焉，順是，故爭奪生而辭讓
亡焉。生而有惡疾焉，順是，故殘賊生而忠信亡焉。生而有耳目之欲，有好
聲色焉，順是，故淫亂生而禮義文理亡焉。然則從山之性，順人之情，必出
於爭奪，合於犯分亂理，而歸於暴。故必將有師法之化、禮義之道，然後出
於辭讓，合於文理，而歸於治。用此觀之，人之性惡明矣，其善者僞也。

荀子這話，從表面看很像是即生說性，所以人多以動物性來解釋。但動物有
惡可言嗎？明明沒有。則這裏所說的性只能是人性，此有異於動物；動物只

的是如何就此現實而改善之，而對於人之本性，則一如荀子對「天」的看法，純粹是中性的自然〔註18〕。而對於現實上的紛亂與爭鬥，荀子提出「禮」以爲對治。但若要使此爲有效，必須回答兩個問題：一是「禮」從何而來？如何而定？二是人何以會遵循禮？對第一個問題，荀子的回答是：

> 禮起於何也？曰：人生而有欲，欲而得則不能無求；求而無度量分界則不能不爭。爭則亂，亂則窮。先王惡其亂也，故制禮義以分之，以養人之欲，給人之求，使欲必不窮乎物，物必不屈於欲，兩相持而長是禮之所起也。（禮論篇）

可見「禮」出於聖王的制作，依於人情物理而定。然而聖王何以能制禮？荀子說：

> 聖人心術之患，見蔽塞之禍，故無欲無惡，無始無終，無近無遠，無博無淺，無古無今，兼陳萬物，而中縣衡焉。是故眾異不得相蔽以亂其倫也。何謂衡？曰：道。……人何以知道？曰：心。心何以知？曰：虛壹而靜。心未嘗不臧也，然而有所謂虛。心未嘗不滿（兩）也，然而有所謂一。……心生而有知，知而有異；異也者，同時兼知之；同時兼知之，兩也，然而有所謂一，不以夫一害此一，謂之壹。……虛壹而靜，謂之大清明。萬物莫形而不見，莫見而不論，莫論而失位。……夫惡有蔽矣哉？（解蔽篇）

有形質無心，所以分解地說只是一生理之性，落到現實上來說也只是一生理之性。人則不然，人有形質亦有心，所以分解地說可以單提一生理之性（此同於動物），但落到現實來說便不能說人只是一動物性，而必須連其即心而說的無限性併說，而說之爲人性。當然在這裏人的良心可以暫隱而不顯，但不顯非不存在。故單從負面去指點而權說其性惡可，卻不能逕說他是動物性。正因說性惡是指點、是權說，所以此惡才可以化而歸於善。而既可以化，則其性當然是存在之性，否則由分析而來的概念之性又如何有變化的歷程可言呢？

只是，荀子雖意識到惡是從存在的歷程中生出來的，卻仍不能知爲何如此。他只說「順是故爭奪生而辭讓亡」，卻不知是誰在順是？爲何順是？因此他無法真正對症下藥，以轉惡爲善。

以上所引見於曾師昭旭《道德與道德實踐》，頁66～67。

〔註18〕《荀子·天論篇》：「天行有常，不爲堯存，不爲桀亡。應之以治則吉，應之以亂則凶。……故明於天人之人，則可謂至矣。不爲而成，不求而得，夫是之謂天職。如是者，雖深，其人不加慮焉。雖大，不加能焉。雖精，不加察焉。夫是之謂不與天爭職。」又說：「大天而思之，孰與物畜而制之？從天而頌之，孰與制天命而用之？」凡此，皆說明荀子對「天」是採「自然之天」的態度。

是以聖人能制禮，乃因有「虛壹而靜」的清明認知心，能夠認知被視為是客觀實在的「人情物理」。而一般人能依禮而行，亦是靠此認知心。此即是荀子對第二個問題的解答。以是之故，荀子特別強調認知心的正用，也就是強調「秉誠而學」。他說：

> 君子養心莫善於誠。致誠則無它事矣。唯仁之為守，唯義之為行。誠心守仁則形，形則神，神則能化矣。……夫誠者，君子所守也，而政事之本也。（不苟篇）

此義實頗近孟子。但荀子不強調人之有「誠」的能力，亦不解釋「誠」的能力由何而來，而是強調以誠來學禮，此正反映出荀子重實效的一貫態度。〈勸學篇〉已為大家所熟知，他如：

> 故人無師無法而知則必為盜，勇則必為賊，……人有師有法而知則速通，勇則速威，……故有師法者，人之大寶也；無師法者，人之大殃也。……有師法，則隆積矣。（儒效篇）

此顯示出荀子重視由學習而來之累積。由是而推出「法後王」之旨，亦是順理成章。

荀子思想重視「禮」的效用，但對「禮」的應然性問題，也就是「禮」的形上基礎未加以正視，只是直接肯定一「禮義之統」，所謂「舉統類而應之，無所疑怍」（儒效篇）。對此，王邦雄老師論之曰：

> 價值的根源，客觀的依據在禮義之統，主觀的依據在聖王。實則，禮義之統，就在聖王的身上，故說法後王。……禮義之統，是客觀的真實存在，也是人文價值的根源。我們不能逼問，荀子的禮義之統從何而來，因為這是站在荀子的系統之外發問，荀子不必回答這個問題。荀子只有一個世界，那就是人文人為的世界，人的存在就在歷史文化的傳統中，對百王治道而言，禮義之統具有形而上的意義。它本身是常道，聖王就體此常，以盡百世之變。禮義之道，由禮義之統來，所以禮義之統，就是使一切人文價值所以成為可能的超越依據。〔註19〕

因此，我們有理由相信，荀子思想的繼續發展，必然走向對「禮義之統」的強化及對「聖王權威」的要求，這反應在荀子的後學是相當明顯的。〔註20〕

〔註19〕王師邦雄《中國哲學論集》，頁49～50。
〔註20〕《史記・孟子荀卿列傳》謂李斯嘗為荀子弟子。〈老莊申韓列傳〉謂韓非、李

　　荀子學說對漢儒有十分重大的影響〔註 21〕。這不僅因爲漢初諸儒均與荀子有師承關係〔註 22〕，恐怕更與時代的要求有關。畢竟在一個強烈要求建立新秩序的時代，重視「禮治」的荀子自然比重視「仁政」的孟子顯得更切實際。而漢儒以宇宙論的方式來強化歷史，有「五德終始」等觀念，恐怕亦與荀子的思想有內在的關聯，值得我們多加重視。

第三節　道家之發明與法家的陷落

一、道家所發明的「道」

　　同樣面對著周文疲弊、禮壞樂崩的情況，不同於儒家的是，道家對周文採取了否定的態度〔註 23〕。事實上，與其說道家所否定的是周文，無寧說，道家否定一切形式的禮文。何以敢作如此重大的否定？因爲道家對萬事萬物的運作規律有一個重要的發現，此乃如老子所說：

> 大道廢，有仁義；知慧出，有大僞；六親不和有孝慈；國家昏亂有忠臣。(《老子》第十八章)
>
> 絕聖棄智，民利百倍；絕仁棄義，民復孝慈；絕巧棄利，盜賊無有。(《老子》第十九章)
>
> 上德不德，是以有德；下德不失德，是以無德。(《老子》第三十八章)

簡單地說，就是指人爲的一切，都是在「弄巧成拙」；只有廢除人爲，則冥冥中之自然，所會達到的卻正就是原先「人爲」所希望的目的。此即是「反者道之動」、「無爲而無不爲」的洞見，是以道家主張「無爲」。

　　斯俱學於荀子。

〔註 21〕錢穆說：「漢儒傳經，大率推本荀子，荀子於漢世，顯學也。」見《兩漢經學今古文評議》，頁 101。

〔註 22〕清儒汪中〈荀卿子通論〉：「……由是言之，毛詩，荀卿子之傳也。……由是言之，魯詩，荀卿子之傳也。……韓詩，荀卿子之別子也。……由是言之，左氏春秋，荀卿子之傳也。……由是言之，穀梁春秋，荀卿子之傳也。……蘭陵多善爲學，蓋以荀卿也。……由是言之，曲臺之禮，荀卿之支與餘裔也。……六藝之傳，賴以不絕者，荀卿也。」見汪中《述學》，卷四。

〔註 23〕錢穆認爲，儒墨兩家可說是反對貴族的右派和左派（右派溫和而左派激烈），而後起之道家，則爲極端的左派。見《國史大綱》，頁 47。牟宗三亦認爲道家是否定周文的，見《中國哲學十九講》，頁 64。

　　但弔詭的是，道家思想本是對「周文疲弊」的一個回應，它本身亦是企求天下大治、撥亂返正的；然而它所提的方法卻是「無爲」「任自然」，但標舉「無爲」本身卻是一「有爲」，於是形成了「言」與「行」的矛盾。在《老子》一書中，除了論「道」之外，幾乎充滿了政治的目的，忍不住的要強調「道」的功用〔註 24〕。這便將此一矛盾表現得很明顯。但到了莊子，則顯然已自覺到此一矛盾，故不再論入世的「功用」，而純粹只論境界上的清虛逍遙，而使道家之學得以純粹化。〔註 25〕

　　道家所發明的「道」，實是一種當主體介入事物之中，就其整體（銷融主客對立）而論所顯示的原則。這是屬於「內容眞理」〔註 26〕的形式原則，也就是以「作用地保存」〔註 27〕來成就內容眞理。因此，此一「道」是要人去「實踐」的（主客一如），而不是讓人拿來「用」的（主客二分）。但在當時，一般人對道家思想之認識不能如此地分辨清楚。老子對「道」之運行法則的

〔註 24〕例如老子說：「……功成而不居。夫唯不居，是以不去。」（二章），是強調了「道」之有「不去」的功用。它如「非以其無私邪？故能成其私。」（七章）「我好靜而民自正，我無事而民自富，我無欲而民自樸。」（五十七章）等。

〔註 25〕王邦雄老師說：

　　……惟此一無知無欲，致虛守靜的主體修證，於《老子》書僅一筆滑過，其全書重心畢竟落在政治智慧的展現上。如是，其超越的自然，即未能必然的透過人心的自覺與生命的投入，而轉成價值的自然。此一見素抱樸的內在美善若呈顯不出，則「非以明民，將以愚之」，果眞成爲愚民之說，而「聖人無常心，以百姓心爲心」，亦轉成空論。如是，生命的內涵，可能成爲被決定的貧乏，而人生的歷程，亦將墜於無可奈何的淒涼。是以，莊子雖承接了老子所開出的形上之道的價值根源，與政治人生回歸自然無爲的理想歸趨，惟並未在形上系統與政治哲學有其進一步的發揮，而專注在生命價值的深切反省與不斷奔騰上揚的人格修養，一者救老子哲學可能落於貧弱虛空的危機，二者挺起人的價值主體性，將天道之美善，使內在人的生命人格之中。上所引見於王師邦雄《中國哲學論集》，頁 62～63。

〔註 26〕所謂「內容眞理」，乃指眞理爲「繫屬於主體」者：與此相對的爲「外延眞理」，即科學上的眞理，爲可作客觀認知與判斷者。內容眞理雖因繫屬於主體而爲具體個別者，但其中實仍有普遍性，故仍可以「眞理」名之。而中國哲學之重心即落在「內容眞理」上。詳見牟宗三《中國哲學十九講》，第二講。

〔註 27〕「作用地保存」乃牟宗三先生所提出的語詞，見《中國哲學十九講》，頁 104。所謂「作用地保存」，乃指道家的道是「不生之生」，是「實現原理」而非「創生原理」，意即道家的「無」是實踐所表現出的（即是工夫，是實踐性的），而非存有論上的實有。撇開道家（主要爲莊子）所欲開顯的境界不論，單就「無」而言，實爲一「共法」，即實踐內容眞理的共法。詳見牟宗三《中國哲學十九講》，第五、六、七十三講。

點破，使眾人為之炫惑。除少數如莊子者之外，絕大多數家派皆是很混雜地吸收了老子思想〔註28〕。這可從戰國末期的《呂氏春秋》及漢初之《淮南子》明白看出，而司馬談以為道家與其他各家都是「務為治者也」〔註29〕，且為其中最優者。所謂：

> 道家使人精神專一，動合無形，贍足萬物。其為術也，因陰陽之大順，采儒墨之善，撮名法之要，與時遷移，應物變化，立俗施事，無所不宜。旨約而易操，事少而功多。(《史記》卷一三〇〈太史公自序〉)

此則更是一個明顯的例證。

二、法家對儒家及道家的利用與扭曲

法家與其他先秦諸子一樣，皆是因應周文疲弊、春秋戰國之亂局而起者；然其所不同者，在於法家是唯一站在統治者的立場而求治者；故在韓非之前，所謂法家，也只是一套富國強兵之術，而不似其他諸家為一有體系的思想。〔註30〕

前期法家，如商鞅、李克、吳起等，雖是站在國君的立場求富國強兵，然與其對立的是貴族而非平民〔註31〕，他們所主張的如「廢封建」、「立郡縣」、「廢井田」、「開阡陌」、「盡地力」等，均可謂是順應時代之變化而生者〔註32〕；因此而有之重「法」的主張，亦是緣於此一時代變化所產生之客觀化要求〔註33〕。所以，在這個時期的法家，其實並無法家之名，亦無完整的

〔註28〕由莊子所確定的道家精神，要到魏晉時期才得到繼承與發展。而從知識概念上對道家的「道」作一明確規定者，則是以當代所作為多。筆者以為其中尤以牟宗三先生的詮釋最為允當。

〔註29〕司馬談〈論六家要旨〉，見《史記》，卷一三〇〈太史公自序〉。

〔註30〕勞思光認為：

> 蓋韓非思想中之基源問題僅是：『如何致富強？』……有人遂以為韓子之說既非真哲學理論，僅為權術之言，則中國哲學史中儘可不涉及其人其書。此語似是而實非。蓋韓子之價值觀念，乃一純否定之觀念。……純否定本身即涉哲學之根本問題。語見勞思光《中國哲學史》卷一，頁281。

〔註31〕錢穆說：「法家用意，在把貴族階級上下秩序，重新建立，此仍是儒家精神。然而吳起在楚，商鞅在秦，都因此受一般貴族之攻擊而殺身。」見《國史大綱》，頁75。

〔註32〕參見錢穆《國史大綱》，第五章第二節。

〔註33〕例如「廢井田」，就是將農民自田地上解放出來，使之獲得一自由民的身份。又如「尊君重法」，是將國君自貴族中解放出來，而取得一政治上的客觀身

思想體系；而其所爲者，亦未必不合於儒家的要求。〔註34〕

　　眞正的法家，一定要以韓非爲代表〔註35〕。韓非曾爲荀子的學生，故其思想有受荀子影響的部分。王邦雄老師說：

> ……孔子之禮，內化於仁，荀子之禮，從人性之仁中孤離出來，外化而爲法。……禮既完全來自外爍的強制，則社會制裁力之禮，實遠不如政治制裁力之法，來得更富強制力，更具齊一之效。故曰：『故古者聖人以人之性惡，以爲偏險而不正，悖亂而不治，故爲之立君上之勢以臨之，明禮義以化之，起法正以治之，重刑罰以禁之，使天下皆出於治，合於善也；是聖王之治而禮義之化也。』（《荀子》性惡篇）荀子已運用政治君勢之權威，以強制力做爲教育的手段，師與君合，禮與法合，推向權威主義，遂由禮而法，由法而刑禁，由尊君重禮很自然的轉入尊君重法的法家之路。……由上述可知，荀子實爲由儒入法的轉關人物，韓非既師事荀卿，受其影響獨深，其政治哲學的理論根基——人性論、價值觀及歷史觀——大多來自荀子；惟其實質精神一轉而大異，乃是儒法分途。蓋荀子仍主人治德化，仍有一聖人的生命精神做爲現世人生的指標，仍在建立人的尊嚴與追尋文化的理想；到了韓非，此一精神與理想均已失落不見。〔註36〕

由此，韓非之法爲儒家禮治德化之陷落已甚明。在荀子，「禮」之根源義已不甚明；至韓非，則法之根源完全在人主，更不論其合理性何在。然姑不論法源的合理性，就法的客觀性而言，因韓非亦主張「勢」與「術」，使「法」在表面上是不論上下而一體適用的，但在實際上則是人主憑「勢」來運「術」控「法」。韓非說：

> 君執柄以處勢，故令行禁止。柄者，殺生之制也；勢者，勝眾之資

份，而不爲貴族所籠罩。此種變化，乃社會向前發展所使然。蓋社會的發展與分工使各角色要求獲得一客觀的身份，而不能再爲「親親」、「尊尊」等單一的主觀性原則所涵蓋。關於此義，可參考牟宗三《中國哲學十九講》，第八講。

〔註34〕參見註31。又：李克爲子夏弟子，吳起爲曾子弟子。

〔註35〕王師邦雄說：「眞正的法家學派的思想，應以韓非爲其代表人物。管子慎到尚在儒法、道法之間過渡徘徊，申商之法術猶各偏一端，體系未立；韓非則自成體系，建立了純正法家本色的哲學。」見王師《韓非子的哲學》，頁92。

〔註36〕王師邦雄《韓非子哲學》，頁36～37。

－25－

也。（八經篇）

　　凡術也者，主之所以執也；法也者，官之所以師也。（説疑篇）

人君處勢，以法來使下，方爲有效；人君執術，而使臣下依法而行。由此，均看出設「法」的目的，只在於鞏固人君。所以蕭公權先生認爲：「至商韓言法，則人君之地位超出法上。其本身之守法與否不復成爲問題，而惟務責親貴之守法。君主專制之理論至此遂臻成熟，而先秦『法治』思想去近代法治思想亦愈遼遠矣。」〔註37〕儒家之「禮」對人君與臣民均爲有效，但韓非卻將「法」轉爲君對臣下之統治，君自身反在法之幕後，憑勢與術來操控之，使政治的根本淪爲黑暗。

　　法家之提出「勢」與「術」，當是誤用了道家的發明。「順著老子的形上之道，而轉向法家的過渡人物，就是慎到。《史記》稱之曰：『學黃老道德之術。』而漢志則謂『申韓稱之。』慎到的思想，正是由道入法的關鍵。四庫全書提要云：『今考其書，大旨欲因物理之當然，各定一法而守之。不求於法之外，亦不寬於法之中，則上下相安，可以清淨而治。然法所不行，勢必以刑齊之。道德之爲刑名，此其轉關；所以申韓多稱之也。』老子自然之道，其超越的形上意味，慎子把握不住，沈落爲現象的物理之勢。此實爲道家哲學的一大逆轉。」〔註38〕慎到將老子由主體實踐而顯發的道，物化爲現實上的勢。而此「勢」若要有效，則必要取消人的自由意志，「不師知慮，不知前後，魏然而已矣」〔註39〕，然後方能「與物宛轉」〔註40〕。如何方能取消人的自由意志呢？必出之以威嚇，此即韓非所說：

　　萬乘之主，千乘之君，所以制天下而征諸侯者，以其威勢也。威勢者，人主之筋力也。（人主篇）

　　無威嚴之勢，賞罰之法，雖堯舜不能以爲治。……故善爲主者，明賞設利以勸之，使民以功賞，而不以仁義賜；嚴刑重罰以禁之，使民以罰誅，而不以愛惠免。（姦劫弒臣篇）

　　明主之所道制其臣者，二柄而已矣。二柄者，刑德也。何謂刑德？曰殺戮之謂刑，慶賞之謂德。爲人臣者，畏誅罰而利慶賞，故人主自用其刑德，則群臣畏其威而歸其利矣。（二柄篇）

〔註37〕蕭公權《中國政治思想史》，頁241。
〔註38〕王師邦雄《韓非子的哲學》，頁40。
〔註39〕《莊子》天下篇，論彭蒙田駢慎到一段。
〔註40〕同註39。

可見法家所謂「勢」，實是藉人主之操權而來「刑德」之威，此與老子自然之道相去遠矣。

韓非所謂「術」，乃申不害自道家轉手而來。《史記‧老莊申韓列傳》謂：「申子之學，本於黃老，而主刑名。」韓非言「術」曰：

> 術者，藏之於胸中，以偶眾端，而潛御群臣者也。（難三篇）
>
> 凡術也者，主之所以執也；法也者，官之所以師也。（說疑篇）
>
> 法莫如顯，而術不欲見。（難三篇）

何以要用術呢？乃因為：

> 人主有二患：任賢，則臣將乘於賢，以劫其君；妄舉，則事沮不勝。故人主好賢，則群臣飾行以要君欲，則是群臣之情不效；群臣之情不效，則人主無以異其臣矣。……故君見惡，則群臣匿端；君見好，則群臣誣能，人主欲見，則群臣之情態得其資矣。……人臣之情，非必能愛其君也，為重利之故也。今人主不掩其情，不匿其端，而使人臣有緣以侵其主，則群臣為子之田常不難矣。故曰：去好去惡，群臣見素，則人君不蔽矣。（二柄篇）

所以「韓非言術，一曰先為不可知，以求祕藏難測；再則曰因任而授官，循名而責實。在君無為之下，求臣下之大有為。此一人主所執之術，既先為不可知，而求為無不可知，則君王必以無為自守；……」〔註41〕「因任授官、循名責實」之術，與道家之道較無關；但「求為不可知」之術，則名顯自老子「無為」、「無欲」脫胎而來。只是將老子的主體修養，轉為祕密運作之技術，成為「有所為」的陰謀了。

在先秦諸家思想中，法家是唯一被實際採行的學說，結果是造成了秦之統一六國，但也因此而在短短十五年後失國。此事使漢初諸儒對法家有進一步的反省，唯能不能很明白的貞定道家之「道」，加上合以陰陽家對大自然之法則的想像，使漢初之學術，顯示出一個兼容並包的「雜家」的形態。這一步發展，將留至第五章再討論。

第四節　陰陽家的興起

先秦諸子中，陰陽家較為晚起，但影響卻甚為重大〔註42〕。有關陰陽家

〔註41〕同註38，頁232。

〔註42〕錢穆《國學概論》：「自人心向倦，百家燼歇之際，荀韓之說得志於秦廷，而

的文獻，卻又鮮有流傳；及今所見者，主要只有《史記》孟荀列傳中之一段〔註 43〕。近代有關陰陽家的研究，則由梁任公〈陰陽五行說的來歷〉一文開其端〔註 44〕，本文則根據當代學者徐復觀及王夢鷗兩先生的研究而略述之。〔註 45〕

　　陰陽與五行，本爲二種不同的觀念，至鄒衍方合而道之〔註 46〕。追溯「陰陽」觀念的來歷，「原意是有無日光的兩種天氣。」〔註 47〕《詩經》中之「陰」「陽」，均是此意。其中「有一處『陰陽』連詞，即大雅公劉『相其陰陽』，乃指山之南北而言，係陰陽二字之本義。」〔註 48〕至春秋時代，「最大之發展，乃在以陰陽爲天所生的六氣中之二氣。……最值得注意的是左昭元年的一段話……『六氣，日陰陽風雨晦明也……』。……在六氣之中，因陰陽二氣，較之風雨晦明四氣稍爲抽象，更適合人們合理地想像；在想像中所受的限制，比風雨晦明四氣來得小；所以它對諸多現象所具備的解釋力特大，於是它開始從六氣中突出，而與其他更多的事物或現象發生關連；尤其是它開始作爲男性女性的象徵，這對於爾後的發展，具有相當的意義。」〔註 49〕至戰國時代，「對陰陽觀念，作決定性的演變，恐怕是順著易傳的發展而來。」〔註 50〕

東方學術，惟推陰陽獨步。下逮漢儒，流風愈扇。因逮後世，餘燼不滅。摧陷廓清，未見其時。先秦絢爛精悍之學派，其歸根結穴所在，上之爲專斷之政，下之爲荒唐之想。」見該書頁 63。至於陰陽家成立的年代，徐復觀甚至認爲在先秦並無陰陽家，「到了司馬談在論六家要旨中，始有『陰陽家』之名。」見氏著《中國哲學史論集續編》，頁 111。

〔註 43〕王夢鷗：「總之，我們現在能看到一鱗半爪關於鄒衍生平的事蹟，就全靠《史記》孟荀列傳的一點記載。」見氏著《鄒衍遺說考》，頁 9。

〔註 44〕見《古史辨》第五冊。

〔註 45〕徐復觀有〈陰陽五行及其有關文獻的研究〉一文，長七萬餘字，收入氏著《中國思想史論集續編》及《中國人性論史》。王夢鷗有《鄒衍遺說考》一書，約十萬餘字。二氏之研究主要差異在於關於《尚書・甘誓》及〈洪範〉中之「五行」的意義之解釋及此二篇年代的看法，然此差異對本文並無影響。

〔註 46〕梁任公的〈陰陽五行說的來歷〉研究結論說：「春秋戰國以前所謂陰陽五行，其語甚稀見，其義甚平淡。且此二事從未嘗併爲一談。……其始蓋起於燕齊方士；而其建設之，傳播之，宜負罪責者三人焉。曰鄒衍，曰董仲舒，曰劉向。」徐復觀亦說：「把陰陽五行牽合在一起，應該是始於鄒衍。」見《中國哲學史論集續編》，頁 100。

〔註 47〕徐復觀《中國哲學史論集續編》，頁 43。

〔註 48〕同註 47，頁 45。

〔註 49〕同註 47，頁 46～49。

〔註 50〕同註 47，頁 85。

「從六氣中突出來的陰陽二氣體，恰恰可以套在周易裏兩個基本符號中去。以陰陽爲性質相反相成的二氣體，即以之作爲構成萬物之二元素，這對宇宙創生過程，及萬物在此過程中成爲統一的有機體的說明，方便得太多了。用陰陽的觀念來解釋周易，這才完全轉變周易的卜筮的迷信性質，而賦予以哲學性質的構造。……剛柔可以由各物的屬性，昇進而爲陰陽的屬性，因而組織成一個體系。」〔註51〕至於陰陽對道家的影響，「老子上的『負陰而抱陽』，及莊子內篇中所用的『陰陽』一辭的意義，依然是屬於春秋時代的意義。道家中新義的陰陽一辭比較多的，始於莊子的外雜篇。」〔註52〕

在鄒衍之前的陰陽觀念，其發展大概已如上述。至於五行的觀念，文獻中最早出現「五行」的乃是《尚書》中之〈甘誓〉和〈洪範〉，但徐復觀先生以爲其中之五行只是五種常見通用的材料，所謂的「五行六府」，並引《左傳》爲證〔註53〕。而王夢鷗先生則以爲此二材料爲後人僞造，不足爲信〔註54〕。至於在「五行」觀念的發展方面，徐氏以爲：

> 五行觀念的演變，和陰陽觀念的演變，有很大的不同。首先我們應注意到，陰陽的名詞，從詩經時代、春秋時代、以至戰國中期，是不斷出現，不斷演變的。而五行一詞，則不僅在同時期出現得比較少；並且出現時，多是對過去的追述，而其內容亦在長期內固定未變。且自戰國初期一直到孟莊時代，不僅儒家系統中無五行一詞，即墨子莊子中，亦無五行一詞。〔註55〕

> 五行觀念的演變，我的推測，是在社會低級迷信中醞釀出來的。……五行之被傅會爲迷信，當較鄒衍之說爲早。……但把五行從雜多的社會迷信中提出來，以建立新說，引起世人注意者，畢竟始自

〔註51〕同註47，頁91。

〔註52〕同註47，頁93。

〔註53〕《左傳》文公七年：「火水木金土穀，謂之六府。」左昭十一年：「且譬之如天，其有五材，而將用之，力盡而散之。」杜注：「金木水火土，五者爲物用，內則必有散盡。」徐復觀以爲，《尚書》中的「五行」，乃是此五材，而「古代在政治上對水、火、木、金、土、穀等社會生活資材的非常重視。」（同註52，頁66）詳見《中國哲學史論集續編》，頁50～84。

〔註54〕王夢鷗《鄒衍遺說考》：「他（梁任公）這論斷，由顧頡剛接手作更精密的考證，結果，把最早記載『五行』的甘誓與洪範都被認作後出的僞書；於是陰陽五行說，不能不推鄒衍爲最早了。關於這一點，我認爲梁顧二氏的見解是卓越的，……」見該書頁10。

〔註55〕同註47，頁96。

鄒衍。〔註56〕

而王氏則以爲「五行」觀念的發展與天文有關〔註57〕，他說：

> 到了魯襄公昭公以下，周室出了萇弘，宋國出了子韋，鄭國出了裨
> 灶，魯國出了梓慎，始能把天上水木火等星的變異來對應人世之饑
> 饉或火災等等。〔註58〕

且

> 在晉太史蔡墨的言論中，我們就可看出陰陽五行說的構造差不多各
> 已到達完成階段……蔡墨則近似專門的五行家了。……根據這些材
> 料，顯然可見五行之「正」與五行之「德」，在魯昭公二十九年以前
> 即已編定，且已隱寓我們所見到的〈月令〉的形式。〔註59〕

不論「五行」觀念的發展過程是如何，畢竟「把原有的陰陽說加入於五行說
中而起消息作用的，是創自鄒衍。」〔註60〕

至於鄒衍所創的陰陽五行學說之最主要內容，「也是發生影響最大之點，
即是『五德轉移，治各有宜』，這是鄒氏的創說。鄒氏所說的五行，已不是五
種具體物，而係五種氣，即五種元素。五德，是金木水火土的五氣所發生的
五種作用。『五德轉移』，即每一朝代與五行中的某一德相應，亦即受某一德
的支持。等到某一德的勢力已衰，即由另一有剋制前者之德，取而代之。」
〔註61〕此即一般所熟知的「五德終始」之說。

鄒衍創此說的目的，最主要是以「包括上古的星象律歷巫術方枝以及無
數神話傳說……作爲導論，以推銷當時的顯學——亦即儒者之『仁義』與老
墨的『節儉』的道理。」〔註62〕此即司馬遷所論之：

> 然要其歸，必止乎仁義節儉，君臣上下六親之施，始也濫耳。
>
> 或曰：伊尹負鼎，而勉湯以王。百里奚飯牛車下，而繆公用霸。作
> （詐）先然後引之大道。鄒衍其言雖不軌，儻亦有牛鼎之意乎？《史

〔註56〕同註47，頁98～99。

〔註57〕徐復觀反對「五行由五種實物昇進而爲五種物質原素，是在古代天文家手中
所發展起來的」此一說法，不過他亦同意漢初時將五行配上天文學的說法。
詳見〈陰陽五行及其有關文獻的研究〉一文，同註47，頁97。

〔註58〕同註54，頁12。所引《左傳》原文則省略。

〔註59〕同註54，頁13。所引《左傳》原文省略。

〔註60〕同註54，頁15。

〔註61〕同註47，頁101。

〔註62〕同註54，頁14。

記》孟子荀卿列傳）

而其有所因應於當時政治者〔註63〕，想必只是學說之隨機應用，而非創作之本意。〔註64〕

　　以上我們大略敘述了陰陽五行的思想流變及陰陽家興起的過程。本節最後，我們必須探討陰陽家大盛的原因，以找出陰陽家思想與先秦學術發展的內在關聯。

　　徐復觀先生論五德終始說的意義時說：

　　　　古代在原始宗教居於支配地位時，政權的移轉，認為是出於神意，此即所謂「天命」。……到殷周之際，……隨人類理性的覺醒，開始認為天命乃隨人君的「德」為轉移；而人君之德的好壞，又從人民身上反應出來，於是人民成為天的代表。……增加了人君對興亡的責任感。經過春秋以迄戰國，……孟子說：「三代之得天下也以仁；其失天下也，以不仁」；這可以說是「仁的歷史觀」。至於當時的人君及法家兵家乃至一般縱橫家，則認為是決定於智力的強弱。鄒子終始五德之說，乃原始宗教的變相復活；五行的德，以次運轉，乃天命的「命」的具體化。雖然天命是來自神的意志，而五德只是盲目性的法則；但對於當時的人君而言，則等於是政治中的神意，在更明確的形態之下，復活了起來。他們一方面感到新奇；一方面又感到輕鬆和希望。這是政治中的新宗教。〔註65〕

這無異是在暗示五德終始之說能投人君之所好。此或可解釋何以陰陽家一時能大為流行。但既曰「五德終始」，則也表示「天命不私一姓」，而有客觀的運轉法則；則在秦漢一統之後，未必有利於專制帝王的統治。可見陰陽五行思想能在學術界取得龐大勢力，必還有別的原因。

　　勞思光先生在論陰陽家思想興起的原因時說：

　　　　第一：就理論原因或內在因素講，則儒學自始即為「生活之哲學」；由孔孟之努力，此「生活之哲學」逐漸進展而成為「德性之哲學」；其系統甚大，造境甚高，然獨缺一宇宙論。嚴格言之，「宇宙論」本

〔註63〕王夢鷗《鄒衍遺說考》，第六章「缺水的五帝德」，論證鄒衍以其說助燕昭王奪取天下。

〔註64〕徐復觀以為：「鄒衍說終始五德的本意，乃為使當時國君知命之有常，戰爭之無益。」同註47，頁102。

〔註65〕同註47，頁102～103。

> 爲一種幼稚哲學思想；儒學最初無宇宙論，並非一缺點，實爲一優
> 點；……然而，人類心靈之幼稚傾向亦爲不可免者；故在荀子之後，
> 心性之本義不明；從事儒學者各入歧途。其中遂有尋求宇宙論者，
> 而陰陽五行之說遂漸漸侵入此類儒生心念中。及至另有歷史機緣相
> 助，此種對宇宙論之尋求，遂乘勢而以儒學正統面目自居，此所以
> 漢儒背孔孟心性之精義，而取陰陽五行之妄言也。〔註66〕

而其所謂「歷史機緣」，即是其第二點，乃指秦火而言。事實上，秦焚書至秦
亡不過七年，至漢惠四年除「挾書令」亦不過二十二年，故基本原因還是第
一點。勞先生對陰陽家這種「幼稚的宇宙論」甚爲鄙視，但誠如徐復觀先生
所言：「若以陰陽五行，純作宇宙論的說明，這是一種『前科學性』的說明，
在知識上，有其進步的意義。」〔註67〕在科學發達之前，人類需要一種宇宙
論以對自然界的事物作一系統性的解釋爲不可免者。且「由於自秦以來，天
下一統交通發達，使人更覺空間之大，而空間意識發達。同時漢人之好古敏
求，復覺歷史之長而時間意識發達，於是對於實際時空之事物變化更感興趣，
而哲學上之宇宙論之討論，因而特別引起。」〔註68〕加以「陰陽家思想在先
秦爲唯一之論宇宙論者」〔註69〕；且由上文可知，「陰陽」「五行」的觀念，
自始就是相當素樸的，並不帶神話的色彩；將其套用在對自然界的解釋上（如
天文、地理、時令、醫學等），在當時亦有相當的有效性，故我們很可以理解
陰陽家會大盛於秦漢。

當然，亦如徐復觀先生所說的：

> 以此來作爲宗教的構造，乃至以此作爲道德的根據，則不僅爲先秦
> 思想所無；且把先秦逐漸落實到從人心上去言道德，從人民好惡上
> 去言政治的內容，墮退到四不像的物質性的宗教上去求根據，並以
> 此歪曲了先秦典籍中的許多解釋，這是學術上西漢與先秦截然不同
> 的性格，也是我國學術發展上的一大轉變，平添爾後兩千年學術中
> 的許多糾葛夾雜。〔註70〕

〔註66〕勞思光《中國哲學史》，卷二，頁14。
〔註67〕同註47，頁110。
〔註68〕唐君毅〈漢代哲學思想之特徵〉一文，見《唐君毅全集・卷十八・哲學論集》，
　　　　頁164。
〔註69〕同註68。
〔註70〕同註47。

顯然亦不滿於陰陽家而與勞先生有類似的感慨。於此，我們不免要問，何以陰陽家思想不能只安於其「前科學」的本分，而侵入其他學術的領域？也就是說，我們或可理解何以陰陽家會「大盛」，但爲什麼會「獨盛」而「歪曲了先秦典籍」呢？或者就要從「爲先秦思想所無」這一點上去找答案。可能正是因爲某種「爲先秦思想所無」的特性，配合上秦漢時的環境，而造成了陰陽家的「獨盛」。

陰陽家所異於先秦諸家最大的特色，乃是它是先秦諸子中，唯一能爲「道」找到客觀依據，且有相當的實證性者。先秦諸家，儒家之道，要靠人內在德性心的覺醒，此在當時，不可能爲多數人所明白。道家之道，則亦是要靠人之主體實踐而實現者；此種玄虛之道，能領會者不會很多，且其所適用的範圍亦有限，實證性不足。加之當時一般人皆以客觀的「道」來了解之，使自道家演變而出之「黃老」有與法家之治術合流的跡象〔註71〕。荀子「法後王」之道，則需有一強大的歷史文化背景，值戰國亂局，實無法爲人所共信。法家之道，出自君主的法，客觀根據不足；雖爲人君所樂從，但不能爲經過儒家（傳統精神）薰陶的知識分子所接受。墨家之天道，是有客觀獨立的意義，但無此一宗教信仰的傳統，不易爲大家信受，故至戰國晚期而衰歇。唯獨陰陽家之道，雖晚出，但卻有客觀實證基礎；陰陽五行變化靈活，解釋力強，便於吸收（實爲雜採）各家思想，融鑄爲一無所不包的大系統。這對於秦漢之時，需要一個穩定的法則來建立新的政治社會秩序，可謂是一拍即合。故其能吞併諸家而獨盛。而其流行，自亦要到其客觀性（可實證的法則）漸漸不再靈光（因發展過快而推論又疏），遭人們懷疑後而衰息。〔註72〕

至於漢初諸儒是如何發展並運用陰陽家思想的，則留到第五章再作討論。

〔註71〕余英時〈反智論與中國政治傳統〉：「我們初步地考察這些新發現的佚文（按：指馬王堆出土者），便可知黃老之能流行於大一統時代的漢初，決不是單純地因爲它提出了『清靜無爲』的抽象原則，而是黃老與法家匯流之後，使得它在『君人南面之術』的方面發展了一套具體的辦法，因而纔受到帝王的青睞。」見氏著《歷史與思想》，頁14。

〔註72〕陰陽家在西漢得到充分的發展，但也因「圖讖」「符應」的氾濫，至東漢後漸不爲人所信，於是漸自學術界退出。但在民間一般的方技術數中，因無眞正的科學思想，所以其影響延續二千年。

第三章　漢初民生社會之背景

　　在前一章，我們以「周文疲弊」為觀察先秦學術發展的主要線索；但究竟什麼是「周文疲弊」？它的具體情況是什麼？形成的原因又是什麼？而此後的社會結構與民生狀況產生了如何的變化？這些即是本章所要探討的問題。

第一節　封建社會的解體及其原因

一、封建社會的崩潰

　　所謂周文，具體的說，就是周代的封建制度。此一封建制度之精神，已於上章略述之。而此一制度的詳細情況，本文不及細論；簡單地說，就是由貴族掌握政治，以宗法維繫秩序，以井田為經濟形態的制度〔註1〕。此一制度，至春秋已開始解體，至戰國則全面崩潰。其情形大致如下：〔註2〕

（一）王命不行，階級陵替

　　自平王東遷，因為「弒父」之嫌，為東方諸侯所不齒，自此王命漸不行〔註3〕。周桓公言於王曰：「我周之東遷，晉、鄭焉依。善鄭以勸來者，猶懼不蔇，況不禮焉？鄭不來矣。」〔註4〕可見在當時（隱公六年），除了晉、鄭

〔註1〕 參見牟宗三《歷史哲學》，頁23。
〔註2〕 本小節所述，多依據錢穆《國史大綱》，瞿同祖《中國封建社會》，徐復觀《兩漢思想史》卷一等所述；不敢掠美，特此聲明。
〔註3〕 詳見錢穆《國史大綱》，第三章第四節。
〔註4〕 《左傳》，隱公六年。

兩國外，他國早已不朝。諸侯不履行對周天子的義務，如楚人不貢包茅〔註5〕，魯人不納貢賦〔註6〕；且各自擴充軍力〔註7〕，僭越禮儀〔註8〕，甚至與王師相抗，殺傷天子。〔註9〕

不僅諸侯僭於天子，各國之內，亦篡亂相乘〔註10〕。卿大夫的勢力陵於諸侯，甚至出掌國政，操生殺廢立之權〔註11〕。而各家之家臣又陵於卿大夫之上〔註12〕。這是一種政權下移的現象。徐復觀先生說：「馮季驊《春秋三變說》謂：『隱、桓以下，政在諸侯。僖、文以下，政在大夫。定哀以下，政在陪臣。』」〔註13〕對這種情形，他解釋道：「乃封建中的固定身分制度，使統治者必自上而下的趨於腐爛的必然結果。並爲遊士卿相局面開其先路。」〔註14〕總而言之，此一情況，已使「親親」之義被徹底踐踏，各級貴族皆憑「力」以崛起，宗法制度已不再能維繫政治秩序了。

（二）戰爭頻繁，郡縣興起

顧棟高《春秋大事表》四，列國疆域表謂「魯在春秋，實兼有九國之地。」「齊在春秋，兼併十國之地。」「晉所滅十八國。又衛滅之邢，秦滅之滑，皆歸於晉。景公時剪滅眾狄，……又東得衛之殷墟，鄭之虎牢。」「楚在春秋，吞併諸國，凡四十有二。」「宋在春秋，兼有六國之地。」〔註15〕可見春秋兼

〔註5〕 同註4，僖公十五年。

〔註6〕 同註4，桓公十五年。

〔註7〕 依制，公侯三軍。晉悼公八年，晉已有四軍。

〔註8〕 楚、吳、越、齊、秦等先後僭稱爲王。魯行郊禮，設兩觀，乘大路，朱干玉戚，以舞大夏，八佾以舞大武。秦、晉等大國使小國來朝覲、受職，且納貢賦，儼同天子。見瞿同祖《中國封建社會》，第八章。

〔註9〕 《左傳》桓公五年，王奪鄭伯政，鄭伯不朝，王率諸侯代之，鄭伯禦王，而大敗之。

〔註10〕 如魯桓公弑兄（隱公）自立，宋華督弑殤公，晉曲沃伯弑哀侯等。參見錢穆《國史大綱》，頁38。又：據顧棟高《春秋大事表》十三，《春秋》書諸侯殺大夫者四十七，書大夫之爲他國所執者十四，書放其大夫者二，書卿士大夫公子出奔者共五十七。可見春秋時各國內亂之頻繁。

〔註11〕 舉其大者，如晉獻公薨，里克連殺奚齊及公子卓。田常弑齊簡公而立平公。昭公因討季孫不成，出奔齊，在外七年，終不得入。晉六卿滅晉之宗族。魯三桓專政等等。參見瞿同祖《中國封建社會》，第八章。

〔註12〕 如季氏專魯政，而陽虎又專季氏。見《左傳》定公八年。

〔註13〕 徐復觀《兩漢思想史》，卷一，頁71。

〔註14〕 同註13。

〔註15〕 轉引自徐復觀《兩漢思想史》，卷一，頁69。

併之一斑。不過春秋之攻伐，基本上不滅人之國（所滅者多爲蠻戎夷狄之國）
〔註16〕，「諸夏親暱，不可棄也」的觀念，賴齊桓之霸政而勉強維持；且攻佔之
土地，仍復封於臣下。此二點比之戰國，可見其時封建制度尚未完全破壞。

　　降至戰國，由於齊晉兩國均遭篡統，春秋時代藉霸主以維持的封建精神
再無所繫，於是展開軍國攻伐兼併的新局面。而更爲重要的是，所攻佔的土
地，不再實行分封，而由國君設立郡縣直接管理。顧棟高《春秋大事表》五，
〈列國爵姓及存滅表敘〉謂「封建之裂爲郡縣，蓋不自秦始也。自莊公之世，
而楚文王已縣申、息，封畛於汝。逮後而晉有四十縣。哀公二年，趙鞅爲鐵
之師，誓曰：克敵者上大夫受縣，下大夫受郡。終春秋之世，而國之滅爲縣
邑者強半天下。」〔註17〕郡縣制的興起，更爲本質地破壞了封建制度。

　　郡縣制逐步發展的過程，明儒顧炎武在《日知錄》「郡縣」條下有清楚的
說明〔註18〕。至於其原因，錢穆先生說：「晉自曲沃篡統，獻公患桓莊族逼，

〔註16〕參見瞿同祖《中國封建社會》，第八章第二節。
〔註17〕同註15，頁73。
〔註18〕原抄本《日知錄》，卷二十三（通行本卷二十二）「郡縣」條：
　　漢書地理志言秦兼并四海，以爲周制微弱，終爲諸侯所喪，故不立尺土之封，
　　分天下爲郡縣，盪滅前聖之苗裔，靡有孑遺。後之文人祖述其說，以爲廢封
　　建立郡縣，皆始皇之所爲也。以余觀之，殆不然。《左傳》僖公三十三年，晉
　　襄公以再命命先茅之縣賞胥臣。宣公十一年，楚子縣陳。十二年鄭伯逆楚子
　　之辭曰：「使改事君夷於九縣。」十五年，晉侯賞士伯以瓜衍之縣。成公六年，
　　韓獻計曰：「成師以出，而敗楚之二縣。」襄公二十六年，蔡聲子曰：「晉人
　　將與之縣以比叔向。三十年絳縣人或年長矣。」昭公三年韓宣子曰：「晉之別
　　縣不惟州。」五年蓬啓疆曰，韓賦七邑皆成縣也。又曰：「因其十家九縣，其
　　餘四十縣。」十一年叔同曰：「陳人聽命而遂縣之。」二十八年晉分祁氏之田
　　以爲七縣，分羊舌氏之田以爲三縣。哀公十七年子穀曰：「彭仲爽申俘也，文
　　王以爲令尹，實縣申息。」晏子春秋：昔我先君桓公予管仲狐與穀，其縣十
　　七。說苑：景公令吏致千家之縣一於晏子。戰國策：智伯過言於智伯曰：破
　　趙則封二子者各萬家之縣一。史記秦本紀：武公十年伐邽冀戎初縣之，十一
　　年初縣杜鄭。吳世家，王餘祭三年予慶封朱方之縣。則當春秋之世，滅人之
　　國者固已爲矣。史記吳王發九郡兵伐齊，范蜎對楚王曰：楚南塞厲門而郡江
　　東。甘茂謂秦王曰：宜陽大縣，名曰縣，其實郡也。春申君言於楚王曰：淮
　　北地邊齊，其事急，請以爲郡便。匈奴傳言趙武靈王置雲中、雁門、代郡。
　　燕置上谷、漁陽、右北平、遼西、遼東郡以拒胡。又言魏有河西、上郡，以
　　與戎界邊。則當七國之世，而固有郡矣。吳起爲西河守，馮亭爲上黨守，西
　　門豹爲鄴令，荀況爲蘭陵令，城渾說楚新城令，衛有蒲守，韓有南陽假守，
　　魏有安邑令，蘇代曰：「請以三萬戶之都封太守，千戶封縣令」，而齊威王朝
　　諸縣令長七十二人。則六國之未入於秦，而固已先爲守令長矣。故史言樂毅
　　下齊七十餘城。皆郡爲縣。而齊湣王遣楚懷王書曰：「四國爭事秦，則楚爲郡

盡殺群公子。驪姬之亂，又詛無畜群公子。故晉無公族。而并地日大，於是遂行縣制。及頃公時，六卿弱公室，又盡滅公族，分其邑爲十縣。各令其子爲大夫。則晉之推行縣制已久，故二家分晉，即變成新的郡縣國家。楚亦內行縣制。蓋內廢公族，外務兼併，爲封建制破壞，郡縣制推行之兩因。……自此貴族特權階級分割性之封建，漸變而爲官僚統治之政府。」〔註19〕

（三）務盡地力，井田廢棄

　　井田制度廢棄的經過，錢穆先生論之曰：

> 這一制度，在春秋末戰國初一段時期內，便逐步變動了。主要是稅收制度的變動。起先是八家其耕公田百畝，再各耕私田百畝，此所謂助法。其次是廢除公田，在各家私田百畝內征收什分一的田租，此所謂貢法及徹法。貢法是照百畝收益折成中數，作爲按年納租的定額。徹法是照每年豐歉實際收益而按什一繳納。再其次則貴族祇按畝收租，認田不認人，不再認眞執行受田還田的麻煩，此所謂履畝而稅。更其次則容許農民劃去舊制井田的封岸疆界，讓他們在百畝之外自由增闢耕地，此所謂開阡陌封疆，而貴族則仍只接其實際所耕收，取什分一的田租。此在貴族似乎只有增添收入，並不吃虧。
>
> 然而這裏卻有一個絕大的轉變，即是土地所有權由此轉移。〔註20〕

這一段文字很清楚的說明了井田制度改變的過程，而造成此一改變的卻是緣於稅制的變化。徐復觀先生更直以「不斷加重的賦稅壓力」爲封建制度崩潰的最基本原因〔註21〕。大抵諸侯間的征戰兼併，耗廢國力，只好增加賦稅；

縣矣。」張儀說燕昭王曰：「今時趙之於秦，猶郡縣也。」安得謂至始皇而始罷侯置守耶？春秋時見於經傳者百四十餘國，又并爲十二諸侯，又并爲七國。此固其勢之所必至，秦雖欲復古之制，一一而封之，亦有所不能，而謂罷侯置守之始於秦，則儒生不通古今之見也。

〔註19〕《國史大綱》，頁57。此外，齊思和以爲：「蓋當春秋之世，助法盛行，貨幣未興，土地幾成爲惟一之財產。國君於其重臣貴戚之贍養酬庸，惟有與之若干食邑一途。助法既廢，田稅征斂之法遂興，國君遂可出其征斂之所得以酬庸其下，或與之以粟米，或賜之以金錢，而不必復封之以采地。」此亦當爲一原因。轉引自《中國通史論文選輯》上，頁237。

〔註20〕見錢穆〈中國社會演變〉一文，收入氏著《國史新論》，頁5。

〔註21〕見徐復觀〈封建政治社會的崩潰及典型專制政治的成立〉第二節。收入《兩漢思想史》卷一。徐先生對「徹法」「貢法」的解釋並不同於前文所引錢先生的說法，但這並無害於「『稅法改變』（加稅）是造成井田崩潰之原因」此一結論。

且為提高生產力，自然鼓勵耕作；所以原有的「阡陌」便遭破壞。此一問題為商鞅首先意識到，才有計畫地廢井田，開阡陌，獎勵農戰。〔註22〕

　　井田制在非有意的情況下破壞了。而其結果，卻是導致封建制度的崩潰。其間關係，錢穆先生論曰：

> 井田制破壞了，現在是耕者有其地，土地所有權轉歸給農民了，然而相隨而來的，則是封建時代為民制產的一種均產制度也破壞了。從前是一種制約經濟，現在變成自由經濟了。有些農民增闢耕地漸成富農，有些貧農連百畝耕地也保不住，經由種種契約而轉賣給富農。既是土地所有權在農民手裏，他們自可世代承繼而且自由買賣。與私有制相引而起的，則是貧富不均，此在中國史上謂之兼併。農民有著自由資產，中間便有著貧富的階層。富農出現了，漸變成變相的貴族。從前平民貴族兩階級的基礎也連帶搖動。所以井田制度破壞，必連帶促進封建制度之崩潰。〔註23〕

（四）商業興盛，游士橫行

　　束縛於土地之上，使人口的自由流動更為方便，加上列國間來往的頻繁，使行商游士得到發展的機會。

　　商業活動不見得是封建社會解體的表徵，因為在封建社會中一樣有商業〔註24〕。但是在春秋時代，因社會力的進步〔註25〕，財富的累積〔註26〕及社會情勢的需要〔註27〕，提供商業發展的良好條件；而井田制的崩潰顯然助長了此一情況。而富商巨賈的出現，能夠抗禮王侯，例如《史記》貨殖列傳所說：

> 子貢既學於仲尼，退而仕於衛，廢著鬻財於曹魯之間。七十子之徒，賜最為饒益……結駟連騎，束帛之幣，以聘享諸侯。所至，國君無不分庭與之抗禮。夫使孔子名布揚於天下者，子貢先後之也。

〔註22〕參見同前，第六節。
〔註23〕同註20，頁6。
〔註24〕有人認為在封建制度下，對商業的發展是一種束縛。徐復觀先生則駁斥了此一看法。參考同註21，頁84。
〔註25〕所謂社會力的進步，包括了生產力的進步（如鐵器的使用），人口的增加，貨幣的使用等等。
〔註26〕井田制崩潰，土地產權私有，使財富得以累積。
〔註27〕在列國征戰的情勢下，商業力顯然也成為一種國力，受到國君的重視。參考同註21，頁83。

富商巨賈既得與貴族平起平坐，自然也使得階級制更加無法維持。商業的興盛也就此加速了封建制度的崩潰。

另外，我們還應當注意，鐵器在這個時期的大量使用。鐵器在中國究竟出現於何時，一直是個很有爭論的問題〔註28〕，但在戰國時已全面使用當無疑問。「由冶鐵的大大發展，一方面會全面地推進了戰國時代的農業生產力，另一方面，則開闢了工商的結合，而大大提高了商業財富的積累。」〔註29〕

與商業興盛之因素相類似的，是游士的興起。「士」的興起是文化史上一件非常重大的事，它關係到此後的政治社會之結構與文化方向；後文將專節論之，在此，我們僅說明游士產生的背景及其對封建社會的影響。

「士」本是封建結構中貴族裏最低的一層，其實是屬於貴族與平民的交接點〔註30〕。在貴族逐漸腐化、「政權下移」的時代，不論是對禮文的掌握運用，戰陣中的軍士，乃至對政務的處理，都越來越依靠士。在封建社會趨向解體的過程中，處於上下之交的「士」，正是變動最為劇烈的；一方面庶人可憑軍功、乃至文學進升為士〔註31〕，另一方面，「貴族後裔漸漸有降為平民的，知識也漸漸滲入民間」〔註32〕，以又使庶人更有機會上升為士。於是，「士」便成為「上、下升降的匯聚之所」。〔註33〕

由於「士」階層的鬆動，使士之流動性大增。而各國之間的兼併，使國君務求得人。而在新興的平民學者本身，「他們並不承認貴族特權，而他們卻忘不了封建制度所從開始的天下，只有一個共主，一個最高中心的歷史觀念。因此他們從國際聯盟，再進一步而期求天下一家。他們常常在各國間周游活

〔註28〕 參見同註21，頁106。

〔註29〕 徐復觀《兩漢思想史》，卷一，頁106。

〔註30〕 《孟子》萬章下：「北宮錡問曰：周室班爵祿也，如之何？孟子曰：其詳不可得聞也，諸侯惡其害己也，而皆去其籍。然而軻也，嘗聞其略也。天子一位，公一位，侯一位，伯一位，子男同一位，凡五等也。君一位，卿一位，大夫一位，上士一位，中士一位，下士一位，凡六等。……」近來有關「士」之本義的討論甚多，可參見余英時《中國知識階層論史》中之〈古代知識階層的興起與發展〉一文。

〔註31〕 《左傳》哀公二年，趙簡子伐鄭誓詞：「克敵者，上大夫受縣，下大夫受郡，士田十萬，庶人工商遂，人臣隸圉免。」所謂「庶人工商遂」，依杜注，即「遂得進仕」。又：《韓非子》外儲說左上：「中章、胥己仕，而中牟之民棄田圃而隨文學者邑之半。」可見平民可以文學進身。

〔註32〕 張蔭麟《中國上古史綱》，頁145。

〔註33〕 余英時〈道統與政統之間〉，收入氏著《史學與傳統》，頁33。

動，當時稱之謂游士。」〔註34〕游士的興起乃至得勢，當然再不可能維持一個封建社會了。

二、封建社會崩潰的原因——民間力量之勃興

在我們了解了封建社會崩潰的狀況後，當探討造成其崩潰並一去不復返的根本原因。由上所述，我們知道此一狀況是由許多因素造成的；如：因時日長久而造成親親關係的疏遠；貴族在精上的墮落，不復有周初的敬惕等；以致王綱解紐、宗法失墜。此皆可說明周王朝的衰微，但何以並封建制亦一去不回？又：諸侯國內的激烈政爭、加稅、彼此的攻伐等，亦是重要的原因；但何以無一新興者如周之代商？農業的進步，工商業的興起，士階層的擴大與轉變，雖非導致封建崩潰的直接原因，但恐怕正是使封建無法復起的根本因素。質言之，一個具有活力的民間社會之興起，平民解放，職業分化，各種力量平流競進；靜態而穩固的階級社會顯然無法容納承載此一力量，不得不走向崩潰。

然而，這樣一股新興的力量，終將走向何方？將形成如何的政治社會新秩序？戰國之不斷攻伐爭戰的亂局，一方面在消耗此一力量（因為仍無法安頓），一方面也是在摸索、試探地要建立一個新秩序。四民社會的形成，可算是初步的凝定，其中有重大意義〔註35〕。而政治社會秩序的全面建立，則一直要到西漢武帝，才算是有了穩定的局面。〔註36〕

在這樣長的一段時間裡〔註37〕，這一股力量到底是如何發展著？其中的主要力量是什麼？這是我們所關心的問題。可惜的是，由於戰國史料的缺乏

〔註34〕同註20，頁10。不過何以當時之士與國君均抱有統一的觀念？此當可再深論之。簡單的說，當時的中國是同一個文化體，只有以文化高低而分的「諸夏」與「夷狄」，沒有對等或對抗的「民族國家」之差異。在此背景下，要求統一是自然的。

〔註35〕士、農、工、商，四民之分首見於《管子》小匡篇。《管子》成書於戰國，則此為戰國時事。此下兩千年，社會的基本分工形態不變，故曰有重大意義。

〔註36〕傅斯年〈戰國子家敘論〉：「周漢諸子是一氣，不能以秦為斷，……而戰國各種風氣到了漢朝，差不多還都有後世，……蓋諸子學風氣之轉移在漢武帝時，武帝前雖漢家天下已七八十年，仍是由戰國流風而漸變，武帝以後，乃純入一新局面。」轉引自《中國通史論文選輯》上，頁297。錢穆亦認為漢武帝以前是「游士社會」，武帝以後為「郎吏社會」。見所著〈再論中國社會演變〉一文，收入氏著《國史新論》。

〔註37〕自《左傳》止（哀公二十七年）至漢武（486 B.C.～140 B.C.），共三百四十六年。

〔註38〕，使學者於此無法作較細密的研究。而根據已有的研究成果，我們可指出，「士」之作用的突出及周之宗法下及於平民社會，當是影響後世最大的兩件事〔註39〕。以下兩節將分論之。

第二節 「士」階層的發展及其影響

「士」在封建社會中的地位，前文已提及；而其職務，則無非是充當低層的官吏，如宰邑、府史、執禮之小相、下級軍官等，故通一藝、即掌握一項專門技能者，可爲士〔註40〕。當封建社會崩解，士階層不再依附於貴族，成爲獨立的自由民，而其所擁有的知識，則成爲其有別於其他人的最主要特徵。而在一個舊秩序全面崩潰的時代，正是對「知識」最爲需要的時代，這便造成士階層興起的主要背景。

時代對知識的「需要」，可分兩方面述之：

第一、由於社會整體活力的增強，諸侯國間的爭戰與其往來以及國內政情的複雜，均超越前代；而此局面已非舊有的貴族階級本身可以應付，故不論是對外的外交爭戰或對內的富國強兵，皆需向外求取人才〔註41〕。於是招賢養士之風驟起〔註42〕，使懷才學技能者均可求售於諸侯，形成以知識技能來取功名富貴的士。其中上焉者如張儀、公孫衍等，「一怒而諸侯懼，安居而天下息」〔註43〕，下焉者，則如孟嘗君門下之雞鳴狗盜之徒；但不論如何，總之在一時之間，士氣高張，使得「王侯不得驕士之說，在戰國晚期甚爲流行」。〔註44〕

〔註38〕 顧炎武《日知錄》「周末風俗」條：「……自《左傳》之終以至此，凡一百三十三年，史文闕軼，考古者爲之茫昧。」

〔註39〕 此爲筆者個人之見解。關於「士」者，近人多有所論。錢穆先生尤強調其在國史發展上的決定性作用。可參見其〈中國社會演變〉及〈再論中國社會演變〉兩文，收入《國史新論》。關於宗族的重要，則可參見徐復觀先生〈中國姓氏的演變與社會形式的形成〉一文，收入《兩漢思想史》卷一。

〔註40〕 《說文》訓「士」爲「事」，顧炎武《日知錄》卷十「士何事」條謂：「士者，大抵皆有職之人。」有關封建社會中士的工作，參見錢穆《國史大綱》，頁68。

〔註41〕 《日知錄》「士何事」條：「春秋以後，游士日多。〈齊語〉言桓公爲游士八十人，奉以車馬衣裘，多共次幣，使周游四方，以號召天下之賢才。而戰國之君遂以士爲輕重。」

〔註42〕 如有名的戰國四公子；燕昭王師事郭隗；秦昭王跪見張祿先生等事例。

〔註43〕 《孟子》滕文公下。

〔註44〕 余英時〈古代知識階層的興起與發展〉，見氏著《中國知識階層論史（古代

　　然而，士氣的高張，並不完全出於王侯對士的需要或士的自抬身價，而是有更爲根本的對價值根源的自覺與擔當。此即時代之「需要」的第二個方面：

　　第二、舊社會制度的崩解，使各種問題均會不斷地向上超越反省，尋求一以貫之的根本原理。而各侯王爲了重建新秩序，亦不得不找尋一種合理的、有效的、能爲大家所接受服氣的新規範。於是整個社會風氣，有利於知識階層去發展出一個可以作爲根本原理的「道」。在此一需求之下，一批以天下爲己任，以行道爲己責的士，於焉誕生；此即是先秦諸子學（哲學）興起〔註45〕。而對以後之文化學術有決定性影響的，也就屬這一類的士。

　　這一批士，有別於前一種的，並不只在於他們所探求的屬於高一層次的問題；這只是對象的不同而已。眞正的差異，乃在於他們雖也以解決現實問題爲出發，但卻超越了現實，走向探求眞理，對眞理負責的領域；因而也超越了個人一己之利害，而成爲對普世萬民、子孫萬代負責者。此即是眞正知識分子的興起。因爲有如此的擔當之自覺，使這一批人在主觀上傲視王侯，不向現實政權低頭〔註46〕；而在客觀上，因爲諸侯王均有對「道」的需要，也就不得不尊禮這批知識分子〔註47〕，如此才有稷下的學風〔註48〕。也就此

篇）》，頁46。
〔註45〕余英時先生以「哲學的突破」和莊子所謂「道術爲天下裂」來說明此一情況。參見前章註12，及余英時〈道統與政統之間〉，同註33。
〔註46〕此可以孟子爲代表。《孟子》盡心上：「古之賢王好善而忘勢，古之賢士何獨不然？樂其道而忘人之勢，故王公不致敬盡禮則不得亟見之。見且由不得亟，而況得而臣之乎？」又，萬章下：「萬章問曰：敢問友？孟子曰：……雖小國之君亦有之。費惠公曰：『吾於子思則師之矣，吾於顏般則友之矣。……』……用下敬上謂之貴貴，用上敬下謂之尊賢。貴貴尊賢，其義一也。」又如，公孫丑下：「晉楚之富，不可及也；彼以其富，我以吾仁；彼以其爵，我以吾義，吾何慊乎哉！」等，不勝枚舉。且此非孟子一人爲然；如《戰國策》齊策：「齊宣王見顏斶曰：『斶前。』斶亦曰：『王前。』宣王不悅。……斶對曰『夫斶前爲慕勢，王前爲趨士，與使斶爲慕勢，不如使王爲趨士。』……（斶）對曰：『士貴耳，王者不貴。』……『……由是觀之，生王之頭，曾不若死士之壟也。』」由此可見一斑。
〔註47〕余英時說：「在互相爭霸的形勢下，各國君主都儘量爭取具有社會聲望的知識界領袖，以增強自身的政治號召力。」同註33，頁59。
〔註48〕《史記》田敬仲完世家：「宣王喜文學游說之士，自如騶衍、淳于髡、田駢、接子、慎到、環淵之徒七十六人，皆賜列第爲上大夫，不治而議論。是以齊稷下學士復盛，且數百千人。」按：依余英時之說（《史學與傳統》，頁61），「上大夫」當作「列大夫」，列者比也，祿比大夫之謂，非居大夫官職。見《史

隱然形成了「道尊於勢」、「師高於君」的傳統。〔註49〕

然而，我們必須理解，此一現象不是必然會出現的；因為對「道」自覺的擔當，並不是客觀情勢所能逼出來的；其中最重要的，當是內在於人的對普遍理性之自覺。於此，我們不能不提到孔子對中國文化的重大貢獻。孔子是第一個將學術向民間傳播者〔註50〕，然其重要性並不止於此，最重要的乃是孔子開啓了作為一個知識分子的典範。所謂「君子謀道不謀食，……憂道不憂貧。」〔註51〕「士志於道而恥惡衣惡食者，未足與議也。」〔註52〕等，使知識分子的精神能擺脫階級的束縛而走向普遍與絕對。從此在政統之外，另立道統的尊嚴。所以，孔子本人的學說在當世未必為人所充分了解，但孔子所樹立的此一「士」的形態，卻在當世就產生了重大的作用；而這樣的「士」對此下漢朝之政治與社會形態的形成，更是起了決定性的作用〔註53〕。也因此，「士」成為中國歷史上的一個特殊傳統，也是中國文化的一大特色。

孔子建立了「道的承擔者」──「士」的典型；但孔子本身所承擔宣揚者，卻未得到肯定。因為在當時，「道是什麼」還是各家在爭議的。所謂的「政統」與「道統」，在此一時期尚不能成立。此一學術上的紛亂，正相應於政治上的混亂。而學術紛爭的止息，亦必要在政治社會之局面穩定之後；因為唯有在政治穩定後，方能由此具體的實踐而對不同之學術有所鑑別評價；反過來說，亦必是要有某種學術在實際上發生了作用，才能使政治社會重上軌道。

記》孟荀列傳可得證明。

〔註49〕 參見註46。當然，此一傳統要靠士之自覺精神的承當，而無客觀的保證。故自非每一個士皆能有此擔當。

〔註50〕 馮友蘭：「……故以六藝教人，或不始於孔子，但以六藝教一般人，使六藝民眾化，實始於孔子。說孔子是第一個以六藝教一般人者，因在孔子以前，在較可靠的書內，吾人未聞有人曾經大規模的號召許多學生而教育之；更未聞「有教無類」之說。……故大規模招學生而教育之者，孔子是第一人。以後則各家蜂起，競聚生徒，然此風氣實孔子開之。」見氏著《中國哲學史》，頁72。

〔註51〕 《論語・衛靈公》。

〔註52〕 《論語・里仁》。

〔註53〕 錢穆說：「在這時期（按：指戰國），有兩種新興勢力最值得我們注意。一是自由經濟，一是平民學術。……在那時期的平民學術，先天性的含有向上注意爭取政治權，向下偏於裁抑自由經濟貧富不平等發展之繼漲增高的內在傾向。因此中國歷史依然走上由政治來指導社會，不由社會來搖撼政治；由理想來控制經濟，不由經濟來規範理想的舊路子。這裏面也可以說明另一契機，何以使中國封建社會崩潰之後，不走上資本主義社會的路上去。」同註20，頁14～15。

學術與政治的互動關係，在此是相當明顯的。

戰國的亂局由秦以武力統一而告結束。秦能統一六國是靠法家，但如前章所言，法家基本上只是一「治術」，在學術上的基本立場則是虛無的〔註 54〕，不足以言治國。因此，秦在統一後所採的政策，實爲一混合體，而非「法家」所能概括〔註 55〕。也因此，秦的統一看不出是那一種「道」的勝利，所以在統一後，學術上的紛亂仍然繼續。爲平息此一紛亂所造成的不便〔註 56〕，始皇採李斯之意，「以吏爲師、以法爲教」，禁私學，焚天下所藏詩、書、百家語〔註 57〕。這可以算是法家的政策——基本上只肯定政治現實，而不肯定任何一種學術，甚且是否定所有的學術。在始皇而言，此舉或只是爲了統治方便；因爲眾說紛紜的自由學術與四處游走的知識分子顯然皆不利於統一專制。但從另一方面看，此舉正反映了「爲天下裂」的「道」並未因政治的統一而有所整合、重歸一統。而始皇以政治力強加壓制，乃至取消之，其結果必定導致政策上的虛無主義。也因此，秦之國政全憑始皇個人的才氣以維持，始皇死後，秦祚亦隨之告終。以是，由於「道統」的無所建立，「政統」無從憑依；所以秦只能算是統一前的過渡，而非眞正的統一。

眞正能夠形成穩定的社會政治結構之統一，要經由西漢初年學者的努力，至漢武之時方能達到。這一努力，就是在基本上肯定孔子所主張的「道」。不過在這裏，我們必須有所分辨。孔子最重要的主張，也是對後世最大的貢獻，在我們現在看來，就是孔子以內在之仁來點化了周文。也就是說，孔子對傳統作了一個成功的「創造之轉化」，他一方面繼承了周文，而另一方面又

〔註 54〕勞思光以爲：「韓非思想以對價值之純否定觀念爲其特色。」見氏著《中國哲學史》，卷一，頁 281。

〔註 55〕《日知錄》，卷十七「秦紀會稽山刻石」條：「……然則秦之任刑雖過，而其坊民正俗之意固未始異於三王也。漢興以來，承用秦法，以至今日者多矣。世之儒者言及於秦，即以爲亡國之法，亦未之深考乎。」可見秦治國亦用儒家觀念。

〔註 56〕例如導至焚書的封建郡縣之爭。見《史記》秦始皇本紀。

〔註 57〕《史記》秦始皇本紀：

丞相李斯曰：……今皇帝并有天下，別黑白而定一尊。私學而相與非法教，人聞令下，則各以其學議之，入則心非，出則巷議，夸主以爲名，異取以爲高，率群下以造謗。如此弗禁，則主勢降乎上，黨與成乎下。禁之便。臣請史官非秦記皆燒之。非博士官所職，天下敢有藏詩、書、百家語者，悉詣守尉雜燒之。有敢偶語詩書者棄市。以古非今者族。……若欲有學法令，以吏爲師。

開啓了一個以道德主體爲首出的文化形態〔註 58〕。後者常是我們今日認爲孔子尤爲偉大之所在。但是在漢初，孔子所開出者，實並未受到足夠且相應的重視，反而是孔子本身以身所立的「創造的轉化」這一形態受到重視。也就是說，孔子肯定傳統、繼往開來的此一態度受到重視。所以漢儒認爲孔子之偉大，乃在孔子的傳六經〔註 59〕。此一態度所以受到重視，很可能是因爲這正與秦之法家成一鮮明的對比（法家完全否定傳統，非止否定傳統中之內容，併「傳統」本身亦否認之）。

所以，對漢而言，孔子的重要影響，實是孔子建立的「士」之精神志氣的傳統。有此傳統，漢初之儒方得秉獨立精神與聞制度之創建。而其所創建者，則不必全合於孔子之道。本節所討論者即爲前者在封建社會崩潰後所起的作用；而後者，則待下兩章討論之。

在此，我們可對本節的論旨作一綜述與小結：當舊的傳統（周之封建社會）崩潰後，新起的政權必要找尋一「道」的支持，也就是需要一個新的文化精神之支持。因爲政權要有合理穩定的社會以爲基礎，而不能只建立在暴力之上；而合理穩定的社會，必有其內在的文化精神。衡諸世界其他民族文化的歷史，亦無不然。在中國，特殊的是，此一「道」的責任落在起於民間的平民知識分子身上，而他們也始終超越階級，並不形成一固定的集團（比諸西方中古時期，「道」乃掌握在僧侶階級手中，其差異豈不十分明顯）。基於「政」對「道」的需求（反過來說，道的落實亦要靠政），此平民知識分子便得以不斷地參與政治，因此而形成的政治社會，其面貌意趣便大不同於由貴族、僧侶、富商等利益團體相結合而成的階級性政權。此一發展方向，顯非全由外在環境以逼成，而是有「士」對「道」的自覺承當精神。這一形態乃由孔子所開創，由此而形成的中國社會之特色，即不能不歸功於孔子。

而孔子的另一偉大貢獻，乃是將傳統（三代）政教合一中隱性的「道」，點明其根源在內在於人的「仁」。從此而「道」爲顯性，而政教分。不過在此後的儒家，總是希望透過當政者的人格修養而使政歸於道，故不明白的肯定政教分，而仍以三代爲最高理想。此成爲中國政治發展上的一大問題。然此點非本節主題，故不多論。

〔註 58〕請參閱前章。

〔註 59〕錢穆〈兩漢博士家法考〉：「……則仲舒之尊孔子，亦爲其傳六藝，不爲其開儒術。」見《兩漢經學今古文評議》，頁 180。

第三節　宗族社會與孝道觀念

在封建制度的崩潰過程中，隨著貴族的沒落，宗法制度逐漸下及於一般平民社會，形成平民家族，對此後中國社會的組織結構有莫大的影響。然而，不同於士階層之興起的是，這似乎看不到什麼劇烈變化的過程，而在平靜中逐步發展完成。

當代學者中，特別注意到此事之重大意義的是徐復觀先生。他在所著之〈中國姓氏的演變與社會形式的形成〉〔註 60〕一文中，對姓氏的演變及宗族的形成及其影響有相當詳盡的說明，並強調「從西漢起，中國開始以平民的宗族，形成社會的骨幹。這是歷史演進中的大關鍵，也是研究我國社會史的大關鍵。」〔註 61〕本節之主旨，除了依徐先生的研究簡述平民家族形成之過程及其在政治社會上的功能外，另要探討「孝」之觀念在漢代受到重視的原因及其所起之作用。

依徐先生的研究：

> ……我國的姓氏，最初乃係部落的名稱，與周圍的異族無異。此時實姓與氏渾而不分。至周初，為加強中央政治權力的統治機能，將姓與氏分，以形成宗法制度中的骨幹。自春秋中葉，宗法制度開始崩壞，姓與氏又開始合而為一，而出現社會平民的姓氏；至西漢之末，平民之有姓氏，始大體完成。〔註 62〕

因此可說「在春秋末期以前，中國社會是以貴族的氏族為骨幹。自春秋末期開始，而始出現平民的『族姓』，至西漢而發展完成。」〔註 63〕

> 由於家的精神紐帶是孝；由家推至族的精神紐帶更是孝。……春秋末期，是平民開始有姓，也即是平民開始有族的時代。孔子以平民

〔註 60〕該文收入氏著《兩漢思想史》，卷一。徐復觀說：
　　……在姓氏、宗族基礎之上，塑造成我國三千年的生活形態與意識形態，以構成中國特殊的社會結構，及在民族生存、發展上所發生的功用，此為論定中國文化、社會特色者所必須承認的基本事實。顧此一事實，百十年來，很少為學術界所觸及。……所以我發憤寫成此文，雖不完不備，且其中當有不少錯誤，然或者由此而為了開闢歷史、社會這一方面的領域，提供一個鎖鑰。（見該書頁 346～347）

〔註 61〕徐復觀〈中國姓氏的演變與社會形式的形成〉，見《兩漢思想史》，卷一，頁 326。

〔註 62〕同註 61，頁 346～347。

〔註 63〕同註 61，頁 326。

設教於社會，同時即把孝由貴族推向社會。……自戰國中期以後，諸子百家，幾乎都從各種角度談到孝的問題。《孟子》一書，孝的份量遠較《論語》爲重。《孝經》一書，乃成立於《孟子》以後、《呂氏春秋》以前之書，已爲《呂氏春秋》及陸賈《新語》所稱引。這是戰國中期以後，由一位今日無法知道其姓名的儒生，所編的一部適應當時社會需要的通俗教孝之書。……武帝時，……孝經的地位，逐漸提高到與《論語》相等。〔註64〕

《孝經》在戰國出現並受到漢初諸儒的重視，是一件值得注意的事。也許，就當政者而言，「特別強調孝悌，有政治的意義，也有社會的意義。政治的意義，乃在漢初剷除異性王侯之後，大封同姓爲王侯，欲藉孝的觀念加以團結；……社會的意義，所以適應由姓的普及而宗族亦因之普及，需要孝的觀念以爲宗族的精神紐帶。」〔註65〕但是，我們細察《孝經》中所論，則可知這已反映出「孝」在當時已開始具有宗教的意義。〔註66〕

所謂宗教，其意義是指人藉著信仰而超克了一己的封限而能與普遍的宇宙精神（絕對精神）相通，藉以昫慰人之情志。而由於信仰中常挾帶非理性（至少是非思辯理性）成分，使宗教常有「神祕」的特質。但是中國之孝道，由於周初人文精神之傳統，使之從對祖先的崇拜，超越進昇而爲對祖先情志的感念承繼，再下貫而爲對子孫萬代的無限關懷。由此而上接無限的宇宙精神，下開對現實萬物一體承載的博厚氣概，成爲一以「繼志述事」的特殊歷史意識來達接契宇宙無限之人文教。而其具體的宗教儀節，就表現在日常生活中之「祭祖」與「事親」二事上（所以要事親孝父母，不僅是順人情之常，更是順此而自然地使「親」成爲生命之來源在現實世界中之代表與象徵）。擴充在政治上，就是「敬天」與「愛民」。

在這裏，我們要特別注重的是，「孝」在政治上的作用。本來，在春秋前期，「禮」還是最具普遍的原則；禮「不僅範圍了人生，而且也範圍了宇宙」〔註67〕，「《左傳》由禮以推定人的吉凶禍福，說得幾乎是其應如響。」〔註68〕

〔註64〕同註61，頁329～330。

〔註65〕同註61。

〔註66〕以下論孝道爲中國之宗教，乃本於曾師昭旭的見解而立說。詳見曾師昭旭《道德與道德實踐》一書中之〈試論孝道的本源及其陷落〉、〈孝道與宗教〉、〈孝經與孝道〉三文。

〔註67〕徐復觀《中國人性論史》，頁47。徐先生以爲春秋時代是以禮爲中心之人文世

然其時周文已在崩解之中，雖由孔子點出禮之本在仁，但到了戰國時代，諸侯國已絕口不提禮了〔註69〕。禮壞樂崩至此已極。那麼，能夠取而代之的新普遍規範是什麼？仁、義、禮、智、信、誠、忠、恕等諸德，基本上皆是人內心之態度，就其外顯而言，則隨機表現，無固定的規則儀式。而孝，一方面因家族的擴及於平民而普遍化，一方面也是因爲其與日常生活最爲密切且順人之情，尤其是因其定常的表現形式而有如同宗教儀式的意義，使之很快的普遍而成爲「自天子以至於庶人」一體共尊的規範。我們只要看看《孝經》中所說，則知「孝」已成爲一切行爲的最高原則〔註70〕。如同信上帝者將一切榮耀歸於上帝，《孝經》中亦以爲人應將一切成果用以顯揚父母祖先；此顯示出「孝」作爲最高原則的意義。

　　如前節所述，戰國至漢初乃是一個「道」不明的時代，政治社會皆缺乏一個普遍的原則，成爲純粹的以力相爭鬥。此時，因社會結構的變遷，「孝」應運而成爲具有宗教性的原則。這對政治的影響是：「孝」不僅規範庶人，亦規範天子；使得「孝」成爲臣下可以此來要求天子、諍諫皇帝的一個可憑藉的觀念〔註71〕。但是，由於政治上其他普遍原則的缺乏，亦使得本來應行使於宗族內的具體孝道，亦移轉至政治的領域中。而「孝」作爲一種宗教，其本身所涵的易於陷落的危機〔註72〕，亦同時轉移至政治之中。也就是說，五

　　　紀。見該書第三章。
〔註68〕同註67，頁50。
〔註69〕顧炎武《日知錄》（原抄本）卷十七，「周末風俗」條：「春秋時猶尊禮重信，而七國則絕不言禮與信矣。」
〔註70〕請參閱曾師昭旭〈孝經與孝道〉一文。同註66。
〔註71〕據夏長樸先生的研究（《兩漢儒學研究》，台大中文所六十六年碩士論文，下篇，「貳」），漢臣之諫諍，常引《孝經》之文。《孝經・諫諍章》有云：昔者天子有爭臣七人，雖無道，不失其天下；諸侯有爭臣五人，雖無道，不失其國；……故當不義，則子不可以不爭於父，臣不可以不爭於君。昭帝元平元年霍光等廢昌邑王賀時，王即以「聞天子有爭臣七人，雖無道，不失天下」之語以辯解。（見《漢書・霍光傳》）哀帝元壽元年，帝益封董賢二千戶，及賜孔鄉侯、汝昌侯、陽新侯國時，爲丞相王嘉封還詔書；王嘉所據者，亦「天子有爭臣七人，雖無道，不失天下。」（見《漢書・王嘉傳》）凡此，均見《孝經》爲政治上之典要。
〔註72〕此危機簡單的說，宗教的對象本當爲一無限之絕對體（例如人格神），而「孝道」作爲宗教，雖無因人格神而來的非理性，但也因其以現實上的父母爲絕對體（道）之代表，而父母不能無過，此造成子女對「從父母」或「從道」的兩難。當然，子女如真能明白「孝」之意義，則知「從道」乃「從父母之真心」而非「從父母之私意」，然此自非人人能辨（就如同不是每個信上帝者

倫中的君臣一倫為父子一倫所吞沒，這本身已顯示出政治缺乏客觀地位之缺失〔註73〕；而父子一倫在現實中又遭到扭曲（扭曲成父為子綱），更造成了政治上的嚴重不合理。

再從家族的組織結構來說，家族的形成，是社會力量在政治之外別有凝聚，使得政治力量不再是直接籠罩在每一個赤裸裸的個人上；亦即：宗族這種略具獨立性的團體，多多少少能發揮一點制衡政治力量。漢初的帝王對強宗大族都相當猜忌而企圖削弱之〔註 74〕；從這裏可反證出宗族所起的作用。不過，宗族畢竟不是政治團體，它在政治上所起的作用，只是消極的沖淡專制政治的毒害；其積極的功能還是表現在社會、民族及文化一方面。〔註75〕

總之，平民宗族的出現與孝道觀念的普及，象徵中國社會文化進入一個新的階段。此意義在當時顯然並未被充分意識到；但他所起的作用，尤其是在政治上的影響，則是我們不當忽略的。

皆為神學家一般），常會在現實上從父母以博孝之名。此即是孝道之危機。詳見曾師昭旭之〈試論孝道的本源及其陷落〉，同註66。

〔註73〕有關五倫的義理結構，請參閱曾師昭旭〈群己〉（民國71年4月5日聯合報第十五版）、〈認清五倫的關係與連繫〉（民國75年4月5日聯合報特刊）及〈儒家倫理的再詮釋〉（收入《「儒釋道與現代社會」學術研討會論文集》）三文。

〔註74〕參閱同註61，第十節，「專制政治對宗族勢力的摧殘」。

〔註75〕參閱同註61，茲將徐先生論及此者抄錄如下：
中國傳統的社會，卻由血統關係所形成的組織──宗族，及順著血統關係的組織所形成的諸文化價值觀念，來統一、包括社會的各具體內容的，這就是我所說的「社會形式」。而這種社會形式，是通過姓氏的演變所逐漸形成的。（頁295）
中國的喪葬、祠祭，是從報本反始，敬宗收族的觀念出來的，這都是隨姓氏而宗族，所必然連帶出來的。華僑今日散居異國，而仍自成風氣者，蓋亦姓氏之力。（頁342）
姓氏成為中國文化中最有社會性的同化力量，是無可置疑的。（頁344）
（在農業社會中）歲時春秋二祭，在總、支的祠堂裏，便可達到慎終追遠，聚宗合族的要求。……宗族組織是包容了男女老幼的一切入；是妊育著一切的人生情調與價值。……在沒有大小事故時，可以說只有一分溫暖的氣氛，並不感到有一種組織。只有在發生事故時，才感到有一種組織力量的存在。（頁344）
因姓氏宗族而來的私家譜牒，將各人的宗支蕃衍，及每一人在宗支蕃衍中的名字輩派，一一加以紀錄，遂使每家每人，皆在歷史的時間之流中，佔得一歷史的位置，將過去、現在、未來，皆如一條線貫穿下來，連結為一氣；每一人之生命，也皆與上下左右連結為一體；此乃舉世所無，而為人類史學發展的極致，其意義則永遠不應加以抹煞。（頁345）

第四章 漢初的政治發展與社會變遷

　　在前一章，我們指出周代封建的崩潰，基本上是因爲社會力勃興；因而形成了戰國之亂局。而此一現象，從一個宏觀的角度來說，實是突出了「政」與「道」分裂的問題。因此，除非「政」與「道」重新取得某種穩定的關係，否則此一亂局無法成功的結束。秦以暴力統一六國，基本上只是掩蓋了此一問題，而非眞正的解決。不過秦的統一也非毫無意義，至少在其以強力達成的一統局面中，完成了一些「清理門戶」的根本建設，如「車同軌，書同文，行同倫」等，爲一個統一的環境奠下基礎。至漢，秦所遺留的問題並未隨著平民政治之崛起而解決，而一直要等到武帝時，才使「政」「道」關係獲至一個較爲穩定的形態。因此，在漢初至武帝的這一段約七十餘年的時間，實爲演變的重要關鍵。本章即從政治與社會的角度對此略作分析。

第一節　高祖呂后時期

一、寬簡、因循、無爲的基本政策

　　劉邦是歷史上的第一個平民皇帝，隨劉邦一起打天下者，多爲樸實之平民；知識份子只佔少數，且多爲後來加入者，爲此一集團的外圍〔註1〕。故漢

〔註1〕 趙翼《廿二史劄記》卷二，「漢初布衣將相之局」：「漢初諸臣，惟張良出身最貴，韓相之子也。其次則張蒼，秦御史。叔孫通，秦待詔博士。次則蕭何，沛主吏掾。曹參，獄掾。任敖，獄吏。周苛，泗水卒史。傅寬，騎將。申屠嘉，材官。其餘陳平，王陵，陸賈，酈商，酈食其，夏侯嬰等，皆白徒。樊噲則屠狗者，周勃織薄曲，吹簫給喪事者，灌嬰則販繒者，婁敬則輓車者。一時人才，皆出其中，致身將相，前此所未有也。」張良、陸賈、叔孫通、陳平等較有文化程度者，皆非當初最早隨同劉邦之淮泗集團。

初之政府，可說是一缺乏知識的農民政府。在此一情況下，漢初之政治自不能多有更張，只能因襲秦法，自然得走上「無爲而治」的道路。〔註2〕

關於「無爲而治」，可由《漢書‧曹參傳》略見一二：

> 參之相齊，……盡召長老諸先生，問所以安集百姓。……聞膠西有蓋公，善治黃老，使人厚幣請之。既見蓋公，蓋公爲言治道貴清靜而民自定，推此類其言之。……其治要用黃老術，故相齊九年，齊國安集，大稱賢相。……參去，屬其後相曰：以齊獄市爲寄，愼勿擾也。後相曰：治無大於此乎？參曰：不然，夫獄市者所以並容也，今君擾之，姦人安所容乎？吾是以先之。……擇郡國吏長大，訥於文辭，謹厚長者，即召除爲丞相史。吏言文刻深，欲務聲名，輒斥去之。……參（言於惠帝）曰：陛下言之是也。且高皇帝與蕭何定天下，法令既明具，陛下垂拱，參等守職遵而勿失，不亦可乎？……百姓歌之曰：蕭何爲法，講若畫一；曹參代之，守而勿失。載其清靖，民以寧壹。

可見無爲之治，雖爲朝廷所行，實亦合於民心所願；蓋因秦人用民力過鉅，加以戰爭擾攘，民生凋敝；《漢書‧食貨志》：

> 漢興，接秦之敝，諸侯並起，民失作業，而大饑饉。凡米石五千，人相食，死者過半。高祖乃令民得賣子。……天下既定，民亡蓋臧，自天子不能具醇駟，而將相或乘牛車。

> 高帝南過曲逆，上其城，望室屋甚大，曰：「壯哉縣！吾行天下，獨見雒陽與是耳。」顧問御史：「曲逆戶口幾何？」對曰：「始秦時三萬戶，間者兵數起，多亡匿，今見五千餘戶。」（《漢書‧陳平傳》）

由此可見經濟之殘破與人口之銳減。故無爲之治，正可與民休息，恢復元氣。

故漢初雖承秦法〔註3〕，「規模法度，雖全襲秦制，而政令施行之疏密緩急，則適若處於相反之兩極焉。其一動一靜，一寬一密之間，秦政乃戰國緊

〔註2〕 錢穆說：「漢初政府純粹代表一種農民素樸的精神，無爲主義即爲農民社會政治思想之反映。因此恭儉無爲與民化息，遂爲漢初政府之兩大信念。……無爲之實則爲因循。因此漢初制度法律一切全依秦舊。」見《國史大綱》，頁94。

〔註3〕 《漢書‧高帝紀》：「天下既定，命蕭何次律令，……叔孫通制禮儀，……」而「相國蕭何捃摭秦法，取其宜於時者，作律九章。」（《漢書‧刑法志》）崔寔《政論》曰：「蕭何作九章律，有夷三族之令。黥劓斬趾斷舌梟首，故謂之具五刑。」（轉引自錢穆《秦漢史》，頁43）可見其殘酷與秦法無異。而叔孫通所定之朝儀，「大抵皆襲秦故。」（《史記‧禮書》）

張局面之掉尾，而漢治則爲以後元氣恢復之開端。此中分界，並不在法規制度之相襲，而惟在心情意態之有異也。」〔註4〕此即漢初安定社會之道。此即司馬遷所說：

> 漢興，破觚而爲圜，斲雕而爲朴，網漏吞舟之魚，而吏治烝烝，不至於姦，黎民艾安。〔註5〕

二、封建問題

劉邦既一統天下，即刻重行封建，並無秦代在封建與郡縣間的游移。這個原因，徐復觀先生分析的十分透徹：

> 《史記》卷八十九〈張耳陳餘列傳〉謂他們是想「因天下之力，而攻無道之君，報父兄之怨，而成割地有土之業。」這說明了平民野心家冒險犯難的動機。《史記》卷九十三〈淮陰侯列傳〉記韓信在漢中答劉邦之問中有謂：「今大王誠能反其（項羽）道，任天下武勇，何所不誅；以天下城邑封功臣，何所不服」；韓信這幾句話，說出了當時平民野心家的心理，給劉邦以很大的啓發。張良阻止劉邦重封六國之後的一段話中有謂：「且天下游士，離其親戚，棄墳墓，去故舊，從陛下游者，徒欲日夜望咫尺之地。」（《史記・留侯世家》）此便堅定了劉邦的政略戰略的大方向，不再在殘餘貴族身上發生幻想。這對劉邦取天下有決定性的意義。陳平答劉邦之問謂：「項王爲人，恭敬愛人，士之廉節好禮者多歸之。至於行功爵邑重之；士亦以此不附。今大王慢而少禮，士廉節者不來。然大王能饒人以爵邑，士之頑鈍嗜利無聊者多歸漢。」（《史記・陳丞相世家》）酈食其說齊王田廣謂劉邦：「收天下之兵，立諸侯之後。降城，即以侯其將。得略，即以分其士；與天下共其利。」（《史記・酈生陸賈列傳》）都反映出劉邦此一政略戰略的運用。〔註6〕

由此可看出當時一般人的心理，尚在封建之習慣中。劉邦之打天下，亦不得不許相從將士以「共富貴」；而既以封異性爲王侯，可想而知的就不可能不封同性爲王以求平衡，並擴張王室之力〔註7〕。因此，漢初之封建實是在別無選

〔註4〕錢穆《秦漢史》，頁47。
〔註5〕《史記・酷吏列傳》。
〔註6〕徐復觀〈漢代專制政治下的封建問題〉，見《兩漢思想史》，卷一，頁166。
〔註7〕據徐復觀先生的研究，大封同姓更有提高皇權的自私心理（參見同上）。但以本文所舉之理由，已足夠說明。

擇的情況下自然產生的。若較之以周初封建所函之武裝移民的意義〔註8〕，其缺乏積極的精神，乃是受逼迫的結果甚為明顯。而周初之封建背後實有「親親、尊尊」的精神以運之，故有真實之意義而得以維繫；而漢初之封建，則根本沒有可資控制運作的根本精神，中央地方互不信任，其不能久乃必然之事〔註9〕。果然高祖之時便剿滅異姓諸侯，同姓諸侯亦在景帝時之「七國之亂」後而遭徹底削弱。

　　不同於秦之強壓下封建郡縣之爭，在漢，此一問題實是在一實際的「實踐」過程中而解決。此後，儒者之再議封建，其意義便已有所改變〔註10〕。當然，周之封建形態不能再立，並不表示郡縣制就一定成功，而新形態的封建社會（階級高下明確）也未必不會出現，故此下之文、景、武帝時期之發

〔註8〕錢穆以為「西周的封建，乃是一種侵略性的武裝移民與軍事佔領。與後世統一政府只以封建為一種政區與政權之分割者絕然不同。」《國史大綱》，頁30。

〔註9〕徐復觀先生以為：

從政治以人民為主的基本觀點來說，假使高祖安於異姓諸侯王之封；再退一步，假使文帝安於高祖之所封，景帝安於文帝之所封；朝廷只維持紀綱，課責政績；則在互相牽制，互相競爭的情勢下，政治可能比之於把權力集中於朝廷尺寸之地，集中於不肖者絕多而賢者絕少的一人之身，更為有利。而所謂反叛問題，完全是由猜嫌心理所逼出，甚至是偽造出來的。（《兩漢思想史》卷一，頁176）

徐先生希望形成一個中央與地方均權的局面，而他可能不自覺地和傳統的儒者採取了同一個思路，即：期望以君主個人的道德修養來「撥亂返正」。雖然徐先生更重視制度，但他仍認為形成制度主要靠君主的力量，所以有「假如高祖……」之說。然而，正如其所說，君主是「不肖者絕多而賢者絕少」的，所以其希望便注定是要落空的。

事實上，與其將漢初的封建之局不能維繫歸罪於人君之猜忌，無寧說是中央地方的互不信任；也就是說，缺乏維繫此一關係的客觀精神（更不用說客觀制度了）。而結果，雖然是中央擊敗了地方，但更可看作是一個「山頭」個擊敗了其他的「山頭」。這可以說是劉邦削平群雄之繼續，只不過這一次的「群雄」是自己建立起來的；而之所以要多費此一番周折，那是因為「一統天下」的主觀願望已充足，維持封建的客觀條件也不再具備，但相應於「天下一統」之客觀精神尚不夠充分，而封建之慣性力量一時不易結束耳。

〔註10〕徐復觀認為：「儒家要求統一，但統一是人民自然歸向的結果，不贊成以戰爭為統一的手段。統一以後的政治形態，孟、荀沒有明白的說出；但由《中庸》主張『繼絕世，舉廢國』；及後來儒家常常主張政治上的封建看來，在先秦時代，可能是主張有共主的聯邦政治。而後世則可能是主張負責的地方分權政治。因為直到顧亭林為止，後來儒家所說的封建，乃是在觀念上大大轉化了的地方分權政治的性格。」見《兩漢思想史》卷一，頁112。

展至爲重要。

第二節　文、景時期

一、社會力之復蘇與問題之再現

　　文帝即位時，距漢之一統天下已二十餘年，民力漸次復蘇。而在無爲因循之策下，反形成商人驕奢，農民貧困，任俠興盛，游士復起，頗有接續戰國遺風的意味〔註11〕。當時的社會情況，我們可從賈誼的〈陳政事疏〉中略窺一二：

> 今民賣僮者，爲繡衣絲履偏諸緣，內之閑中，是古天子后服，所以廟而不宴者也，而庶人得以衣婢妾。……是古天子之服，今富人大賈嘉會召客者以被牆。……一人耕之，十人聚而食之，欲天下亡飢，不可得也。飢寒切於民之肌膚，欲其亡爲姦邪，不可得也。……（《漢書·賈誼傳》）

晁錯〈論貴粟疏〉：

> 農夫五口之家，服役者不下二人，能耕不過百畝。而畝之收，不過百石。……尚復被水旱之災。急征暴賦，……朝令而暮得。當其有者，半價而賣；無者，取倍稱之息。於是有賣田宅，鬻子孫，以償者矣。而商賈，大者積貯倍息，小者坐列販賣，操其奇贏，日游都市，乘上之急，所賣必倍。故其男不耕耘，女不蠶織，衣必文采，食必粱肉。無農夫之苦，有阡陌之得。因其富厚，交通王侯。力過吏勢，以利相傾，千里游敖，冠蓋相望；乘堅策肥，履絲曳縞。此商人所以兼并農人，農人所以流亡者也。（《漢書·食貨志》）

此略見富人之奢靡與貧富之差。至一般社會風氣，賈誼說：

> 商君遺禮義，棄仁恩……秦俗日敗，故秦人……借父耰鉏，慮有德色。母取箕帚，立而誶語。抱哺其子，與公併倨。婦姑不相悅，則

<hr>

〔註11〕錢穆說：「今考當時社會新商人階級之崛起，其事最先當溯及於春秋，而其勢成定於戰國。」（《秦漢史》，頁50）又，傅樂成〈西漢的幾個政治集團〉：「從劉邦死後到文景這段時間，漢朝的中央政權，不算鞏固。那時諸侯勢力強大，……因此戰國時代的一部分風尚，又於此時復活。在民間活躍著『權行州域，力折公侯』的游士者流；在中央高級官吏以及列國諸王之間，則盛行著『雞鳴狗盜，無不賓禮』的養士之風。」（轉引自《中國通史論文選輯·上》，頁377）

反唇而相稽。其慈子嗜利，不同禽獸者亡幾耳。……曩之爲秦者，
今轉而爲漢矣。然其遺風餘俗，猶尚未改。今世以侈靡相競，而上
亡制度，棄禮義，捐廉恥，甚，可謂月異而歲不同矣。……今其甚
者殺父兄矣。盜者剟寢戶之簾，搴兩廟之器，白晝大都之中剟吏而
奪之金。矯僞者出幾十萬石粟，賦六百餘萬錢，乘傳而行郡國，此
其亡行義之尤至者也。(《漢書·賈誼傳》)

加以當時之仕途，有「貲選」一路，而「選舉未密，射策未興，吏途自湊於
富貲。」〔註12〕是以「當時吏途，亦大率爲富人也。」〔註13〕商人階級既興，
農民生計日蹙，無以自存者，轉賣爲奴婢；若不自賣爲奴，「則往往相聚作姦，
陷於刑辟，流爲亡命。而任俠因以熾。……任俠之所藏活，流品不必齊，其
事蓋亦古者畜奴之變相也。多畜奴，以逐利長產爲商賈，多聚貧罪之徒，則
籍以爲姦利，如鑄錢掘冢之類。……大俠之家，其所謂賓客，大半則猶如商
賈之有奴，其跡雖異，其情則近。……商賈任俠，則起而分攫往者貴族階級
之二勢。一得其財富，一得其權力。皆以下收編戶之民，而上抗政治之尊嚴
也。」〔註14〕

於是，商賈、諸侯、任俠等互通聲息，儼然成爲一新興之特權階級〔註15〕，
下剝削農民，上對中央王權造成威脅。這無異於戰國局面的變形與發展。方
此之時，如賈誼等儒者，因體恤平民百姓之生計，歎社會風教之不張，主張
重農、改制、行教化、抑諸侯等〔註16〕。因而，十分弔詭的，重「道高於勢」
之「士」竟與重專制集權的中央王室能相訢合，「道」與「政」居然在現實上
出現了結合點。歷史在此明明面臨了發展的抉擇：中央專制的平民社會或是
貴族專制的階級社會。我們無法指出何種發展才是對後世有利的，蓋歷史本
無演繹的規則可循；但在當時，很明顯的，抑制貧富不均的階級社會是較合
理的發展。而得「道」之助的中央王權終於戰勝，也是很可理解的事。

賈誼之策雖爲文帝所欣賞，但礙於時勢未得及時施行，但已開武帝更化
之端。且文景之時，也終能完成削弱諸侯，使中央一統的大事，爲武帝之更

〔註12〕 錢穆《秦漢史》，頁 52。
〔註13〕 錢穆《國史大綱》，頁 102。
〔註14〕 同註 12，頁 56～57。
〔註15〕 有關此三者之合流，可參見傅樂成〈西漢的幾個政治集團〉(收入《中國通史
論文選輯·上》)，第三節。
〔註16〕 有關賈誼之政見，請見下章。

化建立基礎。故而，雖無改朝換代的劇烈起伏變動，但在此平靜之中默默進行的，卻是一個影響深遠的重大歷史關鍵。這是我們所當特別注意的。

二、因循與改革之間

文景之治，基本上還是延續漢初之黃老無爲。所謂「躬脩玄默」是也。文帝之節儉恭謹，更爲歷代少有〔註17〕。然在文帝，也是不得不然。蓋

> 文帝以庶子外王入主中朝，時外戚呂氏雖敗，而內則先帝之功臣，外則同宗之諸王，皆不安就範圍。文帝外取黃老陰柔，內主申韓刑名。其因應措施，皆有深思。〔註18〕

所謂「外取黃老」，如《漢書·刑法志》所言：

> 及孝文即位，躬脩玄默，勸趣農桑，減省租賦。而將相皆舊功臣，少文多質，懲惡亡秦之政，論議務在寬厚，恥言人之過失。化行天下，告訐之俗易。吏安其官，民樂其業，畜積歲增戶口寖息。風流篤厚，禁罔疏闊。選張釋之爲廷尉，罪疑者予民，是以刑罰大省，至斷獄四百，有刑錯之風。

而「內主申韓刑名」者，《史記·禮書》：「孝文好道家之學」，《史記·儒林傳》：「孝文帝本好刑名之言。」且文帝雖感於孝女緹縈之請，廢肉刑；然又可張蒼馮敬之奏，以至「外有輕刑之名，內實殺人。」雖除三族、訞言之令，但新垣平一案後，復行三族之誅〔註19〕。以致《漢書·刑法志》曰：「夫以孝文之仁，平勃之知，猶有過刑謬論如此甚也，……」大抵文帝礙於形勢，不便大事更張，爲抑制日漸浮動之社會力，不得不以重刑懲之。至景帝，則開始任用酷吏。此風一開，至武帝不能止〔註20〕，遂成漢朝吏治之一大污點。

〔註17〕 文帝之恭謹節儉，施政寬仁，可參見《史記·孝文本紀》。後劉向以爲「文帝時政頗遺失。……世之毀譽，莫能得實。」(《風俗通義》，卷二) 然縱觀文帝一朝，或有「深思」，其所施，當不致大謬：誠如李源澄《秦漢史》所謂：「高祖時之困難，外患則匈奴，內患則異姓諸侯王。高后惠帝時，惟匈奴爲患。惠帝沒後，始有大臣之偪，而同姓諸侯無憂也。文帝時，三者並起，夷狄諸侯大臣皆可畏。稍一不愼，即足以傾覆漢室。幸大臣無篡奪之心，不與夷狄諸侯相合。不然，則漢朝必致瓦解。文帝才大，能銷患于無形。史家但稱其德，罕言其才用。劉向且謂治理之才不及宣帝，失其實矣。」見該書，頁32。

〔註18〕 同註12，頁81。

〔註19〕 此諸事均見《漢書·刑法志》。

〔註20〕 景帝用郅都甯成，務爲嚴酷。痛誅游俠之徒，宗族豪傑，盡爲憺恐。武帝時，義縱爲定襄太守，一日殺四百餘人，「郡中不寒而慄」。王溫舒爲河內太守，

大體言之，文景之時雖無特殊之政績，然外有以制諸王，內有以制功臣，此乃黃老治術之功，而終爲漢武一朝打開「復古更化」之大門。

第三節　武帝之復古更化

一、復古更化之背景

漢興後之休養生息，國家元氣漸復，生力漸充；文景之時，已有富商任俠之興起，至武帝，

> 至武帝之初七十年間，國家亡事，非遇水旱，則民人給家足，……京師之錢累百鉅萬，貫朽而不可校。太倉之粟陳陳相因，充溢露積於外，腐敗不可食。……於是罔疏而民富，役財驕溢，或至并兼豪黨之徒以武斷於鄉曲。宗室有土，公卿大夫以下爭於奢侈，室廬不服僭上亡限。物盛而衰，固其變也。（《漢書・食貨志》）

然開國老臣多已故去，七國之亂後，宗室諸侯亦不足爲患，故中朝已非文帝時可比，已至可有所作爲之時。然武帝既以酷吏鎮壓豪族，又何以尊經用儒、復古更化？此或有兩方面之理由可說：

第一、在漢王室之傳統與武帝本身方面。劉邦原爲市井無賴，本不好儒〔註21〕。漢初之陸賈稱說詩書，「高帝罵之曰：迺公居馬上而得之，安事詩書？陸生曰：居馬上得之，寧可以馬上治之乎？……高帝不懌而有慚色，……」〔註22〕於是陸賈始上《新書》，陳治亂之道。後高祖過魯而以太牢祭孔子；求賢詔中有：「蓋聞王者莫高於周文，伯者莫高於齊桓，皆待賢人而成名。」〔註23〕或皆受陸賈之影響〔註24〕。而漢庭雖置博士，然此僅爲承秦之制，淵源於稷下，凡講諸子百家言或通一藝者皆可爲博士，故博士非盡儒生，且僅居官待問，非重要仕途〔註25〕。待賈誼見重於文帝，方爲儒生之見用打開大

殺人「至流血十餘里。」「郡中毋聲，毋敢夜行，夜無犬吠之盜。」均見於《史記・酷吏列傳》。

〔註21〕《史記・酈生列傳》：「騎士曰：沛公不好儒。諸客冠儒冠來者，沛公輒解其冠，溲溺其中。與人言，常大罵，未可以儒生說也。」

〔註22〕《史記・陸賈列傳》。

〔註23〕以上二事具見《漢書・高帝紀》。

〔註24〕此本徐復觀之說，見氏著《兩漢思想史》，卷二，頁104。

〔註25〕依錢穆先生之說，「當時之政治組織，第一層是宗室，第二層是武人，第三層是富人，第四層是雜途。」（見《國史大綱》，頁102）博士等，與方技神怪等

門。而武帝爲太子時，「蘭陵王臧既受《詩》，以事孝景帝爲太子少傅，免去。今上（武帝）初即位，臧迺上書宿衛上，累遷，一歲中爲郎中令。」〔註26〕故《史記》言「趙綰、王臧之屬明儒學，而上亦鄉之，於是招方正賢良文學之士。」〔註27〕可見武帝之好儒，在直接的關係上，恐係受王臧的影響；初即位時採衛綰之奏：「所舉賢良，或治申、商、韓非、蘇秦、張儀之言，亂國政，請皆罷。」〔註28〕可能即出於王臧之議。〔註29〕

　　第二、在民間學術方面。漢興後，百家之學有趨於合流之勢〔註30〕；而挾書令去後，至孝文時，學者益出，書亦漸多。而各諸侯王又爭相禮聘賢人，延招四方豪傑；淮南河間，皆其中卓著者。其勢頗似戰國；然論其學術內容，則又略有不同。第一是經術較勝，尤其在北方民間〔註31〕。此或由於對秦之反動而來。其次則是陰陽思想盛行。《呂氏春秋》之「十二紀」已透露此中消息，觀武帝召賢良文學之策問，則知武帝亦早爲陰陽之說所掀動〔註32〕。第三是文學辭賦之興起，此在戰國之楚國已起其端。故「辭賦一家，淵源自晚周，驟盛於漢代。其先蓋由縱橫策士遞變而來。……尤盛於南方。」〔註33〕故武帝之召賢良文學以問「大道之要」〔註34〕，實是有此一學術環境以爲背景，而王臧等一二人亦非少數之特例。

　　武帝之策問，其性質與始皇之與諸博士議封建郡縣，並無太大差異。故仲舒之對策能引起武帝之興趣，實爲武帝推行「復古更化」之重要原因，而其更化之張本即在於仲舒之對奏。但武帝本人「內多欲而外施仁義」〔註35〕，

　　　　旁門同屬一流。（參見《國史大綱》，頁106）而有關「博士」之制，則可參見
　　　　錢穆〈兩漢博士家法考〉一文，收入氏著《兩漢經學今古文評議》。
〔註26〕見《史記·儒林傳》。
〔註27〕同註26。
〔註28〕見《漢書·武帝紀》。
〔註29〕衛綰之出身，「以戲車爲郎」（《漢書》卷四十六），故錢穆以爲「丞相衛綰之
　　　　徒，皆椎樸非學士。……是王臧嘗傅武帝，特見親信。帝之好儒術，淵源當
　　　　在此。制詔文字亦當出王臧之徒。」見氏著《兩漢經學今古文評議》，頁177。
〔註30〕參見下章。
〔註31〕參見錢穆《秦漢史》，頁74。
〔註32〕武帝之策問中有：「……三代受命，其符安在？災異之變，何緣而起？……」
　　　　見《漢書·董仲舒傳》。
〔註33〕錢穆《秦漢史》，頁74。
〔註34〕同註32。
〔註35〕《漢書》，卷五十〈汲黯傳〉：「黯對曰：『陛下內多欲而外施仁義，奈何欲效
　　　　唐虞之治乎！』上怒，變色而罷朝。」武帝之怒，正顯示汲黯所言不差。

故武帝眞正所重者，恐只在改制、封禪、明堂等「受命之符」，以滿足其「浮誇之本性」〔註36〕；故特採儒術以爲文飾。所以武帝並不能眞正重用董仲舒，亦不能用仲舒之社會經濟政策〔註37〕。然「復古更化」，仍有其不可忽視的重大影響。

二、復古更化的內容及其影響

「復古」一詞，大概是源於董仲舒之對策：「……以此見古之不可不用也，故《春秋》變古則譏之。」而「更化」則是指更秦之化，董仲舒對策：「故漢得天下以來，常欲善治而至今不可善治者，失之於當更化而不更化也。」意即全盤更張而非揚湯止沸。而武帝之「復古更化」，主要即本於董仲舒之對策。不過所謂「復古」，如學校、察舉等，「其論出於先秦諸子，而備見於〈王制〉篇中。」〈王制〉乃漢文時博士所爲；「然則漢武一朝之復古更化，正是當時一種嶄新之意見也。」〔註38〕此爲我們所當先了解者。

復古更化之內容，大致如下：〔註39〕

第一、立五經博士。此議乃根據仲舒對策中之

《春秋》大一統者，天地之常經，古今之通誼也。今師異道，人異論，百家殊方指意不同，是以上亡以持一統；法制數變，下不知所守。臣愚以爲諸不在六藝之科，孔子之術者，皆絕其道，勿使並進。

邪辟之說滅息，然後統紀可一而法度可明，民知所從矣。

在此之前，「博士」只是顧問隨從性質，「占夢卜筮皆得爲之」。此後，則博士成爲純粹的、以傳統六經爲本的學者，且「常得預聞種種政務會議」，使學術得以在政治上發生作用。

第二、設立博士弟子員。此乃發於董仲舒立太學之議，而成於公孫弘之奏請〔註40〕。「自此漸漸有文學入仕一正途，代替以前之任廕與貲選，士人政

〔註36〕徐復觀說：「漢武所取於儒的乃在『陰陽』與『文詞』以滿足其浮誇之本性。他所用的儒者，只是出賣靈魂的如『曲學阿世』的公孫弘及『和良承意』的兒寬。」見〈儒家對中國歷史運命掙扎之一例〉，收入氏著《學術與政治之間》，頁357。

〔註37〕如仲舒主張限民名田、禁官吏經商等，均不能用。參見錢穆《秦漢史》，頁94～96。

〔註38〕錢穆《國史大綱》，頁108。

〔註39〕以下所舉之「復古更化」之內容，乃本於《國史大綱》第八章所述。下文中之引文而無注釋者，即引自該書。

〔註40〕仲舒之議見其對策：公孫弘之奏，事見《漢書·武帝紀》。

府由此造成。」

第三、郡國長官察舉屬吏。此亦發於董仲舒。「博士弟子考試中第，亦得補郡國史，再從吏治成績升遷，又得察舉為郎，從此再走入中央任途。此制與博士弟子相輔，造成此下士人政府之局面。」

第四、禁止官吏兼營商業，並不斷裁抑兼并。此亦始於董仲舒。禁止官吏營商，在武帝並不真能實施；其後之鹽鐵官賣，著眼點亦不同於仲舒之議。但無論如何，武帝為擴充國力之需要而抑商〔註41〕，確實打擊了富人，而使「儒林傳中人物，逐次超過於貨殖傳。實為武帝以下社會一大轉變。」

第五、打破封侯拜相之慣例，而宰相遂不為一階級所獨佔。此自武帝相公孫弘而後方封侯始。此乃士人地位提高之結果。「昭宣以下，非儒者乃絕不能居相位。」「其先惟軍人與商人，為政治上兩大勢力；至是乃一易以士人，此尤見為轉向文治之精神。」

以上最重要者，乃在前三項；因為此三者奠定了爾後文人政府之根基。錢穆先生論曰：

> 當漢之初興，在上惟宗室與軍人，在下惟貨殖與游俠。蓋在上者乃古封建社會之遺型，在下則商業資本之新興勢力也。當是時，苟非有一理想控縱之，馳驟之，使之改途而更嚮，則中國社會或可以走上歐西之路徑，乃自武帝董仲舒上下相應，以儒家言治天下，國家設學校，興賢察孝，在上既不依恃宗室與軍人之私勢力，在下亦不許豪家富人之橫行，不久而全局為之改觀。自宣帝以下，非儒生明經學，即不獲入政治，亦無以見尊於社會，故曰黃金滿籯，不如遺子一經。自是而儒林獨行代貨殖游俠而起。故秦始皇為中國創統一之局，而漢武帝則奠其文治之基。〔註42〕

而置五經博士，也就是所謂「罷黜百家，獨尊六經」者，其影響尤大。不過，一般皆將「獨尊六經」視為「獨尊儒術」，這恐怕未能究其實，此乃首當明辨者。錢穆先生說：

> 此下漢儒一般意向，均重在本歷史言治道。欲法周，則必上本之於六藝經典。當時謂六經起自周公而成於孔子之手，故曰孔子為漢制法。尊孔子，乃由於尊周治。尊周治，則必尊周公、尊六藝。……

〔註41〕武帝是歷史上「抑商」的高峰。參見趙岡、陳鐘毅合著之《中國經濟制度史論》，頁551～552。
〔註42〕錢穆〈中國社會之剖視及其期望〉，見氏著《政學私言》，頁117～118。

亦可謂漢儒尊經尤重於尊儒。史漢儒林傳中序列諸儒，皆起漢初，而曾思孟荀亦不預。此乃一代之新儒，以傳經言治爲業，與戰國諸儒之以明道作人爲唱者，畸輕畸重之間有不同。此一區別，首當明辨。換言之，先秦儒在漢儒心目中，亦屬百家言。漢儒傳經，乃即所謂王官之學。……〔註43〕

《史記・太史公自序》：

先人有言：「自周公卒五百歲而有孔子。孔子卒後至於今五百歲，有能紹明世，正《易傳》，繼《春秋》，本《詩》、《書》、《禮》、《樂》之際？」意在斯乎！意在斯乎！

又：

仲尼悼禮廢樂崩，追脩經術，以達王道，匡亂世反之於正，見其文辭，爲天下制儀法，垂六藝之統紀於後世。

《漢書・劉歆傳》載歆讓太常博士之書中有謂：

是故孔子憂道之不行，歷國應聘。自衛返魯，然後樂正，雅頌乃得其所；修《易》，制作《春秋》，以紀帝王之道。及夫子沒而微言絕，七十子終而大義乖。……

凡此，皆可以證錢穆先生之所言。是故「獨尊六經」者，乃是對傳統歷史文化之肯定，非如後世所想像者爲利用儒家。

然而何以要肯定傳統文化？依仲舒之意，所以要尊六經與孔子之術者，是爲了要「一統紀而明法度」；否則「上亡所統而下失所守」。以是，六經的地位，即等於今之憲法〔註44〕，乃國家立政之根本。漢儒所謂「通經致用」〔註45〕者，即是此意。在此等處，我們看到了自先秦至漢初最重要的演變，

〔註43〕 錢穆《朱子學提綱》，頁4～5。

〔註44〕 徐復觀說：「西漢知識分子的尊經，是要對大一統的帝國，提供一種政治社會的共同軌轍，使皇權專制能在此種共同軌轍上運行；漢代經學的真實意義，有如近代的憲法。」見《兩漢思想史》，卷二，頁103。

馮友蘭亦說：「自漢武用董仲舒之策，……於是中國大部分之思想統一於儒，而儒家之學又確定爲經學。自此以後，自董仲舒至康有爲，大多數著書立說之人，其學說無論如何新奇，皆須於經學中求有根據，方可爲一般人所信受。」（氏著《中國哲學史》，頁485）以是在他的《中國哲學史》中，漢以後便稱爲「經學時代」。

〔註45〕 皮錫瑞《經學歷史》中〈經學昌明時代〉有言：「以〈禹貢〉治河，以〈洪範〉察變，以《春秋》決獄，以三百五篇當諫書，治一經得一經之益也。……乃知漢學所以有用者，在精而不在博。將欲通經致用，先求大義微言，……」

那就是「道術爲天下裂」而「政」無「道」以爲支持的情況，獲得了大致的解決。此一解決是指：經孔子所肯定（整理）的傳統文化得到普遍的肯定，取得了「道」的地位。當然，他們所肯定的「孔子之術」究竟是什麼樣的內容，以及此一普遍原則能發揮多少效用，這都是另外的問題；但至少，此一「肯定」的共識是得到了。而就憑此一共同之「肯定」，使「政」與「道」的關係得以穩固，而使「政」在原則是要接受「道」的指導（若有理由不接受，道就不成其爲普遍之道了）。

　　然而「孔子之術」又何以能取得「道」的地位？在發生的機緣上，文帝與賈誼、武帝與仲舒的遇合，起了重要的作用。但就歷史文化發展的大勢而論，最主要的原因還是當時之人鑒於秦之否定歷史文化而遭失敗，因而直覺地會傾向對歷史文化的肯定（此在董仲舒之對策中表示的很明白）。而先秦諸子的逐漸合流匯聚，也使各家之界線模糊，而各家之爭也就不似先秦劇烈；於是此「道」也有了新的內容，此內容就寄身在六經的名義之下（詳下章），故非眞正的「復古」。當然，就最爲內在而本質的理由說，「孔子之術」中所蘊函的合於人性之常道，是不該被長久埋沒的（只是單憑這一點，不能解釋何以要到漢武時才能被肯定；故此非本文所重視之理由，但非謂此不重要也）。

　　近人多認爲武帝之「罷黜百家」是爲便於專制統治，箝制學術自由。若明於上述之意，則知此爲不相應的批評。不過我們要注意的是，官學既定於六經，而武帝又摧毀了河間、淮南兩個學術中心，則對於民間學術的自由發展，的確有不良的影響。單就經學而論，五經既立博士，而此後之經學發展反日趨狹窄〔註46〕。後起之古文經運動，其實意是要求「廣道術」〔註47〕；這在某一個角度看來，即是民間新興學術力量向政府要求「憲法」的解釋權，乃至可說是一次「修憲」運動〔註48〕。然其遭到的反對聲浪，明顯的暴露出

　　　　見該書，頁79。
〔註46〕參見錢穆〈兩漢博士家法考〉，收入氏著《兩漢經學今古文評議》。
〔註47〕《漢書》，卷三十六〈劉歆傳〉：「上曰：『歆欲廣道術……』」。另可參見同上，頁208～209。
〔註48〕今古文經之爭是個相當複雜的問題，尤其清儒的處理更見繁瑣龐雜。本文所採之觀點則是依據錢穆先生的意見，詳見氏著之《兩漢經學今古文評議》及《國學概論》。又：勞幹〈兩漢學術信仰與物質生活〉：「西漢晚年今文各家大都是三家村的學究，除去講陰陽災異以外，已經不能有所發展了。打開這個僵局，利用中秘的藏書來和學究們對抗的，劉歆實在是一個主要的人。他的

學術與利祿之途相結合之弊害。此一弊害，深入言之，即是士人在民間的發展，皆只能是孤單的個人（頂多有少數弟子），而不能形成有力之集團，欲行道則必須投身政府，有賴於朝庭。而朝庭既立五經博士，則等於是佔有「道」的解釋權；士人只能憑一己之良心操守以對抗朝庭之利祿誘惑與權勢脅迫。故自漢之後，士人只能憑一己之力來與「政」相抗，且樂於投入「政」之中，因為他們主觀的相信「政」會心悅誠服地從「道」，而未想到（現實上也無此條件）另立一「勢」而與「政」相頡頏。結果自漢以下兩千餘年，知識份子非枉道即殉道，難以擺脫此悲劇命運。這雖不能歸咎武帝與董仲舒，但應可促使我們對中國歷史文化發展之途程及知識份子對道的信念作進一步的省思。〔註49〕

　　總之，自武帝復古更化之後，「道」之本身與「道」與「政」的關係皆得以凝定。此即奠定了以後二千年政治文化之基調。而在西漢一朝，知識份子也的確能秉道以領政，雖然最終並不成功，但他們確實是盡到了責任。〔註50〕

　　　　古文運動可以說是經學的新啓蒙運動。」（轉引自《中國通史集論》，頁290）
　　　　若說經學是漢之憲法，則古文經運動就可算是一次「修憲」運動了。
〔註49〕此一問題，實甚複雜，其實質就是中國何以未產生科學民主及近代多元社會的問題。除開社會經濟發展的層面不談，這也與「道」的內容，也就是中國文化的特色有關。若以「責賢」的態度來看，我們可說傳統士人因為相信「人人皆可為堯舜」，便努力於「致君堯舜上」，而未正視「君在事實上不為堯舜」的現實，而使現實在邁向理想的過程中被犧牲了。直至明末之黃宗羲，才有以「學校」監督政府之想：（見《明夷待訪錄》）而不再致力於使政府為一合於道德的政府。但如何可能？仍未能思及。此必待當代之學者對中國文化作進一步的反省而後可。
〔註50〕董仲舒公羊春秋一派之「通三統」之學說，自是西漢經學的主要內容。後之眭弘、蓋寬饒，均因本此以言漢祚將盡，當舉賢讓國而伏誅。《漢書》，卷七十五〈眭弘傳〉：
眭弘字孟，……從嬴公受春秋。……即說曰，先師董仲舒有言，雖有繼體守文之君，不害聖人之受命。……漢帝宜誰差天下，求索賢人，禪以帝位，而退自封百里，如殷周二王後，以承順天命。……廷尉奏賜孟妄設祅言惑眾，大逆不道，皆伏誅。」
《漢書》，卷七十六〈蓋寬饒傳〉：
寬饒奏事曰：方今聖道寖廢，儒術不行。以刑法為周召，以法律為詩書。又引韓氏易傳，言五帝官天下，三王家天下。家以傳子，官以傳賢。若四時之運，功成者去。不得其人，則不居其位。書奏，上以寬饒怨謗終不改……遂下寬饒吏，寬饒引佩刀自剄北闕下，眾莫不憐之。
而其後之谷永、劉向，仍主天運循環、漢德已衰之說。詳見《漢書》，卷八十五〈谷永傳〉、卷三十六〈劉向傳〉。

第五章　漢初的學術發展

　　本文第三章已從社會政治變動的角度來探討學術發展之背景；前章則試圖表明政治社會情勢的演變造成了武帝的復古更化。武帝之「獨尊六經」肯定了「儒術」在形式上的地位，但在當時，「六經」的靈魂究竟是什麼？又為何會是如此？此在第二章討論先秦學術發展之趨勢時亦曾約略提及；本章則將作較為清楚的鋪陳，以明漢初學術之樣貌及其所以然。

第一節　漢初學術發展的趨向及其特色

　　由於有關戰國學術的文獻缺乏〔註1〕，使得由戰國至漢初這一段的學術演變痕跡相當不清楚，因此有關這一段學術史上的問題，就特顯言人人殊、莫衷一是〔註2〕。本文討論此問題，則採取就著義理發展之脈絡來作分析，而不涉考據方面的問題。

　　先秦學術的發展，至後期有走向混一之勢，也就是所謂的「雜家」興起。但雜家究竟是什麼意思？有人以《呂氏春秋》之成於眾手而又內容混雜，遂以為雜家不過是叢書的意思〔註3〕。但《漢書‧藝文志》：

〔註1〕 參見第三章註38。
〔註2〕 例如有關《呂氏春秋》的性質、《中庸》《大學》《周官》的成書年代等等，均莫衷一是。
〔註3〕 例如傅斯年以為：「雜而曰家，本不詞；但呂覽既創此體，而淮南述之，東方朔等著論又全無一家之歸，則兼儒墨合名法而成一家書之現象，在戰國晚年已成一段史實。……呂氏淮南兩書，自身都沒有什麼內含價值，然因其為『類書』，……」見〈戰國子家敘論〉，轉引自《中國通史論文選輯‧上》，頁296。

> 雜家者流，蓋出於議官。兼儒墨，合名法，知國體之有此，見王治
> 之無不貫，此其所長也。

可見依漢人之見，雜家非雜亂之謂。戴君仁先生更依據〈藝文志〉將東方朔
列入雜家而分析道：

> ……因此我想雜家之所以稱為雜，不是由於集合多家而成一個集
> 團，而是由於一人混合多家之學；一人而兼眾學，才可稱為雜家，……
> 固然《呂氏春秋》《淮南子》都是賓客作的，是眾手所成，而這些賓
> 客可能都身通諸家之學，……戰國之末，儒墨道名法諸家，已各發
> 展至成熟的階段，很容易互相影響，兼收並攝，不過不能如漢初以
> 降明白可考而已。〔註4〕

因此，他認為「這個『雜』是融合的雜，不是集合的雜。」〔註5〕但問題是，
何以到了戰國末期，諸家便可為人所兼攝？其融合的原則又是什麼？

先秦學術之發展，諸家雖皆可成一龐大且精微的思想體，但在其出發點
上，或多或少地總是「務為治者也」（司馬談〈論六家要旨〉）。細考其「務為
治」的思路，可發現隨時代的變化，亦在無聲息中起了轉變。在最早之孔墨，
學說雖不同，但皆是期望人君能憑著主觀之信念（對其學說之信仰）擔負起
天下重任。所以孔孟希望人君能發政施仁，墨子則寄望人君能上同於天，兼
愛天下；皆希望從人君主觀之態度的改變而達到邦治。然若問人何以該有如
此之態度與信念？即其最高根據為何？孔子一面直指人心之仁（此仍是主觀
的），一面也肯定天道（如所謂「天何言哉！」）但「夫子之言性與天道，不
可得而聞也。」（《論語·公冶長》）而墨子雖言「天志」，卻也只是一超越的
肯定而不可究問之「人格神」意義的天。所以他們的最高原則（即「道」），
皆是可體會而不可言說，可實現而不可把握的。因此，我們可將他們對問題
的思考方式（「思考」二字取其較為寬鬆的意義，略同於「看待」），稱作是「倫
理性思考」；也就是說，其心目中之應然秩序是以倫理之實踐來達成的。此即
是相信主觀力量之投攝，而非客觀力量之約規。故此一形態可稱作「理性的
主觀表現」，意即理性透過主體之實踐來表現（唯在墨子，其「理性」並不十
分充分）。

然而隨著政治社會秩序的日趨混亂，人們對於憑著個人的主觀信念與作

〔註4〕戴君仁〈雜家與淮南子〉，收入《梅園論學集》，頁278。
〔註5〕同註4，頁277。

爲便可收效之說，更加的缺乏信心；另一方面，也因爲社會的分工，四民社
會的逐漸形成，社會進展變化的動力日趨多元，使得「務爲治」的思路趨向
要求一客觀性強的原則，以便有效地安定社會秩序。於是大家開始談論「道」。
首先談「道」的是道家；道家之道的意義已見於第二章，它本不當是一客觀
的原則，但在此一氛圍之下，自然被人們拖著向客觀性一面發展。然後是荀
子和法家；其內容不同，但同樣是往客觀性原則上措思（他們之成敗得失請
見第二章）。最後是陰陽家，此乃是以「自然法則」的面貌出現的。此一趨勢，
不同於前所謂之「倫理性思考」，而可稱作是「結構性思考」，即是主觀地運
用理性（而非「理性的主觀表現」）；將問題納入一結構中，以形成秩序。而
言其爲「主觀地運用理性」者，是說對「理性」的自覺並不夠充分，因此理
性只能在主觀的情形下被運用而無法充分客觀化，因此對於所形成的「結構」
之性質與意義，亦無法充分地自覺掌握，所以會有過分引申的混漫情況。此
種「類比式」的思考形態，實爲前科學時期之「思辨理性萌芽階段」所難以
避免的。

　　在此一不自覺的思考方式之轉換下，原先的諸子之學說，也都被當作是
「客觀性原則」來認識（此在司談的〈論六家要旨〉中，可看得最爲明白）
〔註6〕。而到了戰國晚期，客觀性最強的「道」，就屬道家和陰陽家了（所謂
「客觀性強」，乃指其可被驗證）。而雜家之人所以能融合諸家，其所憑藉的
原則，非「陰陽」即是「道」了。當然，被他們所融會諸家，也多半是爲其
結構化思路所改造過的了（由此角度看，便可明白漢人所謂的孔子，實不同
於後世──尤其是宋明以後──所認識的孔子，而其所謂的六經，其實也已

〔註6〕茲以〈論六家要旨〉之第一段爲例：

　　嘗竊觀陰陽之術，大祥而眾忌諱，使人拘而多所畏；然其序四時之大順，不
　　可失也。儒者博而寡要，勞而少功，是以其事難盡從；然其序君臣父子之禮，
　　列夫婦長幼之別，不可易也。墨者儉而難遵，是以其事不可徧循；然其彊本
　　節用，不可廢也。法家嚴而少恩；然其正君臣上下之分，不可改矣。名家使
　　人儉而善失眞；然其正名實，不可不察也。道家使人精神專一，動合無形，
　　瞻足萬物。其爲術也，因陰陽之大順，采儒墨之善，撮名法之要，與時遷移，
　　應物變化，立俗施事，無所不宜，指約而易操，事少而功多。儒者則不然。
　　以爲人主天下之儀表也，主倡而臣和，主先而臣隨。如此則主勞而臣逸。至
　　於大道之要，去健羨，絀聰明，釋此而任術。夫神大用則竭，形大勞則敝。
　　形神騷動，欲與天地長久，非所聞也。

　　其論斷各家，皆以其客觀效驗爲著眼：即是以其「務爲治」之法的實際功效
　　爲衡量依據。

填充了新的內容）。

由上可知，雜家所以能混合各家，是因為道家和陰陽家的客觀性原則逐漸為大家所接受，而成為吸收和解釋各家的依據。而再進一步，陰陽家之「自然法則」成為道家「道法自然」之「自然」，於是此二家可有進一步的融合；同時人們也試圖將人文的現象解釋得合於此法則（或擴大引申此法則以求於人文現象亦有徵驗）。於是一個被認為是可以規約人間秩序的客觀原則就慢慢地建立起來（被設計出來），成為漢代學術的主要內容。以下即本此線索來觀察漢初學術發展之途轍。

第二節　《呂氏春秋》與《淮南子》

《漢書‧藝文志》雜家類著錄之書，今存者只《呂氏春秋》與《淮南子》。而這兩本也是總結戰國學術的最重要著作。

一、《呂氏春秋》發展陰陽家思想

胡適先生認為：「《呂氏春秋》的中心思想，都在『本生』、『重己』、『貴生』、『情欲』幾篇裏發揮的一種很健全的個人主義，可以叫做『貴生重己主義』。……所以《呂氏春秋》以道家思想為骨幹，前人看得不錯。……可是《呂氏春秋》也有濃厚的陰陽家色彩，書中綱領〈十二月紀〉，充分表現出陰陽家的意味。……」〔註7〕道家與陰陽家思想實為《呂氏春秋》的兩大主幹。

在其中之道家思想方面，「養個人之生，在《呂氏春秋》中佔有很重的分量。」〔註8〕即胡適先生說的「貴生重己主義」。這其實透露出道家思想向客觀有效性落實的一個重要的方面，即是個人之養生。至於進一步的客觀化，則是表現在《淮南子》之中。而《呂氏春秋》最重要的影響，其實是在對陰陽思想的發展上面。根據徐復觀先生的研究，「在呂氏及其門客的心目中，此書的骨幹，是〈十二紀〉而不是〈八覽〉、〈六論〉，至為明顯。」〔註9〕「而〈十二紀〉之成立，是鄒衍的陰陽五行思想發展的結果。」〔註10〕茲將徐先

〔註 7〕轉引自戴君仁《梅園論學集》，頁 279。
〔註 8〕徐復觀〈《呂氏春秋》及其對漢代學術與政治的影響〉，收入氏著《兩漢思想史》卷二，頁 34。
〔註 9〕同註 8，頁 4。
〔註10〕同註 8，頁 5。

生所指出之《呂氏春秋》對陰陽家思想之發展抄錄如下：

　　給呂氏及其門客以最大的影響的，仍在上述第二項。將第二項與第
　　一項加以融合，並擴大其内容，此乃呂氏門客用心之所在（所謂「第
　　二項」是指「以陰陽消息言災異，於以加強對當時統治者行爲上的
　　壓力。」而第一項是：「其動機及歸結，乃在以儒墨之道解決當時的
　　政治問題，且係以儒家思想爲主。」）〔註11〕

　　《呂氏春秋・十二紀》紀首，正吸收了〈夏小正〉及《周書》的〈周
　　月〉、〈時訓〉加以整理；而另發展了鄒衍的思想，以此爲經；再綜
　　合了許多因素，及政治行爲，以組織成「同氣」的政治理想的系
　　統。〔註12〕

　　而成爲〈十二紀紀首〉骨幹的，正是把陰陽二氣，運行於四時之中，
　　而將五行分別與四時相配合。〔註13〕

　　至〈十二紀紀首〉，則明確的把五行配合到陰陽所運行的四時之中，
　　五行在四時中輪流作主，發生作用。……在〈十二紀紀首〉中，把
　　許多事物，都組入進去，而成爲陰陽與五行所顯露之一體，以構成
　　包羅廣大的構造，於是使人們感到，我們所生存的世界，都是陰陽
　　五行所支配的世界，由此而成爲爾後中國的宇宙觀、世界觀。〔註14〕

　　凡〈十二紀紀首〉所述的各種制度，多有若干歷史的根據；但呂氏
　　的門客們，卻按照他們自己的理想，來加以重新安排、改造，而賦
　　予他們所要求的新意義；明堂的問題，正是如此。〔註15〕

　　呂不韋的門客們，除了順著上述性格、作用，以安排各種生活與政
　　令外，更把與生活、政治有關的思想，作一大綜合，也按照生、長、
　　收、藏的四種性格、作用，分別安排到四時十二月中間去，每月安
　　排四篇，以表示各種思想，也是順應著陰陽之氣的。〔註16〕

　　……有一部分人，把本係古代天文家由測候所發展、提昇上來的陰
　　陽觀念，作爲天的性格的新説明，以重建天對人的作用。陰陽具現

〔註11〕同註8，頁10。
〔註12〕同註8，頁14。
〔註13〕同註8，頁17。
〔註14〕同註8，頁20～21。
〔註15〕同註8，頁23。
〔註16〕同註8，頁33。

於四時之中，更把五行配合在一起，使其更與農業的氣候關連密切；這較之道德法則、精神，及形而上的「無」，更能爲一般人所容易接受，亦即更容易滿足農業社會的廣泛要求。原來由追求道德價值根源所肯定的天的道德法則與精神，至此而重新配合到陰陽五行上面去，將使聽者感到更爲具體，更爲生動。到了呂氏的門客，把陰陽之氣，亦即是天之所以爲天的氣，表現於十二個月之中；使人的生活、行爲，皆與其相應；這樣一來，天簡直是隨時隨地隨處隨事而與人同在了。這怎能不在學術與政治上，發生主導性的影響呢？〔註17〕

從以上所引，我們不難想像《呂氏春秋》是如何地大力發展了陰陽思想，而不待董仲舒的進一步發揚，陰陽五行之說在漢初就已相當普遍了。〔註18〕

二、《淮南子》發展道家思想

《淮南子》一書可視作是漢初思想的忠實反映。戴君仁先生說：

這部書是依文、景之間政治背景所作成的；它是陳述漢初六七十年政治實況背後的思想情形的。……文景之治已有很好的成績，淮南之書只是把所以能創造這好的成績思想因素描寫出來。」〔註19〕

而其寫作方式則很受《呂氏春秋》之影響，也繼承了其中的陰陽思想。徐復觀先生說：

……受呂不韋野心（作爲大一統天下的寶典）的暗示，規撫《呂氏春秋》的規模，以同一方式、抱同一目的，把漢初思想，作另一次大結集的，則爲劉安及其賓客所集體著作的《淮南子》。……《淮南子》中，全取《呂氏春秋》的十二紀紀首，略加損益，以成爲第五篇的〈時則訓〉。〈覽冥訓〉則敷衍《呂氏春秋‧精諭‧召類》諸篇之旨。而《呂氏春秋‧應同篇》「黃帝曰，芒芒昧昧，因天之威，與元同氣」的幾句重要話，即見於〈泰族訓〉其他剌取《呂氏春秋》

〔註17〕同註8，頁78～79。

〔註18〕如文帝就曾說：「天示之以蓄，以誠不治。」（《史記‧孝文本紀》）文帝時，有「魯人公孫臣上書陳終始五德事。」（《史記‧孝文本紀》）武帝之策問更是充滿了陰陽觀念。（《漢書‧董仲舒傳》）史遷雖以鄒衍之說爲「閎大不經」（《史記‧孟荀列傳》），但亦接受三統說，即由董仲舒轉手的五德終始說。（見〈高祖本紀〉之「太史公曰」）

〔註19〕同註4，頁281。

的材料以成文者，其分量僅次於《老子》、《莊子》。〔註20〕
然而，「全書捃摭廣博，然道家思想究居於優勢。」〔註21〕依前引戴君仁先生
之說，此即表示漢於思想界道家思想十分昌盛。這是什麼原故呢？張蔭麟先
生有一段很好的說明：

　　道家學說的開始廣佈是在戰國末年。接著從秦始皇到漢高祖的一個
　　時期的歷史，恰好是道家學說最好的注腳，好像是特爲馬上證實道
　　家的教訓而設的。老子說：「法令滋章，盜賊多有。」秦朝就是法令
　　滋章而結果盜賊多有。老子說：「民不畏死，奈何以死懼之？」秦朝
　　就是以死懼民而弄到民不畏死。老子說「飄風不終朝，驟雨不終日。」
　　秦始皇和楚項羽就都以飄風驟雨的武功震撼一世，而他們所造成的
　　勢力都不終朝日。老子說：「爲者敗之，執者失之。」秦始皇就是最
　　「有爲」的，而轉眼間秦朝敗亡；項羽就是一個「戰勝而不予人功，
　　得地而不予人利」的堅執者，終於連頭顱也失掉。老子說：「柔弱勝
　　剛強。」劉邦就是以柔弱勝項羽至剛至強。老子說：「自勝者強」，
　　劉邦的強處就在能「自勝」。他本來是一個「酒色財氣」的人，但入
　　了咸陽之後，因群臣的勸諫，竟能「財帛無所取，婦女無所幸」，並
　　且對項羽低首下心。老子說：「將欲歙之，必固張之；將欲弱之，必
　　固強之；將欲奪之，必固與之。」劉邦所以成帝業的陰謀，大抵類
　　此。他始則裝聾作瞶，聽項羽爲所欲爲；繼則側擊旁敲，力避和他
　　正面衝突；終於一舉把他殲滅。他始則棄關中給項羽的部將，並且
　　於入漢中後，燒毀棧道，示無還心；繼則棄關東給韓信英布，以樹
　　項羽的死敵；而終於席捲天下。像這樣的例子，這裏還不能盡舉。
　　道家的學說在戰國末年既已流行，始皇的焚書，並不能把簡短精警
　　的五千言從人的記憶中燼去。他們當戰事平息，痛定思痛之際，把
　　這五千言細加回味，怎能不警覺它是一部天發的神讖。況且當時朝
　　野上下都是鋒鏑餘生，勞極思息；道家「清靜無爲」的政策正是合
　　口的味，而且是對症的藥。……便知漢初黃老思想之成爲支配的勢
　　力是事有必至的了。〔註22〕

〔註20〕徐復觀〈《淮南子》與劉安的時代〉，收入《兩漢思想史》，卷二，頁175。
〔註21〕同註20，頁190。
〔註22〕張蔭麟《中國上古史綱》，頁227～228。

在這樣的時代背景下理解道家，自然就不再是老莊之道，而是將道看作是客觀性的法則，且其客觀性也不只於養生一面，而是在人事上有更爲廣博的驗證。《淮南子・原道訓》：

> 夫道者，覆天載地，廓四方，柝八極，高不可際，深不可測，包裹天地，稟授無形，原流泉浡，沖而徐盈，混混滑滑，濁而徐清。故植之而塞於天地，橫之而彌於四海，施之無窮，而無所朝夕；舒之幎於六合，卷之不盈於一握。約而能張，幽而能明，弱而能強，柔而能剛；橫四維而含陰陽，紘宇宙而章三光。……夫太上之道，生萬物而不有，成化像而弗宰。……得以利者不能譽，用而敗者不能非。收聚畜積而不加富，布施稟授而不益貧，……忽兮怳兮，不可爲象兮；怳兮忽兮，用不屈兮；幽兮冥兮，應無形兮；遂兮洞兮，不虛動兮；與剛柔卷舒兮，與陰陽俯仰兮。……

其中所用之語句皆極似老莊，但以如此冗長華麗之語以爲舖陳，且不見「正言若反」、「詭辭爲用」的警策，則其所謂道，雖亦是「怳兮忽兮」的不可名狀，卻仍顯具體且客觀存在。此即是道家之道的客觀化。

道能夠如此地被客觀化，一個很重要的原因即是由於對人間人事關係的觀察，此即是法家之「術」的由來。（參見第二章）而漢人如此地看待「道」，已是非常普遍的了。如司馬談〈論六家要旨〉：

> 道家無爲，又曰無不爲，其實易行，其辭難知。其術以虛無爲本，以因循爲用。……故曰：「聖人不朽，時變是守。」虛者道之常也，因者君之綱也。群臣並至，使各自明也。其實中其聲者謂之端，實不中其聲者謂之竅。窾言不聽，姦乃不生，賢不肖自分，白黑乃形。在所欲用耳，何事不成。……

此毫無疑問的是以「道」爲法家御下之術的根本。《淮南子》之言道家，自然也少不了此種成分。如〈要略〉中釋「主術」：

> 主術者，君子之事也，所以因作任督責，使群臣各盡其能也。明攝權操柄，以制群下，提名責實，考之參伍；所以使人主秉數持要，不妄喜怒也。

釋「兵略」：

> 兵略者，所以明戰勝攻取之數，形機之勢，詐譎之變；體因循之道，操持後之論也。所以知戰陣分爭之非道不行也，知攻取堅守之非德

不強也。

戰國時之法家，多爲求個人之聞達而求售與諸侯〔註23〕；而今天下已定，士人如司馬談者，又爲何如此樂於爲人主謀「御下之術」？其中或顯示出當時一新的政治形式已成，但仍缺乏一君臣上下間的客觀規則；而其時一般人方以法家之術來體會道，又以道來強化法家之術，於是便被視作是正當的君臣關係了。但值得注意的是，在他們的心目中，此一關係當是中性的，只是「事少而功多」，故值得大用。而儒家定人倫之常，不可廢棄；法家絕親親尊尊之恩，不可常用。其評論各家，皆是從其在秩序性上的功效著眼〔註24〕。而《淮南子》中，更有主張限制君權，以義定法的言論；此則是進一步考慮到所立之秩序的合理性。〈主術訓〉：

> 古之制有司也，所以禁民，使不得自恣也。其立君也，所以劐有司，使無專行也。法籍禮儀者，所以禁君，使無擅斷也。人莫得自恣，則道勝；道勝而理達矣，故反於無爲。無爲者非謂其凝滯而不動也，以其言莫從己出也。……法生於義，義生於眾適，眾適合於人心；此治之要也……法者，非天墮，非地生，發於人間，反以自正……所立於下者，不廢於上：所禁於民者，不行於身。所謂亡國，非無君也，無法也。變（亂）法者，非無法也，有法者而不用，與無法等。是故人主之立法，先自爲檢式儀表，故令行於天下。孔子曰：「其身正，不令而行；其身不正，雖令不從。」故禁勝於身，則令行於民矣。

這是相當有突破性的說法，可見漢初思想界的活潑開放。由此亦可見彼時以「術」言君臣關係，乃基於他們對「道」的認識；非爲人主謀，甚爲明顯。

此外，《淮南子》中亦有相當多的篇幅談到「天人相應」的問題。如〈泰族訓〉：

〔註23〕如李斯所謂：「今秦王欲吞天下，稱帝而治，此布衣馳騖之時而游說者之秋也。處卑賤之位而計不爲者，此禽鹿視肉，人面而能彊行者耳。故詬莫大於卑賤，而悲莫甚於窮困。久處卑賤之位，困苦之地，非世而惡利，自託於無爲，此非士之情也。」（《史記・李斯列傳》）

〔註24〕司馬談〈論六家要旨〉：「夫儒者以六藝爲法，……列君臣父子之禮，序夫婦長幼之別，雖百家弗能易也。……法家不別親疏，不殊貴賤，一斷於法，則親親尊尊之恩絕矣。可以行一時之計，而不可長用。」然其於儒之肯定與法之否定者，乃皆從秩序性的觀點爲考慮。彼時對「秩序」需求之強，可想見矣。

> 夫濕之至也，莫見其形，而炭已重矣。風之至也，莫見其象，而木
> 已動矣。……故天之且風，草木未動，而鳥已翔矣；其且雨也，陰
> 曀未集，而魚已噞矣。以陰陽之氣相動也。故寒暑燥濕，以類相從：
> 聲響疾徐，以音相應也。……聖人者，懷天心，聲然能動化天下者
> 也。故精誠感於內，形氣動於天，則景星見，黃龍下，祥鳳至，醴
> 泉出，嘉穀生，河不滿溢，海不溶波。故詩云：「懷柔百神，及河嶠
> 嶽。」逆天暴物，則日月薄蝕，五星失行，四時干乖，晝冥宵光，
> 山崩川涸，冬雷夏霜。詩曰：「正月繁霜，我心憂傷。」天之與人，
> 有以相通也。故國危亡而天文變，世惑亂而虹蜺見，萬物有以相連，
> 精祲有以相蕩也。

如此言天人相應，似是來自對自然界的觀察；然其引《詩》以為言，則顯然
自認為有接於傳統文化之處。故我們可說，這仍然是在為人間秩序找尋強而
有力之規範的動機下，將儒家由人之仁心以言天道的道德性感通，外在化、
客觀化為剛性的律則，以使所有人一律平等地恪守規範。當然，「天人相應」
的觀念在《淮南子》中尚是初步的；然順此脈絡還會有所發展，則是很可理
解的事。

　　然就此初發端的天人相應觀念而論，亦很難不使人將之與「陰陽」的客
觀法則發生連想。《淮南子・精神訓》云：

> 古未有天地之時，惟像無形，窈窈冥冥，芒芠漠閔，澒濛鴻洞，莫
> 知其門。有二神混生，經天營地，孔乎莫知其所終極，滔乎莫知其
> 所止息。於是乃別為陰陽，離為八極，剛柔相成，萬物乃形，煩氣
> 為蟲，精氣為人。是故精神者，天之有也，而骨骸者，地之有也。
> 精神入其門，而骨骸反其根，我尚何存？是故聖人法天順情，不拘
> 於俗，不誘於人。以天為父，以地為母，陰陽為綱，四時為紀。天
> 靜以清，地定以寧，萬物失之者死，法之者生。夫靜漠者，神明之
> 定也；虛無者，道之所居也。是故或求之於外者，失之於內；有守
> 之於內者，失之於外。譬猶本之與末也，從本引之，千枝萬葉，莫
> 不隨也。夫精神者，所受於天也；而形體者，所稟於地也。故曰：
> 一生二，二生三，三生萬物。萬物背陰而抱陽，沖氣以為和。

將老子的「負陰以抱陽」，與「二神混生，……別為陰陽」及「陰陽四時」連
說，則其所謂「陰陽」恐已沾染陰陽家色彩。而《淮南子》中亦多引六經，

徐復觀先生說：「儒家思想在《淮南子》一書中所佔地位，深入的看，並不次於道家。」〔註25〕可見漢初思想界，以「道」與「陰陽」之融合為主來吸收解釋各家之態勢，此時已大體成形了。

第三節　賈誼與董仲舒

　　賈誼與董仲舒，皆是漢初時期以學術影響政治的代表人物。賈誼在文帝時期，值政治形態尚未穩固之時，其用心在於以禮來建立政治秩序。而董仲舒則在漢之國力漸充且武帝奮發有為之際，他的關懷，便轉向對政治秩序（擴大來說，是人間所有秩序）的合理性之思索與建構。二者間的轉變與前節所論之司馬談與《淮南子》，可說是若合符節的。以下分別論之。

一、賈誼對「秩序」的關懷

　　有關賈誼最可靠的文獻，是《史記・秦始皇本紀》所載之〈過秦論〉與《漢書・賈誼傳》之數篇策論。以〈治安策〉（或稱〈陳政事疏〉）為最要。其中有所謂「可痛哭者一，可流涕者二，可為長太息者六」〔註26〕，表現出賈誼對問題的敏銳觀察；而他也提出了以「禮」為中心觀念的對治之道。

　　依賈誼的看法，當時的政治問題是：

第一、諸侯地大而難制，以致「下數被其殃，上數爽其憂，甚非所以安上而全下也。」

第二、匈奴坐大，漢「以帝皇之號為戎人諸侯，勢既卑辱而禍不息，長此安窮？」

第三、富商巨賈奢侈僭越，使上下乖舛，民貧而為姦；而大臣猶不以為意。

第四、世風敗壞，秦習未除，「上亡制度，棄禮義、捐廉恥」，而大臣「恬而不知怪」。

　　針對第一點，賈誼以為所以然者，乃「形勢」之故；所謂「曩令樊、酈、絳、灌據數十而王，今雖殘亡可也；令信、越之倫列為徹侯而居，雖至今存可也。」所以對治之道，莫如改變形勢，即「眾建諸侯而少其力」。關於第二點，〈治安策〉中末提及對策，而在賈誼《新書》中有「三表」、「五餌」之說，

〔註25〕徐復觀《兩漢思想史》，卷二，頁186。
〔註26〕見《漢書・賈誼傳》。又，本節以下所引賈誼之言，未加註者，皆出〈治安策〉。

「即是要以物質聲色的誘惑以弱化匈奴，分化匈奴。」〔註27〕而第三、四兩點，其實即是當時社會上下無禮、君臣無節的失序狀態。而賈誼的主張，大意不外是以教育太子爲安定天下之本，以重禮輕刑爲長治久安之道，以敬禮大臣爲貞定秩序之方。他說：

> 今四維（禮義廉恥）未備也，故姦人幾幸，而眾心疑惑。豈如今定
> 經制，令君君臣臣，上下有差，父子六親各得其宜，姦人亡所幾幸，
> 而群臣眾信，上不疑惑。此業壹定，世世常安，而後有所持循矣。

此乃是以傳統的親親尊尊之倫常爲持循之總綱；此與司馬談之重儒家者乃同一意見。而在教育太子方面，他以爲：

> 夫三代之所以長久者，以其輔翼太子有此具也。及秦而不然。……
> 夫存亡之變，治亂之機，其要在是矣。天下之命，縣於太子；太子
> 之善，在於早諭教與選左右。……太子正而天下定矣。

此乃有鑒於三代與秦享國之差異，而本於三代之禮而言之。至於教育的內容，賈誼說：

> ……故乃孩提有識，三公、三少固明孝仁禮義以道習之，逐去邪人，
> 不使見惡行。於是皆選天下之端士，孝悌博聞有道術者以衛翼之，
> 使與太子居處出入。……及太子既冠成人，免於保傅之嚴，則有記
> 過之史，徹膳之宰，進善之旌，誹謗之木，敢諫之鼓。瞽史誦詩，
> 工誦箴諫，大夫進謀，士傳民語。習與智長，故切而不愧；化與心
> 成，故中道若性。

此完全是以儒家仁義禮孝之義教太子；而教太子，便是望有以此規君上。

　　至若重禮輕法方面，他說：

> 夫禮者，禁於將然之前，而法者，禁於已然之後，是故法之所用易
> 見，而禮之所爲生難知也。……安者非一日而安也，……皆以積漸
> 然，……人主之所積，在其取舍。以禮義治之者，積禮義；以刑罰
> 治之者，積刑罰。刑罰積而民怨背，禮義積而民和親。……道之德
> 教者，德教洽而民氣樂；驅之以法令者，法令極而民風哀。哀樂之
> 感，禍福之應也。……湯武置天下於仁義禮樂，而德澤洽，……累
> 子孫數十世，……秦王置天下於法令刑罰，德澤亡一有，而怨毒盈
> 於世……禍幾其身，子孫誅絕。此天下之所共見也，是非其明效大

〔註27〕同註25，頁130。

驗邪！

此亦是以秦之失，來強調以禮爲治的功效。至於「禮敬大臣」，則是爲了明尊尊貴貴之差等。他說：

> 人主之尊譬如堂，群臣如陛，眾庶如地。故陛九級上，廉遠地，則
> 堂高；陛亡級，廉近地，則堂卑。高者難攀，卑者易陵，理勢然也。
> 故古者聖王制爲等列，……里諺曰：「欲投鼠而忌器。」以善諭也。
> 鼠近於器，尚憚不投，恐傷其器，況於貴臣之近主乎！……是以黥
> 劓之罪不及大夫，以其離主上不遠也。……

此外，亦是爲了勵臣之廉節，穩定政治秩序：

> 故主上遇其大臣如遇犬馬，彼將犬馬自爲也；如遇官徒，彼將官徒
> 自爲也。……古者禮不及庶人，刑不至大夫，所以厲寵臣之節也。……
> 嬰以廉恥，故人矜節行。上設廉恥禮義以遇其臣，而臣不以節行報
> 其上者，則非人類也。故化成俗定，則人臣者主耳忘身，國耳忘家，
> 公耳忘私，利不苟就，害不苟去，唯義所在。……此屬廉恥行禮誼
> 之所致也，主上何喪焉！

賈誼論「教育太子」、「重禮輕刑」，皆本儒家之義，此殆無疑問者。然論「敬禮大臣」，似以君主之尊威爲勸，或以爲頗近法家之意。但若細參法家「君尊臣卑」之論，則知法家的君臣關係甚爲懸隔，君居於不可測度之絕對地位；而在賈誼，則君臣皆依禮義而行，且太子必由禮教以陶養；則知與法家絕不類。所以「尊大臣所以尊主上」之說，與其說是爲君謀，無寧是出於一秩序性的要求；雖然此一秩序是君主專制的秩序，但在賈誼心中，如一切行之以禮，則此秩序未必不佳。蓋在當時畢竟以建立秩序爲急務，至於此秩序之根本原則──「禮」──之客觀性是否足夠，則一時無暇顧及。

在此，我們應進一步討論「禮」與「法」的不同。一般或以爲禮與法皆爲由外而內的規範，只是法更以刑爲後盾，故實效性更強；於是以爲由荀子以至於法家是頗爲自然的。但若就其所涵之義理來考察，則此二者有根本的不同。原來，「禮」可以稱作是「倫理性原則」，它是被設計用來實現價值的，故其實行必是自由的而不能是強迫的，因爲強迫乃是對人之壓抑，而價值則是人自我實現的歡欣之感，故此二者爲矛盾而不可能並存。而「法」，則正好相反，它可稱作是「規範性原則」，是強迫性的，其目的是在維繫秩序，對不同的秩序要求，便可有不同的「法」之設計；而若希望透過法來達成社會的

集體價值，實無異於南轅北轍。是故，在一個秩序崩解的時代，人們比較能容忍法的約束；而在一個已上軌道的社會，則自然有對禮文的期望。衡諸秦之以「法」來結束戰國，而漢承平後則有「重禮輕刑」的呼聲，無寧是非常的自然。不過，當「法」的原則不能被確定的時候，「禮」隨時有退墮僵化的危機；而「禮」的教化未及有功時，「法」亦有經由個人之意志而擴張的趨勢；此即是形成禮與法的目的互換而皆不能成功。區分「價值」與「秩序」這兩個不同的領域並釐清二者間的關係，恐怕是賈誼等人當時並不能完全清楚的。

　　總之，由賈誼之說，我們可觀察到以下兩點：第一、由於懲於秦之失國，而趨向對三代傳統文化之肯定，此即是原始儒家之復興；而賈誼足為代表。此一趨勢，再與由陰陽家、道家二者混合而成之客觀性原則相遇合，則一個借陰陽家（含道家）之形式原則為主幹，而實之以儒家傳統文化（六經）之內容的新發展，已隱然可期；這即是此後董仲舒的主要發展。第二、賈誼實是走著與荀學發展相逆反的道路，因此也會碰到荀學的問題，即是客觀性不夠強。而由荀子走向法家的路既已不能再走，則借陰陽家的客觀宇宙規律來補強禮的應然性和普效性，似乎亦是合理的趨勢；故由賈誼走向董仲舒的發展，似也是十分可以理解的。當然，此一發展方向有意將「秩序」與「價值」合一，則其中「以禮代法」的危機似很難免了；因此也埋下了後世「以理殺人」、「禮教吃人」的反彈之種子。

二、董仲舒學說的表現形態

　　整個先秦至漢初學術之發展結穴在董仲舒，而以後二千多年的社會政治及學術之格局，董仲舒之影響亦居關鍵性的地位。而仲舒之學是由何種的學術及政治社會之發展趨勢演變而來，前文也已極力展現；至於其學之內容，由於相當繁雜，本節只由「天人三策」窺其大概〔註28〕，且著重其表現的形態來討論。

　　前文第三章第二節，曾說明「道」與「政」的互動關係，並指出除開高壓統制之外，「政」若要得以穩定，必要有「道」的支持。時至董子時代，「道」的形式原則大體已確立（即前文所指出的以陰陽家為主的客觀性原則），且由武帝之策問，亦可知武帝亦早已接受了「五德終始」、「受命」等觀念。而董

────────────

〔註28〕有關於「天人三策」的具體內容，在前章論武帝之復古更化時已有說明。本章所重者在其所本之哲學根據。又，下引董仲舒之言，如無特別注明者，皆出於《漢書·董仲舒傳》中之「天人三策」。

仲舒的貢獻，則在於他將儒家之義貫注於此一系統中，所謂「道者，所繇適於治之路也，仁義禮樂皆其具也。」此後有關於「道」之內容大體不變，故曰董子爲先秦至漢初學術發展之結穴。

　　董子究竟是如何地將儒家的內容注入陰陽系統之中呢？我們可借用李澤厚先生的研究成果〔註29〕以爲說明：

> 第一、用儒家仁義學說和積極作爲的觀念改變了陰陽家使人處於過分拘謹服從的被動狀況。在董的陰陽五行的宇宙系統裏，儘管強調客觀結構的法則，卻仍然充滿著人的主動精神。它竭力突出人的崇高地位，宣揚只有人，而不是任何其它事物，才能「與天地參」，認爲「天地之性人爲貴」。……董之強調「天人感應」，正是爲了宣揚「人」能影響「天」，「人事」能影響「天意」；採取的是神秘的甚至神學的形式，其內核卻恰恰在於對人和人主行政力量的能動性的重視。

這一點，即是將儒家主動的道德擔負，「盡心知性知天」的主觀實踐，納入客觀的形式之中。所以董子在「天人三策」中不斷強調「正端」，所謂「求王道之端，得之於正。」「故爲人君者，正心以正朝廷，正朝廷以正百官，正百官以正萬民，正萬民以正四方。四方正，遠近莫敢不壹於正，……是以陰陽調而風雨時，群生和而萬民殖，……諸福之物，可致之祥，莫不畢至，而王道終矣。」即此特色之反映。

> 第二、則是對靈活性的重視。這就是儒家傳統所講而爲董所大談的「經」與「權」。「春秋固有常義，又有應變。」〔註30〕「春秋有經禮，有變禮。」〔註31〕……這是因爲董所著重的是整體系統結構的穩定和持久，而不在於任何局部和細節的不變。……在動態中來保持平衡、秩序和穩定，這正是儒家中庸思想的進一步發展：矛盾雙方在運動中取得均衡調節，整體也就得到了和諧穩定。

這是因爲孔孟的道德乃是自律道德，故自重視權變。而董子的天人系統實已走向他律，但仍企圖保持了此一性質。

> 第三、也是最重要的，董的宇宙系統不同於陰陽家的「拘而多畏」的根本原因，是由於他將孔子仁學中的情感心理原則輸入了這個系

〔註29〕李澤厚〈秦漢思想簡議〉，收入氏著《中國古代思想史論》，頁148～151。
〔註30〕依原註《春秋繁露・精華》。
〔註31〕同註30。

統，從而將自然人情化了。董一再說：「仁，天心」〔註32〕……「天亦有喜怒之氣，哀樂之心，與人相副。」〔註33〕……這一方面固然具有神祕化特色，被今人批評爲神學目的論，根本違反了對自然的科學認識；但把天人視同一體，不僅有物質、自然上的相連，且有精神情感上的相通，這又仍然是繼承「天地之大德曰生」、「天行健，君子以自強不息」的儒家精神，在建立積極康強的世界觀人生觀上有其意義，保持和發展了儒學和中國哲學的基本特色。

筆者以爲此點可說是最明顯的儒家特色，但不當說最重要的。最重要的當是第一點。因爲第一點顯示了一個客觀性原則意圖將「以主觀性原則爲首出之體系」納入其中的形態。〔註34〕

　　總之，董子這一番努力，在哲學上的價值如何暫且不論，但在思想史的發展上，是有重大意義的。且十分深入的影響了此後政治社會的發展。

　　在此一瀰天蓋地的大系統中，一般認爲董子有將現實合理化的傾向。其中最爲人所詬病的，就是他的「誅心」、「三綱」之說及若干援法入儒的思想〔註35〕。於是許多人便認爲這是在爲統治者服務的。但十分有趣的，如果我們作此認定，那不也正是「誅心」嗎？又從何否定董子的誅心之說？或者我們可作一分辨：董子的「誅心」，是要根據人之動機而定人功罪以行賞罰，故而此一判定會直接影響到人之肉體、名譽，乃至人之生死；而我們如此批評董子，則是因爲道德判斷本就是當依據內心之動機；（否則還能根據什麼？）對他本人則無任何影響。若依此而言，則「誅心」的道德批判是可以的（筆者並不以爲如此）〔註36〕，而「誅心」的法律審判是不可以的。若然，則董

〔註32〕同註30，〈俞序〉。

〔註33〕同註30，〈陰陽義〉。

〔註34〕有關「客觀性原則」和「主觀性原則」的意義，請見下章。

〔註35〕此類意見非常普遍，可參見韋政通《董仲舒》第二、六、七章。又，余英時之〈反智論與中國傳統〉（收入氏著《歷史與思想》）第五節，專門討論董仲舒將儒學法家化的問題。李澤厚亦認爲「董仲舒搞這一套，主要是爲了以這種宇宙論系統確定君主的專制權力和社會的統治秩序。」同註29，頁142。

〔註36〕嚴格說來，「誅心」式的道德判斷也是不可以的。所謂道德判斷，當是以純粹的道德情感（智的直覺）於當下完成的，它的本質只能是同情，而不能是否定（因爲「智的直覺」就是使主客合而爲一，故不能是否定，否則成爲否定自身，判斷便無意義）。當然，若在某一定的範圍之內，還是有是非可說；爲明是非不能不作批判。且人之發心動念亦有公私正邪之別，於此豈可不察。然論事之對錯，是就理而論；論察人心之機微，則必在當下人心之感通中才

子與反對他的人之差別，豈不就在於董子沒有分辨「價值」領域與「秩序」領域的不同？因爲行賞罰、定功罪、樹模範等，皆是爲了維繫（或建立）秩序，而秩序畢竟只是社會整體之價值實現的一個基礎，而不能就是價值。然而希望秩序就是價值（亦即是希望人間即是天堂），不正就是人類最常見的夢想嗎〔註37〕？董子建立了一個龐大而複雜的哲學系統，涵蓋天人而一以貫之，豈不正是實現此一夢想的偉大雄心嗎？故董子之「誅心」、「三綱」及「法家化」等，亦可在其欲將「秩序」與「價值」合而爲一的意圖中得到理解。固然於現在看來，其中毛病甚多，流弊甚大，且幾於法家無異；然若究其原委，則又如何能毫不同情地判之爲「爲統治者服務」？

更何況，如果董子眞是爲帝王家服務，則又如何解釋其所主張的「三統代興」、「受命」、「改制」之說〔註38〕？且仲舒之弟子眭弘更因在昭帝時本「先師董仲舒有言：雖有繼體守文之君，不害聖人之受命。」〔註39〕而主張漢帝求賢讓國，結果因此而受誅。可見其「三綱」等主張另有所本。

而其「本」爲何？徐復觀先生以爲：

> 董生在這一趨勢之下，卻把儒家的政治思想，裝入於這一四不像的
> 宗教軀殼之中，想使此大一統的皇帝，在意志與行爲上，不能不有

有可能（如上述，此中當是同情，然同情無害於是非判斷）。不過，基於人之有限性，人豈敢百分之百的肯定自己之判斷？（當然：若百分之百的不能肯定自己之判斷或不作任何判斷，則人與人間之溝通了解又成不可能了）故此中當有一份謙遜，只能說「若果如我所了解的，則……」。以是，筆者否定「誅心」之論。故本段對於批評董子者之批評，亦只是就理而言其批評之不能成立，而非「誅心」也。

〔註37〕此夢想自爲虛妄。因爲希望「人間即是天堂」，無異於希望己身同於上帝（絕對無限），此是對人世之有限性的嚴重漠視。不過，有此夢想，也反映了人之無限性的覺醒。此說明了人是界於二者間的「存在」。如果只重視一端而忽略了另一面，皆會造成流弊：董子之天人哲學，即不免是對人之「無限性」太過樂觀，而表現得太過簡單直接，結果所形成的系統反成有限的框架。但無論如何，重視無限性一面，畢竟是理想主義的形態（相對的，共產主義則只重視人之有限性一面，則最終不免在理想層次上歸於虛無或虛假）。當然，要能同時照顧到兩面，則並非易事；此必走上實踐哲學的道路。以人爲「即有限而可無限」，此即是儒家的樂觀主義；而視人爲「雖感知無限而終就有限」者，則爲近世部分存在主義者的悲觀想法。不過，此皆反映了對人之存在處境較爲中肯的體會。

〔註38〕董子不言「五德終始」而說「三代改制」，而「三代改制」與「五德終始」在內容上大同小異；見董仲舒《春秋繁露》，第二十三〈三代改制質文〉。

〔註39〕《漢書·眭弘傳》。

> 所畏忌；在這種畏忌中，不能不接受儒家政治的理想。這是儒家精
> 神，在專制政治之下，所迫出來的於不識不知之中，所作的非常巧
> 妙之宗教形式的轉換。〔註40〕

不過，如以爲董子是有意的運用此來限制君權，則恐有差。徐先生所說之「不
識不知之中……」，實應特別注意。蓋此「不識不知」，正反映出他是努力將
這兩套（儒家政治思想與陰陽家之天道）他認爲皆合理的東西融合爲一。蓋
若以爲是「有意的運用」，則似是認爲專制政權在事實上已爲穩定，而學者出
以「陰謀」誘騙以限制之。但筆者以爲，政權的穩定與「道」之確認是雙軌
並進，互動而成的。漢帝國之得以穩定，實得力於當時漸漸形成的對「道」（陰
陽五行等）的共識，而以後儒家思想之介入，實因爲董仲舒牽合了此二者。

　　不過，無可否認的，「三綱」等觀念的確在此後之社會進展有不好的作用。
細究董子此一主張的來源，乃在其「陽尊陰卑」的理論。陰陽的觀念在早期
的文獻（如《易傳》等）中是平等的，何以到董子手中會形成「陽尊陰卑」？
徐復觀先生解釋：

> 這（陽尊陰卑）站在宇宙論的立場上是說不通的；而只是把人間的
> 關係，投射到陰陽中去，先使其人間化；再把人間化了的陰陽，來
> 作人倫關係的根據。……由此而言陽尊而陰卑，以立三綱之道，而
> 認爲三綱之道，是「可求於天」的。這是儒家向專制政治開始低頭，
> 是倫理思想的一大轉變。但董生之尊陽而卑陰，並非僅以明分位，
> 而主要是由此以顯貴德而賤刑之意。〔註41〕

這只能是發生上的理由，且等於是說董子先承認了君尊臣卑的事實，然後再
爲之找理論根據。但何以董子要承認此一現實呢？所以，我們應當找尋在董
子哲學系統中，更爲深入的理由。於此，唐君毅先生說：

> 然而，漢儒在論陰陽時所特注重者，在以陰勢與陽勢爲平等的相對
> 抗之二邏輯上之矛盾概念，……因此陰勢與陽勢在邏輯概念上是平
> 等的相對抗者，所以漢儒以陰勢陽勢之表現乃互相代替更迭，不得
> 同時存在，亦即所以說明時間之秩序。……因陰陽乃互相代替更迭用
> 事，所以陰陽二相反之勢力不致於抵消。陽創始後，陰成就之。陰

〔註40〕　徐復觀〈陰陽五行及其有關文獻的研究〉，收入氏著《中國思想史論集續篇》，
　　　　頁110。
〔註41〕　同註40，頁108。

之成就在後，故陰必承陽。陰成就之後，陽雖可復欲使之變化，而表現新陽，然以陰之已成就在先，所以陽不能整個的否定陰，即不能整個否定舊事物而另自空無中創始新事物。……此即是說明宇宙萬物之新生必本於已成就之過去之萬物之故；……但陰性與陽性又是相反的，所以陰一面承陽，另一面仍欲顯其本身之性質以反陽，所以陰於承陽後，復可表現一直顯其本身之性質以反陽，這即是一切物由氣而形而質，即有一直凝固以趨於全停滯不動之性質。一切物之停滯不動至極即其死亡。所以漢儒於此遂以陽氣主生，陰氣主殺。陽氣生故吉，故善故仁，故爲德。陰氣殺故戾，故惡，故爲刑。……這一種獨以陰爲惡，乃漢儒之思想，在先秦無此說。而此說之所由生，則在以陰既承陽而又可一直順其自性以反陽。這一種陰一直順其自性，亦即陰要盡其自性，……亦即陰自己有一開始與完成。陰之開始是物之完成，而陰之完成則是物之死亡。……先秦學者只說到陰之開始，故只說陰是成物，而漢儒是由陰之成物說到物既成之後之由凝固而停滯不動以至死亡。……所以漢儒復有陽主生而陰主殺，陽主愛而陰主惡，陽主仁而陰主貪之說。……是爲陽善陰惡之說。〔註42〕

唐先生此說，實能發明董子「陽尊陰卑」觀念的形成之內在理路。董子既以宇宙人生合而爲一，又秉此觀念以觀察人間現象，則發展出「三綱」之說是不難理解的。故在董子，君雖高於臣，但君仍在其系統中居一定的位置，受一定的約束；此系統非爲君而設，亦非爲民而設，只是綜合已有之學術而意圖完成一無所不包的「合理」（自認爲合理）系統。故雖在具體現象上有類於法家的尊君，但其在義理系統上另有來源，意義上不同於法家之尊君；其思想上一重要來源固是儒家，然造此說亦非只是爲了利用君以推行儒術，當甚是明白。

當然，此一系統後來是失敗了；因爲它所借用的陰陽家之原則本無客觀上的恒定，而其系統本身亦有不可解的矛盾〔註43〕。然在當時它卻是爲人所廣泛接受的，其後雖逐漸受到懷疑，但因爲無其他有力的取代者，故其在歷史上仍是十分有影響力的。

〔註42〕唐君毅〈漢代哲學思想之特徵〉，收入氏著《哲學論集》，頁173～175。
〔註43〕其矛盾就是，董子一方面要求秩序與價值合一，而事實上又不能否定人之自由，然此二者互相分析不出，且又無更高之綜合，故爲矛盾。結果則是在現實上要求前者之力量來源落空。此爲封閉性的應然系統所不能避免者。

第六章 結 論
——先秦至漢初之學術與政治互動發展的啓示

中國文化的特色，是從周初之「憂患意識」奠基。「憂患意識」表示首先體會到的是一「主觀性原則」，意即：事物的客觀成敗是會隨主體介入之態度的不同而不同。此一「主體」至孔孟時方充分自覺，拈出內在於人的「仁」或「誠」爲其本質，因此，便有一作爲普遍性的「仁體」或「誠體」爲「主觀性原則」能成立的超越的基礎。此即是中國文化的基型。而由此「主觀性原則」帶動運作的「親親」「尊尊」之周文，成功的建立封建政治體系，便成爲春秋戰國及秦漢時的「傳統政治文化」。

由於貴族之腐敗與社會力之蓬勃，周文再無力有效的運作；「周文疲弊」導至了先秦諸子之興起。而此一「主觀性原則」，到了荀子及道家手中便分別有了不同的發展。

在荀子，則依實有之周文的「禮義之統」而發展了「客觀性原則」。而道家，則是自覺到了此一「主觀性原則」的形式特性，而對此一形式作了客觀性的表達。在進一步申論之前，我們必須先解釋什麼是「主觀性原則」與「客觀性原則」。

一般而言，「客觀性原則」是比較容易了解的。所謂的科學定律，就是「客觀性原則」的典型例子。任何一個科學定律，不會因不同的人或不同的態度而產生變化；譬如操作實驗，只要遵循固定的步驟，則不論誰來操作，都會得到相同的結果。也就是說，此一原則客觀獨立於操作者而立於被操作、被研究的對象上，操作者與其對象是對立二分的，此一原則不能聯繫二者。因此，「客觀性原則」是被主體拿來運用、掌握與操作，以對客體（對象）產生

一定的效果，而此一「效果」並不涵蓋主體。至於「客觀性原則」爲什麼會有效？憑何而成立？這當然是個哲學問題，在不同的學派中有不同的看法，本文不擬討論；但有一點可以確認，即此「原則」可以成立的條件之一，必是因爲人之感官的同一性與恒常性。因爲無論如何，「客體」是透過人之感官而爲人所攝受的（當然，我們亦可將「感官」對象化而思考之，則此一論斷便成爲無窮後退的語言哲學問題。本文無意涉入此一範疇，故於此獨斷之）。

　　至於一般所謂的「主觀」，則通常指的是隨個人而變的意思，因此主觀的東西是沒有什麼原則的。但是，當主體介入事物（或說主體在生長、充實、擴張）時，主觀的態度確實與事物的成敗或整體變化有一定的關係，而且此一關係並非是隨意的或無理可說的；雖然有許多人認爲它們是沒有理由的、憑運氣的或只是冥冥中不可知的神祕或上帝之旨意；但至少中國古代哲人發現到此一關係是理性而確定的，因此亦有「原則」可說（至於此「原則」是什麼，則詳下文）。而此一原則和「客觀性原則」不同的是，它是關聯主客二者一體化而成立的；此一原則必包含主體方爲有效。因此，它是不能被主體所掌握而運用、操作於客體之上，而是主體以其具體的實踐融入客體（或說主體向外擴張時的具體精神表現）而使此一原則的有效性在整體上呈現出來。意即：當主體在實踐中的真精神是合於此一原則的，則其變化發展與成果亦將合於此一原則。類比於前段所述的「客觀性原則」能成立的條件之一是因爲感官的同一性與恒常性，則「主體性原則」的成立條件則在於「主體」並非是隨意散漫而無數的，而是有一真常同一之恒定（只是因爲此一「真常」亦包含了「自由」爲其表現原則，故顯現爲表面的隨意散漫而無數）。此一「真常」在周初的「憂患意識」中已被半自覺的感受到，而至孔孟則自覺的肯定其爲內心的「仁」（或「誠」）。此即中國先哲所發明的「主觀性原則」，也就是以主體性爲首出的真理表現形態。

　　在對「主觀性原則」與「客觀性原則」有了基本的認識後，便可接回前文，討論道家與荀子的發展。

　　道家的主要貢獻在於對「主觀性原則」的客觀化表述。原來「客觀性原則」用語言表達是很容易的，因爲語言用來指涉對象，本質上是立在主客二分的基礎上。而「主觀性原則」若用語言來表達，則立即有客觀化的危機而不成其爲主觀性原則。因此，孔孟在表達時，只能直接說出他們所肯定的主觀態度與修養，並以譬喻、事例表示之，而不能明白論證其「原則性」。所以

《論》、《孟》中便只能充滿了「啓發語言」，《論語》看起來像是格言集，《孟子》中有譬喻雄辯但無論證（和《荀子》相比，便甚明白）。這使得孔孟之道只能透過以心傳心的「親炙」之啓發，在普遍的風氣形成之前，是不易透過語言來傳達精義的。

而道家，暫撇開其境界上的「清虛」、「消遙」等宗旨不論，他所建立的言說方式，則是試圖以語言來客觀性的表達「主觀性原則」，此即是牟宗三先生所謂道家所建立的「作用的保存」之共法。所謂「作用的保存」，即是明其「主觀性原則」之「形成原理」。道家所建立的語言方式，本文不擬細論；簡言之，即「詭辭爲用」、「正言若反」、「旋說旋掃」等方式，目的在消融因語言而帶出的主客二分。此言說方式，即牟先生所謂的「縱貫橫講」。「主觀性原則」乃縱貫的系統，不同於「客觀性原則」是主客對列、以主控客的橫攝系統（「控」謂「認知」、「操作」）；而曰「縱貫」，乃因其由主體發動而及於全體。而「縱貫橫講」，是說道家雖標舉「無爲」、「自然」等實現原理而供人認知，但此一「無爲」、「自然」非可供主體操作、運用的原則（否則適成「有爲」、「造作」），而是主體應有的修養。主體本此修養以介入外界（或說主體本此修養而伸展），則能「混然忘我」的使物我各有所當，而在主觀上呈現一清虛、消遙、忘我的境界，客觀上則不言仁義而自成聖化，是所謂「道隱無名」、「無爲而無不爲」。

依此，儒家和道家的主要不同，在於在肯定「主觀性原則」之後，儒家直接肯定此一原則是「仁」是「誠」，並宣說人相應於此本質而應有的主觀態度與事理之客觀上的應然；此乃「縱貫縱講」。而道家則未說此一原則「是什麼」，只表達此一原則爲有效的眞實性，也就是反省到此一原則實際上的形成原理；此乃「縱貫橫講」。所以，道家的主要貢獻，乃在於儒家的德性啓發之外，開啓了以認知方式來傳達此一原則。

至荀子，或由於對現實政治社會變化的問題之強烈感受，未在傳統的「主觀性原則」下想辦法，而開出了「客觀性原則」的道路。荀子的「禮」治，即是先將他所面對的問題客觀化，而構成一個將聖王與庶民平鋪對列爲二的系統，然後以「禮」爲此系統的運作原則。在孔孟，雖有君子小人的二分，但君子指得是有德性自覺（主觀性原則之自覺）者，而小人則只是未有此自覺的自然人，所以君子當以自身德性之發展來承載小人、完成小人、教化小人，而最終使小人亦進爲君子；故其君子小人二分是暫時性、過渡性的意義，

並沒有君子小人二元對列的系統性格局。但荀子的聖王庶民二分，其意義便與此不同。此劃分完全是基於政治上的現實，而指出其間當共遵的原則，以解決現實政治問題。此意對較於孟子仍在主觀性原則下提出「以不忍人之心行不忍人之政」的辦法，其不同甚是明顯。

荀子雖將「禮」定位於由歷史文化而來的「禮義之統」而賦與獨立的客觀地位，但此一「禮」之原則的有效性卻仍不夠堅強，以致未能獲至成功。此何以故？乃在於荀子缺乏一個講「客觀性原則」的傳統文化以爲支持。對較於西方文化的發展，「客觀性原則」所以能生長，至少有二個重要的原因：一爲上帝（人格神）的信仰。上帝爲獨立於人之外，與人斷然爲二的實體。在此一信仰傳統之下，上帝可以是價值客觀性的根源。只要信仰不衰，則此根源甚爲堅強。第二則是因爲階級的對立。由集團性的對抗而逼成現實上的對列之局，使客觀性原則易於被共同接受而成爲有效。而在中國，由於理性的早熟，使價值根源很早便因主體之自覺而落於主觀性原則，所以不形成「上帝」的傳統。而階級對立的情況也沒有因社會發展的需要而出現（或至少是沒有尖銳對立，且階級間的流通性甚大而不成其爲一階級），主要的原因就在於「主觀性原則」的傳統，使君子（有德者，且理論上應是在位者）有化育小人（庶民）的義務，而不是與小人對立。所以，由於「主體」在原則上的普遍性及其在實際上伸展之整體化的趨勢下，階級便不斷地走向拆解。由此，我們實可了解荀子在中國文化上的地位實是一位「開新」者，但也因缺乏傳統的支持而不能及時成功，而後繼者未能妥善的找出其與傳統的關係，以致未能再有所開展。

由於社會的轉變，封建制度的崩潰，政治上的中央集權、統治集團的分工運作，均在實質上走向客觀對列之局，使得「主觀性原則」在政治上的有效性大爲降低。此一現實問題的形態已在要求「客觀性原則」的出現，法家之應運而生，可謂是抓到了時代發展的脈動。但問題是法家雖是接續荀子和道家的發展，不幸的是對此二者皆爲一扭曲，因此未能眞發展出客觀精神，而只成爲一套無本的「治術」。

法家將荀子所提出的「禮」強化爲「法」，藉此加強其客觀效力。因爲「法」是藉常人「趨利避害」的心理而成的「刑罰主義」，在客觀的功效上自強於需要人們主動共尊共信共行的「禮」。但在荀子，「禮」的規範及於系統的兩端（在位者與被治者），而法家的「法」卻無法規範統治者，且法之來源在義理

上亦不能交代，對法與禮在本質上的不同亦無所自覺，於是將並列的兩端轉為上下兩級，而在上者以「法」控制在下者，在下者卻無相對的工具；於是「法」乃成為在位者自我實現的工具，而非社會共遵的客觀運作之中性規則。此乃是荀子系統的陷落。

而法家後期所發展出的「術」與「勢」，則是對道家「無為」原則的扭曲。如前所述，道家的「無為」等乃是在「主觀性原則」下的實踐，而不能是「客觀性原則」下的操作。而今法家所開展的系統正是具客觀性意義的，其中諸元（君、臣、民等）在此系統下並無獨立的主體性格，而均為平等對列的對象（若要論主體，當將諸元合起來共同為主體。但在此處論主體並無意義，因為在此系統中實不需要主觀性原則）。法家所應做的乃是設計其間的關係，此關係當為公開、客觀而可操作者（例如現今的科學方法或民主程序），但法家卻強在此系統中插入主觀性原則下的形式原則，而將主體賦之於「君」。如此一來，法家所正視的「君」、「臣」、「民」等對列之局便成為一虛偽的假結構，作為此一結構之「客觀性原則」（運作原理）的「法」，亦成為一假的原則。真正的結構乃是「君」對「君、臣、民」的二元相對結構，而其間的真原則（操作原理）則是借自道家的「無為」、「自然」等。當不可操作（只可體現）的「無為」等被當作操作原理，則成為無內容、無意義保證、因而也不再成其為「原則」的「心術」。當「君」的「心術」不正時，其中真是不堪聞問；即便是心術甚正，也因為此種錯誤的結構形態而在本質上使「體制」（客觀結構）成為虛偽。因此，法家並不能真正開出「客觀性原則」，而卻又糟蹋了「主觀性原則」。

對於建立「客觀性原則」的再一次努力，則是西漢的儒者。但在此之前，則應先說明陰陽家所代表的意義。

陰陽家是在前科學時期憑著經驗與想像而建立的一套相當素樸的宇宙論。它與「周文疲弊」並無直接關係，而是在文化成熟到一定程度後，自然會對宇宙的規律提出一套解釋。陰陽家的解釋其實是相當理性的，因為並無神話的色彩，且是以對自然界的觀察為依據，再加以豐富的想像拼湊而成。由於在直觀之下有相當的效驗，在並無嚴格科學檢證的時代，能被一般人接受是可以理解的。而在人文世界禮壞樂崩，缺乏客觀規則之際，陰陽家便也「撈過界」地傅會出一套屬於人文的世界圖象（空間的）與歷史規律（時間的）。作此傅會者或有用意，但人們的興趣更被迂怪之論吸引（因為好像出現

了一能說明所有現象與變化的客觀規律），便紛紛爲其找尋證據，使之看來更爲可信。

周文的崩解使「政」「道」二分。「政」仍由少數國君控制，而「道」則因孔子的影響，形成由一批能在精神上獨立的知識份子（士）來負擔。春秋戰國的亂局，在現象上是要靠「政」來結束，但在意義上則要靠「道」來提供，二者相合方得以有安定的秩序。於是，「政」與「道」要以什麼樣的關係來聯繫，而各自的內容又是什麼，遂成爲此後歷史發展的關鍵。

在「政」上，封建制已不能繼續，因爲不論是主觀的精神或客觀的情勢皆不能配合。而在「道」一面，則於由社會的客觀化趨勢（社會分工，角色多元，各種民間力量興起而表現爲各種不同形態），使之不可能再靠主觀精神來承當，而必須有一能由大家共信守的客觀性原則來規範社會諸元的關係。

面臨此一情勢的西漢儒者，所採取的方法是，先肯定陰陽家所建立的「客觀性原則」（因爲這是當時唯一的客觀性原則，且已爲大家所普遍接受），再以此原則來吸納傳統的文化精神，即是將「主觀性原則」放入陰陽家所建立的客觀體系當中，創造新的意義。因此雖爲客觀性原則，但人的主觀力量仍被強調，因而在此系統中之諸元均爲相互主體，彼此交互影響而起作用，即所謂「天人相應」之類。這種「天人相應」，即是對陰陽家的「客觀規律」所作的改造，而成爲新形態的客觀規律。

於此，我們不難明白，何以漢初儒者要努力將歷史變化、政權遞禪等現象均納入此一系統中，就是爲了建立人文世界的客觀性，建立「客觀性原則」來處理政治社會的新局面。此種方式其實就是荀子的方式之再現，不過是借陰陽家來強化荀子的「禮義之統」，而使此「禮義之統」取得了新的面貌，外表觀之已不像是三代的禮樂之舊了。若不明其所以，則很難理解漢儒的「玄想傅會」。

漢儒的基本方向實是正確的（與時代需要相應的），其目的也十分合理。如在其所欲建立的系統中，諸元的地位是平等的，如認爲天下不私一姓，政權當依某種客觀規律（如符瑞、災異）而轉移等，均表現出漢儒希望將傳統精神轉化爲客觀原則的努力。但最後仍歸於失敗，其失敗就在於彼所建立的原則，既不是源於對人格神之超越地位的信仰（此乃因傳統之故），又沒有科學上眞正的普遍性，結果仍不能成爲系統中諸元所共遵共信的原則。且其對社會客觀化的趨勢未能有充分的自覺，故不能分辨秩序與價值（道德）兩個

不同的領域，而在主觀上仍存者使「政」道德化（如同三代）而「政」「道」再合一的潛在願望，以至於屬於秩序一面的原則不能充盡的展開，結果社會充分客觀化其自己（也就是現代化）的進程亦不能繼續。

也就是說，漢儒所採取的「以陰陽家之客觀性原則來吸納傳統主觀性原則」的方式是失敗的。而其不好的影響亦同時顯爲兩面，一是使「主觀性原則」因被納入「客觀性原則」之中而變形，因而孔孟所開立的主體性價值根源沒有被繼承發展。而另一面就是「客觀性原則」一直不能充分獨立而充暢社會力的均衡多元發展。所以，此後的社會實是靠儒生（士）很艱苦的憑其道德意識與獨立精神而維持著。一方面要維繫「道」的尊嚴而不致爲「政」所吞沒，一方面又努力要使「政」歸於「道」；這使其在進退出處之際充滿了矛盾，而結果只能以鮮血或委屈來護衛民族生命的持續生長。

在我們理解了漢儒處於歷史發展之關鍵地位後，當然，處於現代，基於對中國文化特性的了解，我們或可以問，漢儒爲何不採取「在主觀性原則的傳統中轉出客觀性原則」的方式呢？主要原因是在於漢儒對「主觀性原則」的自覺並不夠充分，也就是理解的不夠中肯。但這並非漢儒之過，因爲在當時，「主觀性原則」的表現並不普遍，對其認取自不易充分。且即便是儒者本身對之有深刻的自覺，在沒有外在條件的配合下（如前述西方文化之條件），要主動轉出絕非易事。對「主觀性原則」的普遍（人數眾多之意）徹底地理解與自覺，要到宋明六百年的新儒學才能完成，而進一步的「轉出」，實要到明末王船山「乾坤並建」之說，及當代新儒學提出「良知之自我坎陷以轉出認知心」的理論方啓其端，而距離具體的完成，其實還很遙遠。

從此一角度來看，漢儒所面臨的課題，其實與當代十分近似。當代中國是「三千年未有之變局」，漢初之中國亦是「千餘年未有之變局」，而此一變化方向的要求，亦是十分相似。再擴大來說，近代東西方之交會，其主要差異以及需要相互學習與理解者，亦是此課題（即：在分別以「主觀性原則」和「客觀性原則」爲主的東西文化中，當如何的在自己之傳統上吸收對方精神，以開啓分流並進且有真實意義的世界歷史）。在此一關懷下研究漢代學術，或能使我們對當代問題有更深入的認識，對漢儒之處境有更大的同情，而其中必能給我們以新的啓發。

引用書目

一、古籍類

1. 《尚書》
2. 《左傳》
3. 《論語》
4. 《孟子》
5. 《中庸》
6. 《老子》
7. 《莊子》
8. 《荀子》
9. 《韓非子》
10. 《管子》
11. 《孝經》
12. 《戰國策》
13. 《呂氏春秋》
14. 《淮南子》
15. 《春秋繁露》
16. 《史記》
17. 《漢書》
18. 《風俗通義》
19. 《段注說文解字》

二、近現代人著作（當代著作依作者姓氏筆畫排列）

1. 明‧顧炎武，《原抄本日知錄》，台北：文史哲出版社，民國 68 年。
2. 清‧汪中，《述學》，台北：世界書局，民國 51 年。
3. 清‧趙翼，《廿二史箚記》，台北：世界書局，民國 51 年。
4. 清‧皮錫瑞，《經學歷史》，台灣翻印本，龍泉書屋，民國 69 年。
5. 王邦雄，《韓非的哲學》，台北：三民書局，民國 67 年。
6. 王邦雄，《中國哲學論集》，台北：學生書局，民國 72 年。
7. 王夢鷗，《鄒衍遺說考》，台北：台灣商務印書館，民國 55 年。
8. 牟宗三，《歷史哲學》，香港：人生，民國 59 年。
9. 牟宗三，《中國哲學十九講》，台北：學生書局，民國 72 年。
10. 牟宗三，《生命的學問》，台北：三民書局，民國 67 年。
11. 李源澄，《秦漢史》，台北：台灣商務印書館，民國 66 年。
12. 李澤厚，《中國古代思想史論》，台北：漢京，民國 76 年。
13. 余英時，《歷史與思想》，台北：聯經出版公司，民國 65 年。
14. 余英時，《史學與傳統》，台北：時報文化公司，民國 71 年。
15. 余英時，《中國知識階層論史古代篇》，台北：聯經出版公司，民國 73 年。
16. 東海大學編，《儒釋道與現代社會學術研討會論文選輯》，台中：東海大學，民國 79 年。
17. 查時傑編，《中國通史論集》，台北：華世，民國 75 年。
18. 唐君毅，《哲學論集》，台北：學生書局，民國 79 年（全集版）。
19. 韋政通，《董仲舒》，台北：三民書局，民國 75 年。
20. 夏長樸，《兩漢儒學研究》，台北：台大碩論，民國 66 年。
21. 徐復觀，《兩漢思想史》卷一，台北：學生書局，民國 74 年。
22. 徐復觀，《兩漢思想史》卷二，台北：學生書局，民國 65 年。
23. 徐復觀，《兩漢思想史》卷三，台北：學生書局，民國 65 年。
24. 徐復觀，《中國思想史論集》，台北：學生書局，民國 70 年。
25. 徐復觀，《學術與政治之間》（新版），台北：學生書局，民國 69 年。
26. 徐復觀，《中國人性論史先秦篇》，台北：台灣商務印書館，民國 68 年。
27. 徐復觀，《中國思想史論集續篇》，台北：時報文化公司，民國 71 年。
28. 馮友蘭，《中國哲學史》，坊間本。
29. 張蔭麟，《中國上古史綱》，台北：里仁書局，民國 71 年。

30. 曾昭旭，《道德與道德實踐》，台北：漢光，民國72年。

31. 勞思光，《中國哲學史》卷一，香港：崇基書院。

32. 勞思光，《中國哲學史》卷二，香港：崇基書院。

33. 趙岡、陳鐘毅，《中國經濟制度史》，台北：聯經出版公司，民國75年。

34. 錢穆，《國史大綱》，台北：台灣商務印書館，民國69年。

35. 錢穆，《國史新論》，台北：三民書局，民國78年增訂版。

36. 錢穆，《兩漢經學今古文平議》，台北：三民書局，民國72年。

37. 錢穆，《朱子學提綱》，台北：三民書局，民國60年。

38. 錢穆，《秦漢史》，台北：三民書局，民國76年。

39. 錢穆，《先秦諸子繫年》，台北：三民書局，民國75年。

40. 錢穆，《國學概論》，台北：台灣商務印書館，民國74年。

41. 錢穆，《政學私言》，台北：台灣商務印書館，民國61年。

42. 錢穆，《中國通史參考材料》，台北：東昇，民國69年。

43. 戴君仁，《梅園論學集》，台北：台灣開明書店，民國59年。

44. 蕭公權，《中國政治思想史》，台北：文化大學，民國69年。

45. 瞿同祖，《中國封建社會》，台北：里仁書局，民國73年。

46. 韓復智編，《中國通史論文選輯》，台北：南天，民國76年。

47. 顧頡剛編，《古史辨》第二冊，台北：藍燈出版社，民國74年。

48. 顧頡剛編，《古史辨》第五冊，台北：藍燈出版社，民國74年。

49. 顧頡剛，《秦漢的方士與儒生》，台北：里仁書局，民國74年。

統一帝國之宗教

(221B.C.～8A.D.)

林慶文　著

作者簡介

林慶文，1964 年生，東海大學文學博士，現任北台灣科學技術學院通識教育中心副教授，研究領域在：宗教學、當代小說敘述學、書法美學等方面，已發表論文有《當代台灣小說的宗教性關懷》、〈神聖的書寫──寫經的宗教與審美蘄向〉、〈非愚即狂──當代小說的瘋癲修辭〉、〈竹林七賢──文化主題的形成與運用〉等篇。

提　要

　　統一帝國的宗教問題是一項比較性質的歷史問題，由封建進入帝國，不同的政治體制使宗教的型態也有不同的反映，這種現象除了表現在國家對宗教的態度與作用外，也表現在封建天子與帝國皇帝的個人宗教行為上。本文主要處理的對象就在秦至西漢（221B.C. ～ 8A.D.）這一轉變的樞紐時期。

　　第一章〈前言〉，討論本文的研究取向、觀點及主要內容。

　　第二章〈禮制與國家祀典〉，說明禮如何由個人的宗教祭祀行為演變成公共事務的制度，同時從禮制的角度討論「國家祀典」的精神與價值，以及它在封建帝國時代所呈現的不同意義與作用。

　　第三章〈秦帝國宗教〉，西漢許多宗教觀念都是承襲秦朝而來，本章討論秦民族的祭天活動，說明它與西漢五帝信仰的關係。而在皇帝求仙行為方面，討論皇帝本身的神人二重特質，以及方士的性格，和方士在為皇帝求仙活動服務中所扮演的角色。

　　第四章〈漢帝國宗教〉，主要討論的對象在宗廟、郊祀與統一帝國的天道思想。首先，具有祖先崇拜意義的宗廟，由於進入帝國時代，天下百姓對於統治者不像封建時代由於宗法關係而有血緣上的認同，因此帝國時代的皇帝宗廟只具有家天下的性質，而元帝以後的宗廟制度改革，儒生主張的回歸經典，實含有使其制度化的意味在。其次，在郊祀方面，以武帝時的太一祭祀及元帝、成帝時郊祀改革，探討作為國家正當性基礎的郊祀活動，在西漢的變化及其中蘊涵的思想轉折。至於統一帝國的天道思想主要在探討董仲舒的天道觀，說明其思想淵源、內容，以及在政治上的作用。

　　第五章〈結論〉，簡述政治與宗教在結合上對彼此的利弊影響。

目次

第一章　前　言

　　胡適之《中國中古思想史長編》一書，其第六章題爲〈統一帝國的宗教〉，此章自民國十九年五月一日起至五月十二日寫成，〔註1〕其詮釋採政治觀點之宗教史研究，同時略及地域性宗教特色之探討，此種處理方式，杜正勝將其與顧頡剛《五德終始說下的政治和歷史》歸爲一類，並檢討曰：「因爲文獻處理方法的限度，談秦漢宗教自然只能說秦皇漢武的故事。」〔註2〕此方法上之批評值得吾人反省，以對武帝時代研究爲例，取「政治──宗教」互動爲思考角度者實不少見，如蒲慕州〈巫蠱之禍的政治意義〉一文，認爲武帝晚年此一事件，除武帝本人崇巫及忍而多猜之性格外，誠有坐人巫蠱詛上之罪名，行翦除不利其統治勢力之實；〔註3〕此外，張維華〈漢武帝伐大宛與方士思想〉一文指出，武帝伐大宛除當時軍事情勢之必要外，其實有求仙思想及方士之激勵等因素在，尤其是往東方海上求仙無驗後，將眼光西眺轉向昆侖之西王母云云。〔註4〕至於爲何談秦漢宗教常常只能是談秦皇漢武之故事，此或有其不得已，因戰國入秦而漢，隨歷史動力而形成君民二元結構之帝國體制，〔註5〕而皇帝權威之重亦古所未有，帝國運作施設常隨主上一

〔註1〕 據《中國中古思想史長編》1971 年版，南港胡適紀念館影印手跡本，頁 485 及 585 上所記。

〔註2〕 見〈歷史研究的課題與方法──特就宗教的研究論〉一文，《食貨月刊》復刊第三卷五期，1973 年。

〔註3〕 〈巫蠱之禍的政治意義〉，《中央研究院歷史語言研究所集刊》第五十七本三分，1986 年。

〔註4〕 〈漢武帝伐大宛與方士思想〉，金陵齊魯華西三大學《中國文化研究彙刊》第三卷。

〔註5〕 〈「編戶齊民」的出現及其歷史意義──編戶齊民的研究之一〉，杜正勝著，《中

人之脈動，以元成以後宗廟廢立反覆而言，其關鍵常在皇帝身上，或以疾狀
或以無嗣，而變動國家禮制，然此畢竟出於人事，故而帝國宗教與皇帝之宗
教行為不能無涉，又再以前例說明之，武帝以巫蠱入人罪，而文帝二年詔云：
「民或祝詛上，以相約而後相謾，吏以為大逆，其有他言，吏又以誹謗，此
細民之愚，無知抵死，朕甚不取。自今以來，有犯此者勿聽治。」文武二帝
對巫（或說宗教）之態度不同，而其法治有偌大差異，是以對國家人民之影
響又何其殊途異轍，皇帝一身既與帝國緊密結合，是以研究帝國宗教不能略
皇帝而不論，當然，此僅是取捨上之側重問題，不意謂談帝國宗教必及皇帝
個人之宗教信仰，何況欲討論皇帝個人之崇奉，其心理方面之因素亦不容易
掌握。

　　今欲研究統一帝國之宗教，除闡述此宗教型態中，帝國體制與皇帝之依
存關係外，尚可透過與封建時代之宗教型態對比，以凸顯統一帝國宗教之面
貌，其原因在二者之時間上前後相承之關係，及彼此間之型態差異，首先討
論封建宗主與帝國皇帝二者對天之態度。封建時代，天子為天下共主，乃是
受命祖之遺體，且為天下之大宗，而與天下諸國皆有親屬血緣上之關係，是
以有四海之內皆兄弟而天下一家之實質意義，據《禮記，表記》所云：「子言
之：昔三代明王皆事天地之神明，無非卜筮之用，不敢以其私，褻事上帝。」
是以天子為宗族之代表，其所行祀天之禮皆為公共事務，雖此中亦透露出三
代以下君主各為其私之消息，而可肯定者是：在此之前，天子所行祭祀多為
國家大事之祀禱，而無純私人之祈求，據陳夢家之看法，商人於先祖與上帝
之關係劃分頗為清楚，絕無天神人王之二重性格集於一身者，〔註6〕此又可以
說明，商周時天人之際有斷裂，然而此斷裂為連續中之可溝通，即透過專門
溝通之宗教事務者，如巫祝等；而春秋以來大量出現所謂、「天無二日」之階
級思想，及至戰國則更有「王天下」、「五帝三王」之觀念，〔註7〕前者或因宗
法毀壞而有尊主之提倡，而後者乃說明一統之普遍意向，浸至帝國成立，而
皇帝之性格因權勢一統，而有神人二重之特色，以神話或宗教概念而言，秦
漢有太一居北辰之說法，是以秦皇營造咸陽便依仿天象，此除宗教思想所致

　　　　央研究院歷史語言研究所集刊》第五十四本三分。
〔註6〕見《商代的神話與巫術》上編第五章第三節〈帝賜雨──上帝與先祖的分野〉，
　　　　陳夢家，《燕京學報》第二十期。
〔註7〕〈皇帝制度之成立〉，雷海宗著，收入〈中國通史論文選輯〉，韓復智編，南
　　　　天書局有限公司。

外，正足以說明帝國皇帝與封建宗主性質上之差異，而方士巫者此時為皇帝溝通天神，則意義上較屬為私人之宗教行為服務，是封建宗主與帝國皇帝對天之態度，大體言之，前者為公共事務，而後者較屬私人經驗性質。

其次以封建組織及帝國體制說明二者對各地風俗之態度，在此之所以言風俗，乃因為地方性宗教多表現為地方性色彩之風俗，而對風俗之態度，此先舉一例，《史記・魯周公世家》：「魯公伯禽之初受封之魯，三年而後報政周公，周公曰：『何遲也』伯禽曰：『變其俗，革其禮，喪三年然後除之，故遲。』太公亦封於齊，五月而報政周公，周公曰：『何疾也』曰：『吾簡其君臣禮，從其俗為也。』及後聞伯禽報政遲，乃歎曰：『嗚呼，魯後世其北面事齊矣，夫政不簡不易，民不有近，平易近民，民必歸之。』」此除表示周公以易簡治民之態度，亦得見當時王室對屬國之政策不如後來統一帝國之嚴格，《周禮・大宰》所謂禮俗以馭其民，此「馭」乃如《周禮・大司徒》所謂以俗教安之意，與變俗革禮之強制義不同，而秦漢帝國統一之後所採為「一民同俗」之政策，〔註8〕秦官吏至各地亦採擷當地風俗以作為統治參考，對於宗教風俗，秦漢兩代亦皆有統一之舉，《史記・封禪書》所言：「秦并天下，令祠官所常奉天地名山大川鬼神可得而序也。」此一句為秦宗教總綱，而「并天下」與「鬼神可得而序」正指出「統一帝國之宗教」一詞之內涵，是以漢高祖於天下大定後，亦於長安置祠祝官、女巫，梁、晉、秦、荊等巫各有專祠，此亦統一帝國所必行，是以若將封建時代之地方宗教與統一帝國之地方宗教相比，前者為「分散之地方性宗教」，而後者為「集中之地方性宗教」，此所以顯示政治體制與宗教色彩之呼應，及至後來，藉帝國之力而統一之宗教，無形中亦促成地方性宗教之傳播，〔註9〕而使宗教原本之地方性色彩降低，應劭

〔註8〕《晏子春秋內篇問上景公問明王之教民何若章》：「古者，百里而異習，千里而殊俗，故明王脩道，一民同俗。」所謂一民同俗實有畫一價值標準之意，不經過法令一統，如何達成，呂思勉《讀史札記》乙帙〈古代法律不強求統一〉條中所舉《漢書・馬援傳》依俗治南粵及《三國志・何夔傳》所謂臨時隨宜，一時不依太祖所制新科二例，皆不能謂古代法律不強求統一。

〔註9〕地方性宗教之生存及傳播有非常可觀者，東漢末年，曹操為濟南相，欲禁斷淫祀，其對象據《三國志・魏志・武帝紀》為「城陽景王劉章，以有功於漢，故其國為立祠，青州諸郡轉相倣效，濟南尤盛，至六百餘祠。賈人或假二千石輿服導從作倡樂，奢侈日甚，民坐貧窮，歷世長吏無敢禁絕者。」而西漢劉章即因誅諸呂有功，於文帝二年封城陽景王（見《漢書・高后紀》、〈高五王傳〉、〈文帝紀〉）。新莽時，琅邪人樊崇起兵於莒，即後之赤眉，當時其軍中即祀有城陽景王，《後漢書・劉盆子傳》記載：「軍中常有齊巫鼓舞祠城陽

《風俗通義》所言辨風正俗之事，亦有所記載。〔註10〕

透過以上封建宗主與帝國皇帝之宗教態度對比考察後，期能對以下之詮釋視野之開展所有助益，基本上吾人預設宗教爲一凡人皆具有之普遍性要求，而宗教制度爲此宗教性要求之形式，若將宗教視爲內在結構，而諸宗教制度，爲呼應此內在結構之可觀察形式，先採取制度結構形式之描述，再就宗教思想析論之，思藉由多面向之描述論述，呈顯帝國宗教之特色。以下簡述各章大要。

第一章　「前言」

第二章　「禮制與國家祀典」，第一節討論禮制問題，以文字及經典詮釋禮之原義在人神溝通之宗教祭祀行爲表現，擴而言之，禮作爲邦國之制度義時，其形上根據在天，是制度之根源實亦有宗教義，而不全然僅是爲理論上之說明。然後續以禮之演化，說明禮作爲祭祀之個人經驗義，演爲制度義時，在於聖人「緣情制禮」，是此處之演化其意義在個人行爲目的之趨向社會化，換言之，當禮是指個人經驗時，其對象在天，當禮指制度時，其對象在人，然而由天至人，並不抱持社會進化之觀點。第二節討論國家祀典，依祀典制定之標準，說明其價值取向，再由此取向探討祀典之形成。

第三章　「秦帝國宗教」，第一節就秦民族之祀天活動加以討論，因其對漢代之五帝信仰關係至深，且五帝觀念之形成於漢代，多承襲秦祀而來。第二節言秦皇與方士，從秦皇之帝號及宮殿建築語言，說明皇帝之神人二重性格。至於秦皇個人之求仙行爲，多與方士活動之激勵形成互動，秦帝國之成立多得力於東方人士，而其求仙之宗教活動，亦多因東方燕齊之方士，由此可見出秦國立國之政治精神與宗教特色，又此時之方士多爲戰國以來游方之知識分子，此知識分子之學術或技藝性格，所展現爲多樣而複雜之社會風氣，是以有方士性格及地域性特色之說明。

第四章　「漢帝國宗教」，第一節先言宗廟制度，討論立廟之起源，及封

景王，以求福助。巫狂言景王大怒，曰：『當爲縣官，何故爲賊？』有笑巫者輒病，軍中驚動。」顏師古注：「以其定諸呂，安社稷，故郡國多爲立祠焉。盆子承其後，故軍中祠之。」是否因盆子爲其後故軍中祠之，或者因其已爲青州普遍之地方性宗教，故軍中常祀，想皆有可能，綜上而言，劉章之祀在青州，幾乎與漢祚等長，甚而至漢後當猶存。

〔註10〕《風俗通義・司令》：「今民間獨祀司命耳。刻木長尺二寸，爲人像。行者擔籠中，居者別作小屋。齊地大尊重之，汝南餘郡亦多有，皆祠以臘，率以春秋之月。

建時代宗廟、昭穆與宗法之運作，說明封建時代如何透過血緣關係之樞紐，凝結國力及區劃氏族成員之權利義務，由此過渡至第二節，論西漢廟制，由於廟祭所顯示為人類報本反始之意，是以不論政治體制如何演變，宗廟之意義不改，然宗廟制度不能不呼應政治體制，周行封建，宗廟所以有收族之效，而其功能除祭祖以外，幾乎涵蓋所有邦國大事，又透過宗法使血緣關係與邦國體制結合，而有天下一家之意。演至帝國時，君民並無血緣上之聯結與認同，此時政府宗廟僅家天下之意，而漢初所立郡國廟為一時權宜，元帝時罷去，隨後展開宗廟改革之議，由於主議者多儒生，而有回歸經典之主張，雖如此，而各持所是，遂有歷任皇帝親廟及廟數之爭議，值得注意者，此時之回歸經典，實內涵有制度化之意，期能對君主隨意興祀有所矯革。第三節承法祖思想而續言敬天，漢初高祖立時祠祀黑帝，與秦朝四帝合成五帝，當時隱然以五帝為天之代表，至武帝時因方士之關係而有祠太一之活動，此亦為反映帝國統一之事實，因春秋以下，周天子地位夷然，使天子之象徵，上帝之地位亦威嚴不在，天下列國各奉其上帝，此外附會五行而又有方位觀念之五帝，顯示五帝間地位平等，也反映地上各不統屬之國際狀況，及至西漢武帝，方士改造舊說，遂使太一成為至高神，而原先五帝反成太一之佐。本節分就太一之哲學義與宗教義討論，太一之哲學義就其與道、太極等詞之觀念相通，說明其皆具有源始生成之涵義；而宗教義則言武帝時之太一祭祀，及元、成以下之郊祀改革。第四節討論統一帝國與天道思想，以董仲舒之天道觀為主，尤其側重皇帝與天之關係，因董仲舒之天道思想涵有政治與宗教義，最能彰顯統一帝國政教合一之思想，而此合一又集權於皇帝一人，是其具有真正之極權意義，其討論之次第依時間展開，說明漢承秦制及漢初如何消除妨礙極權之政治社會勢力，然後就鄒董如何結合提出說明，並批評其結合在內部所蘊涵之弊端，至於天君關係及天道之政治作用，其旨在論述董仲舒之天君關係，將神人關係與倫理思想結合，遂有以天為天子之父之說法，此又所以降低天之權威性格。而天道之政治作用說明以天道抑制君權之災異說，事實上未能達其效果，缺陷處在對災異之解釋權未能判定，導致災異說淪為工具，而天遂淪為一工具性之空洞天。

第五章　「結論」。

第二章 禮制與國家祀典

第一節 禮　制

一、禮之原義──奉神人之事

　　《禮記‧祭義》云：「禮者，履此者也。」《說文》云：「禮，履也，所以事神致福也。」〔註1〕徐灝《說文解字註箋》云：「禮之名起於祀事，引伸爲禮儀之禮。」徐氏之說義甚明矣，此再加申述，所謂「禮，履也」，乃以聲訓，而實有深意，履，足所依也，前引《禮記‧祭義》所言「履此者」爲孝子行孝道之謂，而點出一崇拜行孝之主體，若從另一角度而言，履，得如《尚書‧堯典》：「格于上下」、「不格姦」，〈君奭〉：「格于皇天」、「格于上帝」之「格」字，因「格，甲骨文、金文通作各（金文又作佫客等）。甲金文中，各字用法，多與祭祀之事有關，金文中此義尤顯。各，甲金文俱作𠳋，从夂从𠙵會意小篆亦然。夂，爲倒止（古趾字但作止），示有足（意謂神靈之足）自上降臨之狀，𠙵或作𠙵示處所，見祀禱以祈神降臨之意。由神降臨之意引申，故格有「至」、「來」等義（此二義習見）；由祝禱之意引申，故格有告義。神之降臨，由於祭祀者之精誠可感召；故格有感動、感召之義。」〔註2〕是禮由履字可推出一祭祀者與被祀者。

〔註1〕經籍所述禮制問題見《中國上古禮制考辨》一文，第二章〈禮制採源〉，邱衍文著，文史哲出版社，1990年6月。

〔註2〕見《尚書集釋》〈堯典篇〉「格于上下」句注。屈萬里，聯經出版事業公司，1983年。此外，周策縱考察「履」於《詩經》中有感生之象徵意義，頗饒神話宗教興味，見〈中國古代的巫醫與祭祀、歷史、樂舞及詩的關係〉，《清華

而從禮之字形考察，據王國維〈釋禮〉曰：

《說文・示部》云：「禮，履也，所以事神致福也。从示，从豐，豐亦聲：又豐部：豐，行禮之器也。从豆，象形。案殷虛卜辭有豐字，其文曰：癸未卜貞：醴豐（殷虛書契後編卷下第八葉）。古玨、珏同字。卜辭珏字作丰、𤤴、𤣥三體，則豐即豐矣。又有𧯛字（書契前編卷六第三十九葉）及琵字（後編卷下第二十九葉）。𧯛、琵又一字。卜辭𠂤字（後編卷下第四葉）或作𠂤（鐵雲藏龜第一百四十三葉），其證也。此二字，即小篆豐字所从之𠙵。古ㄩㄩ一字。卜辭出或作𠙵、或作𠙵，知𠙵可作𧯛、琵矣。豐又其繁文。此諸字皆象二玉在器之形。古者行禮以玉，故說文曰：豐，行禮之器。其說古矣。惟許君不知丰字即珏字，故但以从豆象形解之。實則豐从珏在ㄩ中，从豆，乃會意字而非象形字也。盛玉以奉神人之器謂之𠙵若豐；推之而奉神人之酒醴亦謂之醴；又推之而奉神人之事通謂之禮。其初，當皆用𠙵若豐二字（卜辭之醴、豐、醴字从酒，則豐當假為酒醴字）。其分化為醴、禮二字，蓋稍後矣。〔註3〕

又李孝定以為：

「𧯛、豐古蓋一字，豆實豐美，所以事神，以言事神之事則為禮，以言事神之器則為豐，以言犧牲玉帛之腆美則為豐，其始實為一字也。」〔註4〕

「奉神人之事通謂之禮」，為禮之本義提出宗教性之說明，而玉及酒等獻祭品使「禮」更滿足祭祀形態學（MORPHOLOGY）上之三要項，（一）祭祀者（二）祭品（三）祭祀對象。〔註4〕王國維於禮字中，雖並末言明祭祀對象，然而此為明不待辨，因「祭祀真正的本質要素在接受獻祭品的超自然存有者在給予者的尋求之下，與其進入共融的狀態。」〔註5〕是以「祭祀」行為在起初可說為「禮」就其為「奉神人之事」之意義上，得為禮之全部內涵，於宗教之可

學報》新十二卷第一、二期。

〔註3〕見《觀堂集林》卷六頁290～291，王國維，中華書局影印本，1991年。

〔註4〕見《讀說文記》頁133，中央研究院歷史語言研究所專刊之九十二，1992。關於「禮」字別說及其觀念內涵，可另參邱衍文《上古禮制考辨》一書第二章第三節〈禮制之雛型〉，文津出版社，1990年。

〔註4〕參見《山海經》中《五藏山經》祭祀儀式初探〉一文，王鏡玲著，《哲學與文化》十八卷一期，1991年1月。

〔註5〕同前，頁77所引。

觀察部分的確如此。

　　西方思想中，宗教（religion）一詞，係來自拉丁文（Latin）動詞（religio）的變化，其中一個動詞變化即是 re-legere（to re-read），其字義爲「重讀」或「複習」，古代拉丁作家西塞羅（Marcus Tullius Cicero B.C. 106-43），在其名著《諸神的本性》（De Natura Deorum）一書中，就用這個字來指出宗教功用是一種禮敬諸神的儀式複習，一種宗教行爲的反覆表現。〔註6〕此外「有些學者認爲禮儀是最早的正式宗教表達方式，甚至早過神話，因爲在沒有能力運用神話的動物身上，卻可看見有類似宗教禮儀的行爲。另一些學者則認爲禮儀之可以早於神話，是由於文盲在能夠用思想文字傳遞其宗教內涵之前，已可以用歌舞演活其宗教價值。另一方面，極有可能"啓示"是發生於以禮儀重演其內容的行爲之先。無論這兩種說法爭論怎樣，可以肯定的是在宗教表達的種種方式背後，必定有某些經驗促使這些神話或禮儀的宗教表達產生。」〔註7〕故而凡所以促成宗教表達之經驗，稱爲宗教經驗，此又爲禮制（就其宗教義時）之起點。

二、禮之形上根據與邦國之制

　　禮之形上超越義於《禮記》中有明載，〈禮運〉云：「夫禮必本於大一，分而爲天地，轉而爲陰陽，變而爲四時，列而爲鬼神，其降曰命，其官於天也。」「夫禮必本於天，動而之地，列而之事，變而從時，協於分藝。」〈禮器〉云：「禮也者，合於天時，設於地財，順於鬼神，合於人心，理萬物者也。」言禮「本之於大一」、「本於天」、「合於天時」，這便使禮不僅是徒具繁文縟節之制度儀式，而且具備超越之形上義，此超越義不僅是思辯意義上之內在理據，更爲實踐時之根據，古聖先王得依此制禮，〈禮運〉云：

> 先王秉著龜列祭祀瘞繒宣祝嘏辭說，設制度，故國有禮，官有御，事有職，禮有序。故先王患禮之不達於下也，故祭帝於郊所以定天位也，祀社於國所以列地利也，祖廟所以本仁也，山川可以儐鬼神也，五祀所以本事也。故宗祝在廟，三公在朝，三老在學，王前巫而後史，卜筮瞽侑皆在左右，王中心無爲也，以守至正，故禮行於郊而百神受職焉，行於社而百貨可極焉，禮行於祖廟而孝慈服焉，行於五祀而正法則焉，故自郊、社、祖廟、山川、五祀，義之脩而禮之藏也。

〔註6〕見《原始宗教》，頁16～17，董芳苑著，久大文化股份有限公司，1991年10月。
〔註7〕見《宗教哲學》，頁267～268，賈詩勒著，吳宗文譯，種籽出版社，1983年5月。

孔穎達疏曰：「禮既藏於郊社天地之中，是故制禮必本於天以爲教也。」又疏「必本於大一」曰：「必本於大一者，謂天地未分，混沌之元氣也，極大曰天，未分曰一，其氣既極大而未分，故曰大一也。禮理既與大一而齊，故制禮者用至善之大理以爲教，本是本於大一也。」禮之形上根據是本於大一，是故制禮者必本於天以爲教，凡邦國之治亦莫不由此，《禮記・禮運》云：

> 孔子曰：「夫禮，先王以承天之道，以治人之情，故失之者死，得之
> 者生……是故夫禮，必本於天，殽於地，列於鬼神，達於喪、祭、射、
> 御、冠、昏、朝、聘，故聖人以禮示之，故天下國家可得而正也。」

是以喪、祭、射、御、冠、昏、朝、聘等無非禮之藏也，其中祭爲尤要，《周禮・大宰》曰：以八則治都鄙，一曰祭祀以馭其神，……以九式均節財用，一曰祭祀之式，……以九貢致邦國之用，一曰祀貢。《禮記・祭統》云：「凡治人之道莫急於禮，禮有五經莫重於祭。」「夫祭有十倫焉，見事鬼神之道焉，見君臣之義焉，見父子之倫焉，見貴賤之等焉，見親疏之殺焉，見爵賞之施焉，見夫婦之別焉，見政事之均焉，見長幼之序焉，見上下之際焉，此之謂十倫。」

　　更進一步而言，禮淵源於祭祀在歷史演化上是無可非議之事實，後來社會上之各項制度均得以禮名之，此除表示禮之內涵擴大以外，同時也顯示禮之重要性不曾稍減，意即當禮之內涵指謂祭祀時，與其對應之社會爲較原始之型態；而當禮指謂各種制度規範時，表示社會已演化到較繁複之景況，其中演化恰可由禮之內涵推求得之。〔註8〕

三、禮之演化

　　荀子〈禮論〉云：

> 凡禮，始乎梲，成乎文，終乎悅校，故至備，情文俱盡，其次，情
> 文代勝，其下復情以歸大一也。

凡禮之初始於儀式總是簡略疏脫者多，浸至人事紛披，不能不飾以繁文，然而內心之敬虔「雖無文飾，但復情以歸質素是亦禮也。」〔註9〕〈禮運〉有一小段，能說明之，「夫禮之初，始諸飲食，其燔黍捭豚，汙尊而抔飲，蕢桴而土鼓，猶若可以致其敬於鬼神。」此段文字彷彿是人類學家對某部落進行祭

〔註8〕 見《中國法制史》，頁37。李甲孚著，聯經出版事業公司，1988年10月。

〔註9〕 《荀子・禮論》楊倞注語，見《荀子簡釋》，頁259，梁啓雄著，華正書局，1975年9月。

祀儀式時之田野記錄，鄭注云：「言其物雖質略，有齊敬之心，則可以薦羞於鬼神，鬼神饗德不饗味也。中古未有金甌，釋米捭肉加於燒石之上而食之耳，今北狄猶然，污尊，鑿地爲尊也，抔飲，手掬之也，蕢讀爲凷，聲之誤也，凷，塊也，謂摶土爲桴也，土鼓，築土爲鼓也。」所謂「鬼神饗德不饗味」當然非初民之意，費爾巴哈（Feuerbach）云：

> 宗教的整個本質表現并集中在獻祭之中。獻祭的根源就是依賴感——恐懼、懷疑、對後果對未來的無把握，對于所犯罪行的良心上的咎責，而獻祭的結果，目的則是自我感——自信、滿意、對後果的有把握、自由和幸福。〔註10〕

此種描述當然是替古人設想之成分居多，然而不能不肯定其中有一獨特之宗教情感存焉，威廉·詹姆士（W. James）云：

> 在許多關於宗教的心理學和宗教哲學的書中，作者都企圖指出宗教確然是什麼現象。有人認爲它與依賴的感情相連；又有人認爲是由恐怖而生；別的人們又把它與性生活連起來；又有些人以爲就是對無窮之感；以及其他說法。對于宗教情操有這種不同的看法，這就應該使人不相信他會是單一特種過程；並且只要我們情願將"宗教情操"這個名詞認爲是宗教對象更迭引起的許多情操的集團名稱，我們就見到宗教情操大概并不含有任何種在心理上具特性的東西。有宗教的恐怖，有宗教的愛情，有宗教的嚴畏，有宗教的喜樂等等。可是宗教的愛情只是人的自然愛情對宗教對象而發罷了；宗教的恐怖只是普通"交際"的恐怖，人心在神明報應的觀念可以激動這個範圍內的普通感蕩罷了；宗教的嚴畏就是與我們黃昏在森林中、或是在山峽中的身體震激一樣的情緒，不過由於想到我們對于超自然的關係而起罷了。一切在宗教徒的生活中起作用的各種情操，都有同樣的情形。宗教情緒是具體的心理狀態，由一個感情加上一個特殊對象而成，所以它當然是與其他具體的情緒不同的心理作用。可是我們并沒有理由假定，有個單純的抽象的"宗教情緒"，並且它是一個與眾不同的，并爲每個宗教經驗都含有而無例外的單純心理作用。〔註11〕

〔註10〕見《宗教學通論》，頁 288 引。呂大吉主編，中國社會科學出版社，1990 年 10 月。

〔註11〕見《宗教經驗之種種》，頁 26～27，威廉詹姆士（William James）著，唐鉞譯，

宗教情感當然不能脫離自然情感，荀子〈禮論〉曰：

> 禮者，斷長續短，損有餘，益不足，達愛敬之文，而滋成行義之美
> 者也。故文飾粗惡，聲樂哭泣，恬愉憂戚，是反也；然而禮兼而用
> 之，時舉而待御。故文飾聲樂恬愉，所以持平奉吉也；粗惡哭泣憂
> 戚，所以持險奉凶也。故具立文飾也。不至於窕冶；其立粗惡也，
> 不至於瘠棄，其立聲樂恬愉也，不至於流淫惰慢；其立哭泣哀戚也，
> 不至於隘懾傷生，是禮之中流也。

禮所以節歌哭之自然情緒，故而「兩情者，人生固有端焉。（楊倞注：兩情，
謂吉與凶，憂與愉。言此兩情固自有端緒，非出於禮也。）若夫斷之繼之，
博之淺之，益之損之，類之盡之，盛之美之，使本末終始莫不順比純備，足
以為萬世則，則是禮也。（楊倞注：人雖自有憂愉之情，必須禮以節制進退然
後終始合宜。）」荀子「緣情制禮」意義甚顯，且禮為外飾之精神很濃，然而
特別強調某種宗教情感，然後將某種儀式之根源解釋為此情感之象徵；或者
將某儀式任意賦予心理過程或宗教經驗之解釋，都難免一隅之見，因為「觀
念與行為，本不過是同一事物的內外兩個方面，強行區分究竟是宗教觀念在
先，還是宗教行為在先，不可能有確定的結論，也沒有多大的實際意義。在
宗教觀念與宗教行為的發展中，二者的進程應該是同步進行的，都經歷了一
個從自發到自覺，以模糊朦朧到程式化、規範化的過程。在此進程中，二者
互為表裡，互為因果，互相影響、互相作用。」〔註12〕對於宗教行為、制度，
或有關禮之文化演變均可作如是觀。

第二節　國家祀典

一、國家祀典之觀念

《禮記・月令》云：「（孟春）是月也，命樂正入學習舞，乃脩祭典。」

萬年青書店。對威廉詹姆士之思想背景作簡介及批評，可參見《比較宗教學
——一個歷史的考察》一書，頁 141～151，夏普（Eric J. Sharpe）著，呂大
吉等譯，蔡主恩校閱，久大文化股份有限公司、桂冠圖書股份有限公司聯合
出版，1991 年 12 月。

〔註12〕見註 10，頁 304～305 對儀式先行論之批評。神話與禮儀之間亦有此問題，見
〈神話與禮儀通論〉克萊德・克拉克洪（Clyde Kluckhohn）著，王宏志譯，
收入《神話即文學》，東大圖書公司，1990 年 2 月。

鄭注：「重祭禮歲始省錄」；《呂覽·孟春紀》云：「是月也，命樂正入學習舞，乃修祀典。」高注：「典·掌也，功施於民則祀之。」；〔註13〕《淮南子·時則》云：「季冬之月……天子乃與公卿大夫，飭國典，論時令，以待嗣歲之宜，乃命太史次諸侯之列，賦之犧牲，以供皇天上帝社稷之芻享，乃命同姓之國供寢廟之芻豢，卿大夫至于庶民供山林名川之祀。」《禮記》云「脩祭典」，《呂覽》作「修祀典」，《說文》云：「祭，祀也。」又「祀，祭無已也。」《段注》引《釋詁》曰：「祀，祭也。」是「修祭典」與「修祀典」義同，今人王夢鷗與林品石於句皆釋爲修定祭祀之法則。〔註14〕至於《淮南子》則有「飭國典」句，《說文》云：「修，飭也。」又觀其下文所列述諸侯逮及庶民所當賦之犧牲芻享，是「飭國典」之「國典」內容不能與祭祀無涉，又《國語·魯語上》：「海鳥曰“爰居”，止於魯東門之外三日，臧文仲使國人祭之。展禽曰：『越哉，臧孫之爲政也！夫祀，國之大節也；而節，政之所成也。故慎制祀以爲國典，今無故而加典，非政之宜也』。」是國典內容與祭祀有關之證也。然而《禮記》與《呂覽》修祀典之時間於孟春，是採夏曆；而《淮南子》飭國典則時在季冬是採周曆。

　　「祀典」之義明，而國家祀典之國家義，亦須稍作說明，國家在此定義爲：「聚居在一定地域中的一群人，其中若干成員持有一定的限制成員活動的控制權力，這項權力的基礎與運作，訴諸價值的宣稱或強制的力量。」〔註15〕而在中國「封建時代的政治實體，大致可分"天下"，"國"，"家"三個層級……"天下"，"國"，"家"在封建時代，以一套特殊的封建秩序連繫起來，三者之間有連續，亦有斷裂。"家"有宗廟、"國"有社稷（也有宗廟），"天下"有明堂（既有宗廟、社稷，尚得天命，故可郊天）。這是三者的層級，也是其斷裂處。但封建時代以一套細緻嚴密的宗法制度，將

〔註13〕高誘將「修祭典」之典訓爲掌，於上下文義多曲折，其所謂典當指敟，《說文》：「敟，主也，從攴典聲。」段注：《廣韵》典字下曰：「主也，常也，法也，經也。按凡典法、典守字皆當作敟，經傳多作典，典行而敟廢矣。」又典作常解，另見左文公六年，「宣子於是乎始爲國政，制事典。」劉文淇疏證：「□□注：典，常也。杜用鄭說疏，正國之百事，使有常也。」見《春秋左氏傳舊注疏證》，頁506，明倫出版社，1970年。
〔註14〕王書見《禮記今註今譯》，頁261，臺灣商務印書館，1987年9月。林書見《呂氏春秋今註今譯》，頁11，臺灣商務印書館，1990年9月。
〔註15〕見《中國古代的國家概念及其正當性基礎－500B.C.~8A.D.》，頁1，王健文著，國立臺灣大學歷史學研究所博士論文，中華民國80年5月。

"家"、"國"、"天下"連繫起來。封建與宗法配合運作下，三者之連繫與斷裂各自在恰當的時刻展現。」〔註16〕分別地說可以有三個層級，然而"家"者實爲具體而微之"國"，天子又爲家國之大宗，若以最廣泛的國家界說衡之，實「國家」可兼三者而言，且國家一詞今已爲習語，故採用之。誠然，國家之概念可以有諸多面向，儒、道、墨、法各有其詮說，然由於國家概念非關文本主旨，而乃是取其稱謂一政治實體，又由於「國家概念是人們整體世界觀中的一個環結，它特別牽涉到人間的政治秩序的安排，一個相對獨立的政治實體，擁有支配公共事務的權力。」〔註17〕在此種觀念下，國家祀典之意義，在祭祀作爲權力象徵之同時，無疑亦代表公共權力之展現，從而意謂祀典是一公共事務。

二、祀典之形成

《禮記·祭法》云：

> 夫聖人之制祭祀也，法施於民則祀之，以死勤事則祀之，以勞定國則祀之，能禦大菑則祀之，能捍大患則祀之，是故厲山氏之有天下也，其子曰農，能殖百穀。夏之衰也，周棄繼之，故祀以爲稷。共工氏之霸九州也，其子曰后土，能平九州，故祀以爲社，帝嚳能序星辰以著眾，堯能賞均刑法以義終，舜勤眾事而野死，鯀鄣鴻水而殛死，禹能脩鯀之功，黃帝正名百物以明民共財，顓頊能脩之，契爲司徒而民成，冥勤其官而水死，湯以寬治民而除其虐，文王以文治，武王以武功去民之菑，此皆有功烈於民者也。及夫日月星辰民所瞻仰也，山林川谷丘陵，民所取財用也，非此族也，不在祀典。

《國語·魯語》云：

> 夫聖王之制祀也，法施於民則祀之，以死勤事則祀之，以勞定國則祀之，能禦大災則祀之，能捍大患則祀之。非是族也，不在祀典。昔烈山氏之有天下也，其子曰柱，能殖百穀百蔬；夏之興也，周棄繼之，故祀以爲稷。共工氏之伯九有也，其子曰后土，能平九土，故祀以爲社。黃帝能成命百物，以明民共財，顓頊能修之。帝嚳能序三辰以固

〔註16〕同前，頁3。
〔註17〕同前，頁13。

民，堯能單均刑法以儀民，舜勤民事而野死，鯀鄣洪水而殛死，禹能以德修鯀之功，契爲司徒而民輯，冥勤其官而水死，湯以寬治民而除其邪，稷勤百穀而山死，文王以文昭，武王去民之穢。故有虞氏禘黃帝而祖顓頊，郊鯀而宗禹；商人禘舜而祖契，郊冥而宗湯；周人禘嚳而郊稷，祖文王而宗武王；幕，能帥顓頊者也，有虞氏報焉；杼，能帥禹者也，夏后氏報焉；上甲微，能帥契者也，商人報焉；高圉、大王，能帥稷者也，周人報焉。凡禘、郊、祖、宗、報，此五者國之典祀也。加之以社稷山川之神，皆有功烈於民者也；及前哲令德之人，所以爲明質也；及天之三辰，民所以瞻仰也；及地之五行，所以生殖也；及九州名山川澤，所以出財用也。非是不在祀典。

《禮記・祭法》及《國語・魯語》此二段記載除部分文字稍異外，說明中國祀典之立法精神原無二致，前引《呂覽》高誘注「功施於民則祀之」是其主旨，「功」之一字點出「價值屬性即爲人所崇拜的對象。這點後來尤其深深影響了中國古代的歷史哲學，中國古代的歷史意識的所謂紀事，乃是紀與人文歷史有關的事，不過上古的歷史並不是後代"故事"式的歷史，而是政治上的象徵符號。尤以對民生對社會有特殊貢獻的人，均爲聖人，始祖紀之，這種尊古、崇古以致仿古的歷史、文化意識，乃源自古人"報本反始"、"追遠思慕"的思想。而追遠思慕之心表諸於外者，是以宗教的形式展現。」〔註18〕而「價值屬性即爲人所崇拜的對象」一句在此加以疏理，云屬性便涉及有此屬性之主體，此主體若己身所從出而產生「報本反始」之切慕則是祖宗，《禮記・祭法》云：「祖文王而宗武王」，趙匡注：「凡祖者，創業傳世之所自來也。宗者，德高而可尊，其廟不遷也。……祖者，祖有功；宗者，宗有德，其廟世世不毀也。」《孔子家語・廟制》云：「古者，祖有功而宗有德，謂之祖宗者，其廟皆不毀。」王肅注云：「祖宗者不毀其廟之名，有功者謂之祖，至於周，文王是也。有德者，謂之宗，武王是也。」此種觀念淵源來自周朝，因「周朝立國，是大封同姓以控制異姓；並建立宗法制度以樹立同姓內部的秩序與團結。這在《左傳》僖公二十四年富辰諫周王的一段話中，說得非常清楚。他們團結的最高象徵是文王；而團結的目的是要『文王孫子，本支百世』以維持一姓的政權於不墜；於是孝的道德要求，特爲重要。其他的許多道德觀念和制度，都是以孝爲中心而展開。」

〔註18〕見《中國古代崇祖敬天思想研究》，頁57，王祥齡著，私立中國文化大學哲學研究所博士論文，中華民國80年5月。

〔註19〕誠然，特別提倡孝而發展與之相應之制度，非意謂先經孝道之發揚與提
撕，而後孝道方能弘廓，因爲孝乃自律之德性而非外在規範。

至於另一種價值屬性則依附聖人而生，所謂「聖人制祀」之聖人，可以是
對先民之歷史分期，如張光直先生將《越絕書》中之風胡子對古史分期：石、
玉、銅、鐵四個階段，〔註20〕對應傳統古史中之三皇（軒轅、神農、赫胥）、五
帝（黃帝）、三代（禹）及東周四個階段，從利用生產工具而言可以是石、玉、
銅、鐵，但若標幟利用工具之能力則是三皇、五帝等之神聖人物，一般神話研
究常將此類古聖人從人格轉而賦予神格解釋，其旨在凸顯特殊之人，其能力之
所由來，《墨子・耕柱》：「巫馬子謂子墨子曰：鬼神孰與聖人明智？子墨子曰：
鬼神之明智於聖人猶聰耳明目之與聾瞽也。」人中之萃如聖人當然不能與神鬼
侔，然而聖人卻具有凡人所無之諦聽或解讀神秘象徵之能力，〈易繫辭〉云：「古
者包犧氏之王天下也，仰則觀象於天，俯則觀法於地，觀鳥獸之文與地之宜，
近取諸身，遠取諸物。於是始作八卦，以通神明之德，以類萬物之情。」類似
此種觀念，楊慧傑云：「從天生神物，聖人則之；天地變化，聖人效之」來看，
「這樣法天的主位已不在人而在天，主位在天，精神上無異又重新回到古老的
宗教傳統。」〔註21〕亦即隱含古聖人實具宗教意味，以卡西勒觀念而言，人類
文明即在於己身之創造，透過「人──符號──創造」，〔註22〕此一途徑藉以彰
顯存在價值，而聖人能「通神明之德，類萬物之情。」正說明聖人之能力來自
天授，此種天授之能力在於說出（類）萬物之情實，而先決條件爲聖人能通神
明之德，於是「天（神明）──人（聖人）──符號──創造」之途徑便得形
成，而聖人所代表之宗教意義在此顯露。〔註23〕

〔註19〕見《中國思想史論集》，頁158，徐復觀著，臺灣學生書局，1975年5月。
〔註20〕見《中國青銅時代》第二集，頁79，聯經出版事業公司，1990年11月。
〔註21〕見《天人關係論──中國文化一個基本特徵的探討》，頁182，大林出版社，
1981年1月。
〔註22〕此爲卡西勒（Etndy Cassirer）之思想基調，見《語言與神話》，于曉等譯，張
思明校閱，久大文化股份有限公司、桂冠圖書股份有限公司聯合出版，1990
年8月，又《人論》一書，結構群審譯出版，1989年9月。
〔註23〕聖人神道設教爲歷來知識分子之理性解釋，然而聖人能見人所不能見，行人
所不能行，而有天授之意，實類古之大巫，且聖人爲德性充滿之人，此說大
概爲後起，〈易繫辭〉中之聖人其重點在制器利用，而其靈感來自隱而不顯之
大自然啟示，此均有宗教意味，除此，凡民間所崇奉多爲起於俗之地方性神
明，而後四處傳播，或納入國家祀典中，此亦不得謂聖人所設。關於「神道
設教」見《管錐編》第一冊，頁18～22，錢鍾書著，全國出版社。而關於民

三、祀典起於俗

國家祀典非僅數人定則定矣而可當行，其存在不依靠記錄乃是憑藉實踐，普瑞查德（E.E. Evans Pritchard）云：「宗教觀念是由集體行動中個人心靈的綜合，但一旦產生了，它們便具有自己的生命」，克爾克（G. S. Kirk）亦云：「集體的儀式行為、大眾歇斯特里，或其他情緒的社會活動，能夠使參與者在當時的場合中有一些新的觀念，然後這些觀念一直被保持——這些觀念雖然在某種意義上是集體的，卻只保持在個人的心靈中」，〔註24〕以上二者所謂「集體的」當然非就量上而言，尤其普瑞查德所言若稍作逆轉便可謂：宗教觀念具有自身之生命，而由集體行動中個人心靈所印證而個人之行為卻因「百里不同風，千里不同俗」而有或異。

《漢書‧地理志下》云：「凡民含五常之性，而其剛柔緩急，音聲不同，繫水土之風氣，故謂之風；好惡取舍，動靜亡常，隨君上之情欲，故謂之俗。孔子曰：『移風易俗，莫善於樂』。言聖王在上，統理人倫，必移其本，而易其末，此混同天下一之虖中和，然後王教成也。」揚雄〈答劉歆書〉云：「嘗聞先代輶軒之使，奏籍之書，皆藏於周、秦之室」，郭璞《方言‧序》云：「蓋聞方言之作，出乎輶軒之使，可以巡遊萬國，采覽異言，車軌之所交，人跡之所蹈，靡不畢載，以為奏籍」，應劭於《風俗通‧序》中更指出：周、秦遣輶軒使之時間常在八月。而《山海經》一書或即在周人努力下所完成有關「中國境內的山川地理、動植物產及地下礦產、名山祭典，遠方邊裔的情狀等」〔註25〕調查記錄，此種記錄對周朝詳知海內外風土情形定大有所助，對統治者而言，依風土民情，教化作禮，是即政治之道。

《周禮‧大宰》：「以八則治都鄙……六曰禮俗，以馭其民。」賈疏：「六曰禮俗以馭其民者，俗謂昏姻之禮，舊所常行者為俗，還使民依行使之入善，故云以馭其民。」孫詒讓〈正義〉：「今案，禮俗，當分為二事。禮謂吉凶之禮，即大司徒十二教，陽禮教讓，陰禮教親之等是也。俗謂土地所習，與禮不同而不必變革者。即十二教以俗教安；彼注云：謂土地所生習是也。〈土均〉、〈小行人〉禮俗，義並同。鄭、賈合為一，失之。」王應麟《困學記聞》卷

間神明之興起，見《天‧神‧人——中國傳統文化中的造神運動》，馬曉宏著，雲龍出版社，1991 年 3 月。

〔註24〕見《政治神話論》第二章第四節，孫廣德著，臺灣商務印書館，1990 年 9 月。

〔註25〕見《山海經》一書導讀，原編佚名，李豐楙導讀，金楓出版有限公司，1987 年 3 月。

四引呂成公云：「禮俗不可分爲兩事，制而用之謂之禮，習而安之謂之俗」。乍睹之下似又與孫詒讓之說法不合，實則二人義無二致，孫詒讓云：「禮，謂吉凶之禮」，「俗，謂土地所習」，而吉凶之禮是五禮「吉凶賓軍嘉」之偏代全稱，清人雷學淇云：「五禮掌於宗伯，不下於庶人」，呂成公云：「制而用之謂之禮」，一「制」字便透顯出是經過制定程序，而與土地所生習有所不同，陳槃云：

> 禮是成文，經過國家制定，期于能使上下共同奉行的。而俗則是一般的慣習，不知其所以然而然的。大致說來，禮，是範圍人心，引導大眾爲善的；而俗則是有善的，也有不善的。
>
> 禮與俗雖是二事，然而在上古，二者之間卻有不可分離的關係。因爲好些禮，最初本是民俗。很明顯的，早期的社會，最初只有民俗而已。而禮卻是文明社會的作品。不過這些文明的作品，它的內容，有好些部分，實際就是『約定俗成』的民俗精華。這些民俗精華，被公共認爲合情合理，有範圍人心和維持、安定國家社會的效用，而且易于施行，于是由政府採用，或者更加以斟酌損益，著之文書，藏之官府，這就是所謂『禮』了。《周禮・大司徒》十二教的『以俗教安』，『俗』而可以『教安』，這類民俗，也就有被採取作爲『禮』的可能了。《史記・禮書》說：『余至大行禮官，觀三代損益，乃知緣人情而制禮，依人性而作儀』；《漢書・禮樂志》『王者必因前王之禮，順時施宜，有所損益，即民之心，稍稍制作』。禮必『緣人情』、『即民之心』。此所謂『人情』、『民心』，也就是風俗了。《慎子》：『禮從俗』（御覽五二三等引）；《禮記・曲禮》：『君子行禮，不求變俗。祭祀之禮，哭泣之位，皆如其國之故，謹守其法而審行之』這就說得更明白了。

禮與俗之關係，如欲剖判，恰似以刀斷水确然不可。

> 例如社、稷，它是國的命祀（昭二九年左傳：『故有五行之官，是謂五官，實列受氏姓，封爲上公，祀爲貴神，社稷、五祀，是尊是奉。……獻子曰：社稷五祀，誰氏之五官也？（蔡墨）對曰……顓頊氏有子曰犂，爲祝融，共工氏有子嚜曰句龍，爲后土，此其二祀也。后土爲社。稷，田正也。有烈山氏之子曰柱，爲稷，自夏以上祀之。周弃亦爲稷，自商以來祀之』。《禮記・祭法》：『王爲群姓立社，曰大社。王自爲立社，曰王社。諸侯爲百姓立社，曰國社。諸侯自爲立

社，曰侯社。大夫以下，成群立社，曰置社』）。然而它也是從古到今信奉最普遍、最深入民間的祭祀。這固然是禮，同時也就是俗。又如司命、戶、灶之祭，亦是載在祀典（《禮記・祭法》：『王爲群姓立七祀……』）。但同時它也是民間隨處可見的風俗。這真正是所謂『化民成俗』。所以在古代，儘有高深的和民情風俗脫節的禮，這個我們不妨還他是禮。而眼前習見習聞的禮，我們也沒有理由不承認它是俗。〔註26〕

章太炎云：「一方部成而有政教，教者，摽然若秋雲之遠，動人心之悲，藹然若夏之靜雲，乃及人之體，蕩蕩若流水，使人思之（自註本管子侈靡語）。」〔註27〕羅素於《權力論》（Power）一書中亦指出：僧侶與國王爲非常傳統之權力握有者，〔註28〕「一方部成而有政教」可與羅素語互爲註腳，甚且各方部或有其特殊之俗也，所謂「百里不同風，千里不共俗」，《周禮・有司徒》十二教中「以俗教安則民不偷」，賈疏：「以俗教安則民不偷者，俗謂人之生處習學不同，若變其舊俗則民不安而爲苟且，若依其舊俗化之則民安其業不爲苟且，故云以俗教安則民不偷。」說明傳統禮俗在於穩定民心之倫理價值。

《尚書・堯典》中結集三代傳說，歌頌堯曰：「克明俊德，以親九族；九族既睦，平章百姓；百姓昭明，協和萬邦，黎民於變時雍。」杜正勝云：「九族指堯的氏族成員，百姓是其他氏族長（古代貴族才有姓），萬邦是天下各部落（村落）。對氏族成員要親，對氏族長要辨明其強弱大小，對天下萬國只能協調，沒有絕對威權。」其後至夏王朝成立，「國家機構在這時蘊育完成，人們不像早期農莊斤斤於食糧之獲得，而更重視人際關係的處理，有這麼"龐雜"的組織才好重新分配資源。於是治人與治於人的關係更加明確穩定，最高統治者不再"監"，不再"親"，不再"平章"，不再"協和"，而是名符其實的治理。」〔註29〕演到周時，由於「這時尚無後世"領土國家"以後的國家觀念。周王不能控制列國，諸侯力量也難達到采邑。周人代殷之際因

〔註26〕見〈春秋列國風俗考論〉，《中央研究院歷史語言研究所集刊》第四十七本第四分，1976年。

〔註27〕見《訄書・原教》上，世界書局，1971年。專門討論章太炎之宗教者，可參〈章炳麟的宗教觀〉，莊宏誼著，《中國歷史學會史學集刊》第十七期，1985年。

〔註28〕見《權力論》（Power），頁41～45、63～65，靳建國新譯，遠流圖書出版事業股份有限公司，1990年。

〔註29〕見《中國文化新論・根源篇・永恒的巨流》中〈篳路藍縷——從村落到國家〉一文，頁55，聯經出版事業公司，1981年。

去氏族共同體時代未遠；把氏族共同體的許多觀念套上天下共主的實際情形，乃演出幾百年的城邦歷史。」〔註30〕當然，誠如申公巫臣所言：「思啟封疆以利社稷者，何國蔑有？」只是如柳河東所言：

> 夫殷、周之不革（諸侯）者是不得已也。蓋以諸侯歸殷者三千焉，
> 資以黜夏，湯不得而廢；歸周者八百焉，資以勝殷，武王不得而易。
> 徇之以爲安，仍之以爲俗。（〈封建論〉）

「故知中國"封建"的本義就是徇仍舊俗。歷史演進的結果，大小不一的邦國獨立自主地存在，任何時代的新共主都不能不尊重他們的生存權，〈封建論〉故曰：『更古聖王堯、舜、禹、湯、文、武而莫能去之，蓋非不欲去之也，勢不可也。』對於歷代廢立封建的爭議，他柳河東斬釘截鐵地論斷曰：『封建，非聖人意也，勢也。』〔註31〕

《史記·齊太公世家》言太公治齊是「因其俗，簡其禮」，是以《晏子春秋內篇·問上景公問明王之教民何若章》云：「古者，百里而異習，千里而殊俗，故明王脩道，一民同俗。」思「同民之俗」，當要權力相當強硬集中之時方有可能。《詩·小雅北山》歌頌「溥天之下莫非王土，率土之濱莫非王臣。」其實須至「王」變「帝」時才符實情，而「一民同俗」亦成爲帝國之要務，秦〈語書〉云：

> 古者，民各有鄉俗，其所利及好惡不同，或不便於民，害於邦。是
> 以聖王作爲法度，以端矯民心，去其邪僻，除其惡俗。……凡法律
> 令者，以教道民，去其淫僻，除其惡俗，而使之之于爲善也。

西漢賈誼於〈陳政事疏〉中云：

> 夫移風易俗；使天下回心而鄉道，類非俗吏之所能爲也。

《漢書·地理志》下所言更爲清楚：

> 凡民函五常之性，而其剛柔緩急，音聲不同，繫水土之風氣，故謂
> 之風；好惡取舍，動靜無常，隨君上之情欲，故謂之俗。孔子曰：
> 移風易俗，莫善於樂，言聖王在上，統理人倫，必移其本，而易其
> 末，此混同天下一之擊中和，然後王教成也。

胡適云：「秦帝國的宗教的主體究竟還是秦民族從西方帶來的遺風，不過統一之後，四方的民族祠祀都被充分保留，充分吸收，故成爲規模更大的帝國宗

〔註30〕見《周代城邦》，頁124，聯經出版事業公司，1985年8月。
〔註31〕同前，自序，頁16。

教。」〔註32〕白川靜云：「王朝的支配，是以掌握祭祀權的形式表示。河南西部原住部族的河神和岳神之祭祀，〔註33〕隨者殷勢力的進出和支配而歸屬於王朝，然後由殷來行祭祀的儀式。殷把這種河岳之神的祭祀，加在自己的神話譜系上，在甲骨文中可以看出這種痕跡。……殷屢次向河岳的聖地和服屬的諸民族，派遣祭祀的使者執行祭祀儀式，服屬的部族也須向殷實行種種的奉獻。殷代滅亡以後，殷代的子孫在周王朝的祭祀中，以客神的身份參加，客神騎著白馬重演降服的儀禮，並且獻白鷺之舞，此事見於周廟歌《詩經‧周頌》諸篇。殷時，降殷的各服屬部族或許也行同樣的事。」〔註34〕而祭祀權之掌握與王朝進行巡守之關係若何？〈堯典〉載舜時：

> 歲二月，東巡守，至于岱宗，柴；望秩于山川。肆覲東后。協時、月，正月；同律、度、量、衡。修五禮，五玉，三帛，二生，一死，贄。如五器，卒南復。五月，南巡守，至于南岳，如岱禮。八月，西巡守，至于西岳，如初。十有一月，朔巡守，至于北岳，如西禮。

孟子云：「巡守者，巡可守也。」崔述云：「朝覲巡守之制，始於舜也，自堯以前，聖帝迭興，其時亦必有朝覲巡守之事，但尚未有定制，至舜而後垂為帝典。」〔註35〕舜之後即為夏王朝，〈堯典〉為戰國時人總三代之事，舜巡守既能「同律、度、量、衡」，於其服屬之祭祀權不知是否有與奪之關係？顧炎武《日知錄‧秦紀會稽山刻石條》云：「秦始皇刻石凡六，皆舖張其滅六王并天下之事……然則秦之任刑雖過，而其坊民正俗之意固未始異於三王也。」其坊民正俗乃藉巡守刻石為之，此正和黃帝「行國」或三代之「陟方」相同，最大之不同恐在於秦以一西方部族在統一中國之後，藉帝力之及將各民族地方之宗教祭祀搏揉為國家宗教之祀典。

《史記‧封禪書》總秦帝國之祠祀云：

> 秦并天下，令祠官所常奉天地名山大川鬼神所得而序也。
>
> 自殽以東，名山五，大川祠二：曰太室、恆山、泰山、會稽、湘山；水曰濟，曰淮。春以脯酒為歲禱，因泮凍，秋涸凍，冬賽禱祠，其

〔註32〕見《中國中古思想史長編》第六章〈統一帝國的宗教〉，頁508。胡適紀念館印行，1971年2月。

〔註33〕殷商岳神崇拜及甲骨字形分期演變，見《殷商羌族及岳神芻議》第四章〈殷商之岳神〉，王蔚著，國立臺灣師範大學國文研究所碩士論文，民國77年6月。

〔註34〕見《中國神話》，頁22，王孝廉譯，長安出版社，1986年。

〔註35〕見《史記會注考證‧五帝本紀》：「舜……五歲一狩將群后四朝」句考證引。

牲用牛犢各一，牢具珪幣各異。

自華以西，名山七，名川四：曰華山、薄山、岳山、岐山、吳岳、鴻冢、瀆山。水曰河，祠臨晉；沔，祠漢中；湫淵，祠朝那；江水，祠蜀。亦春秋泮涸禱賽，如東方名山川，而牛犢牢具珪幣各異。

而四大冢鴻、岐、吳、岳皆有嘗禾。陳寶，節來祠。其河加有嘗醪。此皆在雍州之域，近天子之都，故加車一乘，騮駒四。灞、產、長水、灃、澇、涇、渭皆非大川，以近咸陽，盡得比山川祠，而無諸加。汧、洛、二淵、鳴澤、蒲山、嶽嶓山之屬，爲小山川，亦皆歲禱賽泮涸祠，禮不必同。

而雍有、日、月、參、辰、南北斗、熒惑、太白、歲星、塡星、二十八宿、風伯、雨師、四海、九臣、十四臣、諸布、諸嚴、諸逑之屬，百有餘廟。西亦有數十祠。

於湖有周天子祠。於下邽有天神。豐鎬有昭明，天子辟池。於社亳有三社主之祠，壽星祠。而雍菅廟亦有杜主。杜主，故周之右將軍，其在秦中，最小鬼之神者，各以歲時奉祠。

唯雍四時，上帝爲尊。其光景動人民，唯陳寶。故雍四時，春以爲歲禱，因泮凍，秋涸凍，冬塞祠。五月嘗駒，及四仲之月祠，若月祠，陳寶節來一祠。春夏用騂，秋冬用駵，時，駒四匹，木禺龍，欒車一駟，木禺車馬一駟，各如其帝色。黃犢羔各四，珪幣各有數，皆生瘞埋，無俎豆之具。

三年一郊，秦以冬十月爲歲首，故常以十月上宿郊見，通權火，拜於咸陽之旁，而衣上白，其用如經祠云，西畤、畦畤，祠如其故，上不親往。諸此祠，皆太祝常主，以歲時奉祠之。

至如他名山川諸鬼及八神之屬，上過則祠，去則已。郡縣遠方神祠者，民各自奉祠，不領於天子之祝官，祝官有秘祝，即有菑祥，輒祝祠，移過於下。

以上即秦帝國之祀典，《考證》引徐孚遠曰：「以上敘秦諸祠，或經，或不經，皆無貶詞，以漢所仍多也」。眞是一語中的，漢初立，忽忽不暇，不只祠祀方面，官制亦然，《漢書・百官公卿表》云：「秦兼天下，建皇帝之號，立百官之職。漢因循而不革，明簡易，隨時宜也，其後頗有所改」。以掌宗廟禮儀之奉常一名爲例，至景帝中平六年始更爲太常。

　　帝國祀典似是繁頤，然而其綱領至簡，即：「天地名山大川鬼神」，《尚書·堯典》記：「帝曰：『咨！四岳。有能典朕三禮？』僉曰：『伯夷』。帝曰：『俞咨！伯。汝作秩宗。夙夜惟寅，直哉惟清。』」《漢書·百官公卿表》云：「伯夷作秩宗，典三禮。」應劭云：「伯夷，臣名也。典天神、地祇、人鬼之禮也。」三禮，《集解》引馬融云：「天神、地祇、人鬼之禮。」是三禮可謂祀典內容總稱。

第三章　秦帝國宗教

第一節　秦人祀天

　　《史記‧封禪書》引《周官》曰:「周公既相成王,郊祀后稷以配天,宗祀文王於明堂以配上帝」;《國語‧魯語》曰:「天子祀上帝,諸侯會之受命焉。諸侯祀先王、先公,卿太夫佐之受事焉。」《禮記‧王制》曰:「天子祭天地,諸侯祭社稷,大夫祭五祀。」〔註1〕據乎此則天子祭天爲古代天子行使其權力之表現,亦即是透過祭天之「儀」藉以象徵其「禮」之正當性基礎,〔註2〕立春之日,天子以元日祈穀于上帝,幾乎爲後世諸朝所奉行,除一般例行性定制外,即「天子將出類乎上帝,宜乎社、造乎禰」,「天子將出征類乎上帝,宜乎社,造乎禰,禡於所征之地。」《左傳》所謂「國之大事在祀與戎」於此可充分顯示,若從「祀」之方面而言,則祭天又其要者,此無他,因「天是宇宙中的最高權威,人世間的統治者必須得到天命,才擁有其正當性。得天命者,可以體察天之曆數,制定人間曆法。通過頒定曆法,以規範其施政與

〔註1〕天與帝指同一位至高神,此《詩》、《書》中所常見之周人觀念,今人李杜稱爲「天帝一神觀」,見《中西哲學思想中的天道與上帝》第二章第三節,聯經出版事業公司,1991年。

〔註2〕「禮」與「儀」之區分如《左傳》昭公五年:「晉侯謂女叔齊曰:『魯侯不亦善於禮乎?』對曰:『魯侯焉知禮?』公曰:『何爲?自郊勞至於贈賄,禮無違者,何故不知?』對曰:『是儀也,不可謂禮。禮所以守其國,行其政令,無失其民者也』。」錢穆於《國史大綱》云:「禮本爲祭儀,推廣而爲古代貴族階級間許多種生活的方式和習慣。」廣義而言,禮所講究爲自律之禮意,而儀爲彰顯禮意之外在形式。

人民生活，並通過祭祀以祈福于天。」〔註3〕對於以上之解釋，其適用性是否因群眾之組織型態爲部落、城邦抑或是封建國家而有別？核證此疑問並不難，若涉及政權之正當性抑或所謂正統性質疑時，祭天之權利無疑爲昭告政權合法之最有利說明。

關於秦帝國建立前，祭天之記載主要保留於《史記・秦本紀》、〈秦始皇本紀〉及〈封禪書〉中，今作成一表如下：〔註4〕

帝	時	立 時 者
白 帝	西 時	秦襄公（777～766B.C.）
	鄜 時	秦文公（765～716B.B.）
	畦 時	秦獻公（384～362B.C.）
青 帝	密 時	秦宣公（675～664B.C.）
黃 帝	上 時	秦靈公（424～415B.C.）
炎帝（赤）	下 時	

以上立時記載起於襄公，「周東徙雒邑，秦襄公攻戎救國，始列爲諸侯。秦襄公既居西垂，自以爲主少皞之神，作西時，祠白帝，其牲用騮駒、黃牛羝羊各一云。」其後「文公夢黃蛇自天下屬地，其口止於鄜衍，文公問史敦，敦曰：『此上帝之徵，君其祠之。』於是作鄜時，用三牲祭白帝焉。」而後「秦宣公作密時於渭南，祭青帝。」又二百五十年後，「秦靈公作吳陽上時，祭黃帝；作下時、祭炎帝。」再後「櫟陽雨金，秦獻公自以爲得金瑞，故作畦時櫟陽，而祀白帝。」（以上秦之作時祀帝見〈封禪書〉）

秦祭天於時，揆諸《史記》，起源於襄公，是〈秦本紀〉載：「周幽王用褒姒廢太子，立褒姒子爲適，數欺諸侯，諸侯叛之。西戎、犬戎與申侯伐周，殺幽王酈山下，而秦襄公將兵救周，戰甚力有功。周避犬戎難，東涉雒邑，襄公以兵送周平王。平王封襄公爲諸侯，賜之岐以西之地曰：『戎無道，侵奪我岐豐之地，秦能攻逐戎，即有其地，與誓封爵之。』襄公於是始國，與諸侯通使聘享之禮，乃用騮駒黃牛羝羊各三、祠上帝西時。」如上引〈封禪書〉載襄公救周之事，瀧川資言《考證》引徐孚遠曰：「神靈之祠多秦所興，故敘周室東遷以啓其事。」徐氏之言未爲允確，襄公因攻戎救周而列爲諸侯，此

〔註3〕見《中國古代的國家概念及其正當性基礎－500B.C.～8A.D.》，頁 21，王健文著，國立台灣大學歷史學研究所博士論文，中華民國 80 年 5 月。
〔註4〕同前，頁 107。

除證實秦人勢力強盛外，其國際地位之提昇亦爲值得注意者。

另一段記載襄公祭天載於〈十二諸侯年表〉：「（襄公八年）初立西畤祠白帝。」是以有關襄公所祀，〈秦本紀〉作上帝，而〈封禪書〉、〈十二諸侯年表〉載作白帝，由此遂有二問，一、上帝與白帝是否爲一，而爲秦人所祀之最高神；二、上帝與白帝若非同尊，則其關係如何？〈六國年表序〉：「太史公讀秦記，至犬戎敗幽王，周東徙雒邑，秦襄公始封爲諸侯，作西畤，用事上帝，僭端見矣，《禮》曰：『天子祭天地，諸侯祭其域內名山大川。』今秦雜戎翟之俗，先暴戾後仁義，位在藩臣而臚於郊祀，君子懼焉。」由此可知，太史公依「正名」之角度出發，批判秦人僭越之禮，是以關注焦點或不在所祀對象，而秦襄公所祀之天，據《考證》云：「是與天子南郊祭天者異，蓋依土俗祭祀耳，此時秦襄公始封，豈可有覬周之事，自漢武帝封禪，儒生方士，附會爲說，史公亦爲其所誤也。」瀧川資言乃以秦人祭天爲一地方性祭祀而不必與周天子祭天之禮同，然而此說實亦不妨視上帝或白帝爲秦人之最高神也。

白帝之祀除襄公外，文公、獻公亦皆曾祀之，文公之祀白帝，事涉神誕，〈封禪書〉曰：「文公夢黃蛇自天下屬地，其口止於鄜衍，文公問史敦，敦曰：『此上帝之徵，君其祠之。』於是作鄜畤，用三牲祭白帝焉。」至於獻公事則起於櫟陽雨金，「秦獻公自以爲得金瑞，故作畦畤櫟陽，而祀白帝。」

青帝之祭，起於宣公作密畤於渭南。其後至靈公時，於吳陽作上畤祭黃帝；作下畤祭炎帝。上下畤可能依從雍旁吳陽武畤而分。〔註5〕

以上爲四帝（白、青、黃、炎）之祭，此外尚有不言所祀，而實爲祭天之禮者，〈封禪書〉：「秦德公既立，卜居雍。後子孫飲馬於河，遂都雍，雍之諸祠自此興，用三百牢於鄜畤。」〈秦本紀〉則云：「德公元年，初居雍城，大鄭宮，以犧三百牢祠鄜畤，卜居雍，後子孫飲馬於河。」此中不特指所祀何帝，文公曾於鄜畤祀白帝，德公或依或違，史無明載不可確知，然所謂「三百牢」者，司馬貞《索隱》曰：「德公元年，以犧三百祠鄜畤，今案百當爲白，秦君西祀少昊畤，牲尚白，秦諸侯也，雖奢侈祭郊，本特牲，不可用三百牢以祭天，蓋字誤耳。」若依郊天禮制加以考慮，則百當作白，然而謂秦俗祀用之牲尚白，則又有不必然，因襄公自以爲主少皥之神，其犧牲用騮駒、黃牛、羝羊，並無尚白之徵，由司馬貞之詮釋遂引出另一問題，即司馬貞將後

〔註5〕《索隱》言：「雍旁有故吳陽武畤，今蓋因武畤又作上下畤，以祭黃帝、炎帝。

來之五行觀念運用於解釋秦人祭祀之犧牲上，以至於爲言秦人犧牲「尚白」。按《孔子家語・五帝》孔子答季康子問五帝曰：「昔丘也聞諸老聃曰：『天有五行，水火金木土，分時化育，以成萬物，其神謂之五帝，古之王者，易代而改號，取法五行，五行更王，終始相生亦象其義，故其爲明王者而死配五行，是以太皞配木，炎帝配火，黃帝配土，少皞配金，顓頊配水』。」或許因「少皞配金」，而襄公自以爲主少皞之神而祀白帝，又獻公因櫟陽雨金而祀白帝，由此遂得出秦人犧牲尚白之結論，然須注意者，《孔子家語》中之五帝觀念，分明是整齊秦漢以來之陰陽五行思想，由後起之觀念逆溯古人用事當然不免有誤，另一方面就時間而論，縱然獻公與陰陽五行之創始者鄒衍同爲西元前四世紀之人，然而獻公早鄒衍約有數十年，〔註6〕由於此事旁涉陰陽五行觀念之生成演變，在此不贅敘。

關於秦帝國建立以前之祭天活動大抵如上所示，然而須特別注意者有數端：

一、秦人祭祀天帝雖明載者爲始軔於襄公，然祭天之儀自古而有，如秦地「雍旁故有吳陽武畤，雍東有好畤，皆廢無祠。或曰：『自古以雍州積高神明之隩，故立畤，郊上帝。諸神祠皆聚云。』蓋黃帝時嘗用事。雖晚周亦郊焉。其語不經見，搢紳者不道。」（〈封禪書〉）古之黃帝是否曾用事，抑或晚周時期是否將其列入祀典，不可確知，然古時祭壇遺跡當不可掩其祭祀事實，至於爲何因「雍州積高神明之隩，故立畤」，此或因其地勢較高而可爲神明昇降之處所。〔註7〕

二、凡秦人所祠帝之所在皆立畤，許慎《說文》：「畤，天地五帝所基址祭地，从田寺聲。右扶風有五畤，好畤、鄜畤，皆黃帝時祭，或曰秦文公立也。」又《說文段註》：「畤不見於經，秦人因周制，挑五帝於四郊，依附爲之，挑字音譌，遂製畤字耳。」〔註8〕又朱駿聲

〔註6〕見《兩漢思想史》卷二，頁 5～8 之說明。徐復觀著，臺灣學生書局，1989年 5 月。

〔註7〕張光直云：「卜辭中有王陟山的記載："壬申卜：王陟山"？（《遺922》）這也許僅指王登山，不一定上山去陟帝。事實上卜辭中陟降兩字都從阜，意指足跡通過山阜而昇降，這已經很清楚的表現了山阜在殷商巫覡作業中的重要性。」是以「積高神明之隩」應當指其具有通神之能力。見同第二章註20，頁 53。

〔註8〕畤字秦時已有，且始皇時僅四帝，待劉邦自居黑帝而足五，段注是以後來觀念附會之。

《通訓定聲》：「按此字（時）秦所製，秦之祭時即古之郊祭也。」段玉裁及朱駿聲二人皆謂時字爲秦人所製，段氏且謂時不見於經，今人淩純聲於〈秦漢時代之畤〉一文中已駁其非，同時淩氏以「聖地」觀念指出：中國古代祭祀神鬼所在的聖地，〔註 9〕如《墨子・明鬼篇》所云：「燕之有祖，當齊之社稷，宋之桑林，楚之有雲夢也。」其中之「祖」、「社稷」、「桑林」、「雲夢」皆爲祭祀神衹之聖地，而關中秦雍之地，則又多別稱爲畤，「燕之祖，齊之社，當秦之畤，三者不僅形制和功用相同，且音亦近似，或因方言不同而稍有差異耳。」

　　是以時之功能爲祭祀，然而所祀或又不僅如《說文段註》所云僅是「祧五帝於四郊」或朱駿聲《通訓定聲》所云「秦之祭時即古之郊祭」，毋寧或爲遍祭諸神，不過天帝爲諸神之大者，而百神或百神之祀，則淵源已久：

　　《書・堯典》：「望於山川，遍于群神，班瑞于群后。」

　　《史記・封禪書》：「有天下者祭百神。」

　　《周禮・春官大宗伯》：「以血祭祭社稷、五祀、五岳、以貍沈祭山林川澤，以疈辜祭四方百物。」〔清・孫詒讓正義引金鶚云：「磔禳四方，皆有百物之神，或有爲屬者，故磔牲以禳之。」

　　《禮記・祭法》：「四坎壇，祭四方也。」鄭註：四方即謂山林川谷丘陵之神而已。

　　《楚辭・離騷》：「巫咸將夕降兮，懷椒精而要之。百神翳其備降兮，九疑繽其並迎。」〔註 10〕

若然，則時不當視爲僅祀天之地而已。

　　三、秦帝國統一前，所祀上帝爲白、青、黃、赤四帝，其中並無次第之序，而五帝之數要待劉邦自居黑帝而足，《漢書・郊祀志》載劉邦問：「天有五帝，而四，何也？」，所問不知，劉邦遂謂：「乃待我而具五也」。〔註 11〕是

〔註 9〕　〈秦漢時代之畤〉，淩純聲著，《中央研究院歷史語言研究所集列》第十八期，1964。

〔註 10〕「群神」或「百神」之祭可參〈花山壁畫的民俗神話學研究〉一文，收在《黑馬──中國民俗神話學文集》一書，蕭兵著，時報文化出版企業有限公司，1991 年 3 月。

〔註 11〕關於秦人何以只祀青黃赤白四帝而獨缺黑帝，胡適、錢穆皆主何焯說法：「秦自以水德當其一」，此說如成立，則襄公、獻公時祀白帝又當何解，若謂始皇時方如此，而始皇其心比天高，由其制帝號可知，是以何焯之說僅能聊備一

以段玉裁釋時字時曰：「時不見於經，秦人因周制，祧五帝於四郊，依附爲之，祧字音譌，遂製時字可耳。」其中秦人是否因周制，尚有可議，而祧五帝顯然爲非，是將後起之五帝說法想當然耳依附於秦人祀天上。

第二節　秦皇與方士

一、「皇帝」之神人二重性格

　　戰國末年以來，各國民心祈向大一統之風氣已成趨勢，〔註12〕始皇廿六年平齊後，結束春秋以來征伐頻繁之時代，下開帝國體制之政治型態。孔子云：「天下有道則禮樂征伐自天子出；天下無道則禮樂征伐自諸侯出。」（《論語·季氏》）孔子之嘆正點出春秋後期，政權不斷下移之局面，文武所封既眾，宗親疏遠，相攻如仇，諸侯戰事不休，天子弗能約束。

　　戰禍之酷，使人慨歎春秋以下，而知封建體制凋敝日爲禍之烈也，終於郡縣之制經廷議而施行，然須說明者爲：

> 秦之有縣，早在春秋之世。雖然這些縣的性質，我們並不完全瞭然，但是商鞅變法，集小都鄉邑爲縣，縣置令丞。這些縣毫無疑問已經是秦政中央集權化的一部分。後來秦疆日擴，新獲的土地必置郡。惠文王十年（西元前328年）從魏獲上郡；後九年伐蜀，置蜀郡；十三年攻楚漢中，置漢中郡；昭襄王二十九年（西元前278年）攻楚取郢爲南郡；三十年取楚巫郡及江南爲黔中郡；三十五年，初置南陽郡；其後莊襄王又曾置三川郡、太原郡；秦王政置東郡、穎川郡和會稽郡。可見郡縣制實是秦一統天下以前的舊法。秦始皇決定行郡縣不過是舊法的延續。〔註13〕

格，倒不如認爲五帝觀念爲逐漸演化，至漢而成熟。胡適一文見第二章註32，頁493。錢穆一文見《兩漢經學今古文平議》所收〈周官著作時代考〉，頁292，東大圖書股份有限公司，1989年11月。

〔註12〕依當時社會背景而言，此爲唯一選擇，賈誼〈過秦〉已作出思考，講史者亦以爲共識，而側重角度或有不同，錢穆以游士之思想自由而論，見《國史大綱》上冊，頁88～89，臺灣商務印書館，1982年12月；而楊寬之說法側重社會動盪面，見《戰國史》下冊，頁466～469，谷風出版社，1986年9月。

〔註13〕見〈中國皇帝制度的建立與發展〉一文，頁50，收入《秦漢史論稿》，邢義田，東大圖書公司，1987年6月。

所謂「舊法的延續」亦當是旰衡帝國初立之情勢而定，當時「丞相綰等言：『諸侯初破，燕齊荊地遠，不爲置王，毋以塡之，請立諸子，唯上幸許。』始皇下其議於群臣，群臣皆以爲便。廷尉李斯議曰：『周文、武所封，子弟同姓甚眾，然後屬疏遠，相攻擊如仇讎，諸侯更相誅伐，周天子弗能禁止。今海內賴陛下神靈，一統皆爲郡縣。諸子功臣，以公賦稅重賞賜之，甚是易制，天下無異意，則安寧之術也，置諸侯不便。』始皇曰：『天下共苦戰鬥不休，以有侯王，賴宗廟天下初定，又復立國，是樹兵也，而求其寧息，豈不難成，廷尉議是。』分天下爲三十六郡。〔註14〕

　　然而廢封建行郡縣非僅是秦之舊法，廣泛而言春秋以來不乏其例，是以顧炎武曰：

> 《漢書‧地理志》言秦并兼天下，以爲周制微弱，終爲諸侯所喪，故不立尺土之封，分天下爲郡縣，後之文人祖述其說，以爲廢封建立郡縣，皆始皇之所爲也……（實）則當春秋之世，滅人之國者，固已爲縣矣……（且）當七國之世，而固已有郡矣……安得謂至始皇而始罷侯置守也。〔註15〕

可知行郡縣有其社會基礎，亦可說爲往後統一帝國，作爲體制之確定模式，丞相王綰之建議或爲儒者徇周制之傳統。〔註16〕行郡縣制之好處爲直接加強中央對地方之控制，李斯曰：「昔者五帝，地方千里，其外侯服夷服，諸侯或朝或否，天子不能制，今陛下（始皇）興義兵誅殘賊，平定天下，海內爲郡縣，法令由一統，自上古以來未嘗有。」此言不能全視爲面諛之詞，實有其歷史背景之根據。

　　自古未嘗有之帝國體制，造就「皇帝」一人之地位亦爲古所未有，「皇帝」一名創自始皇，先秦諸國之最高領導無有稱皇帝者，率多稱天子或王，由此表示其爲現世政治社會之領導地位，其權力在現世秩序內，非超越秩序而存在，然而「皇帝」一詞爲因應新社會之來臨，必要有相應之解釋內涵，「皇」字代表君主之地位接近上帝；而「帝」字比之當代君主之「王」更爲優越，於是「皇帝」便超越向來之「王」而升格爲天下之絕對統治者，然又可不與

〔註14〕 以上廷議封建、郡縣見《史記、秦始皇本紀》。
〔註15〕 見《日知錄》卷二十三，「郡縣條」，文史哲出版社，1979 年 4 月。
〔註16〕 王綰之建議不全然爲非，秦與周皆起於西方，而東進拓殖，然而此僅爲貌似，因宗法已廢，封建豈能施行，且此與秦以法立國，政權劃一之法家祈向不符。見同註12，頁49。

神格之上帝完全混合，依然爲人間世之存在，兼具「天子」之性質。自此後，皇帝稱號便爲中國歷代主權者所用，而爲定制。〔註17〕

統治政權之代表乃是建立在聖與俗之二元基礎上，茲對「皇帝」此種神人二重性格略加說明。《國語・楚語》記載周時政教有分之情況：

> 昭王問於觀射父曰：「《周書》所謂重黎是使天地不通者，何也？若無然，民將能登天乎？對曰：「非此之謂也。古者民神不雜。民之精爽不攜貳者，而又能齊肅衷正，其智能上下比義，其聖能光遠宣朗，其明能光照之，其聰能聽徹之，如是則明神降之，在男曰覡，在女曰巫。是使制神之處位次主，而爲之牲器時服，而後使先聖之後之有光烈，而後知山川之號、高祖之主、宗廟之事、昭穆之世、齊敬之勤、禮節之宜、威儀之則、容貌之崇、忠信之質、禋絜之服，而敬恭明神者，以爲之祝。使名姓之後，能知四時之生、犧牲之物、玉帛之類、采服之儀、彝器之量、次主之度，屏攝之位、壇場之所、上下之神，氏姓之出，而心率舊典者爲之宗。於是乎有天地神民類物之官，是謂五官，各司其序，不相亂也。民是以能有忠信，神是以能有明德，民神異業，敬而不瀆，故神降之嘉生，民以物享，禍災不至，求用不匱。及少皞之衰也，九黎亂德，民神雜糅，不可方物。夫人作享，家爲巫史，無有要質。民匱於祀，而不佑其福。烝享無度，民神同位。民瀆齊盟，無有嚴威。神狎民則，不蠲其爲。嘉生不降，無物以享。禍災薦臻，莫盡其氣。顓頊受之，乃命南正重司天以屬神，命火正黎司地以屬民，使復舊常，無相侵瀆，是謂絕地天通。

依以上對話而言，楚昭王所謂「民將能登天乎？」所指爲人民形體能否昇天，而觀射夫之回答顯然乃指「民──神」之間之溝通方法與其價值內涵，透過具有特殊稟賦之巫覡，達成民與神之間一種斷裂的暫時性彌合，箇中尚透露出：民神雜糅、民神同位、神狎民則等皆爲禍災降生之原因，也因此必須民神之間有所區隔乃爲正當，且合乎自然法則之保證。〔註18〕

〔註17〕見〈中國古代統一國家的特質──皇帝統治之出現〉一文，西嶋定生著，收入《中國上古史論文選集》下冊，杜正勝編，華世出版社，1979 年 11 月。又〈中國的元首〉一文，雷海宗著，收入《中國文化與中國的兵》，里仁書局，1984 年。

〔註18〕林安梧曾據此主題作〈絕地天通與巴別塔──中西宗教的一個對比切入點之展開〉一文，載《鵝湖學誌》第四期，1990 年 6 月。

眾所周知，周朝時，天之權威，其宗教性內涵隨著對其加以道德性解釋愈濃而神秘性遞減，《國語‧楚語》上所載是否解釋古代某一時期，宗教權勢下移不再爲特殊人物所把持，而導致禍災頻仍；而南正重與火正黎再將民神剖判，是否暗指爲宗教權勢之重新奪回，亦不可知。

古中國曾經經歷過之民神異位與民神雜糅等階段，其中顯示出中國古代對宇宙之理解，即是將世界分成不同層次，其中主要便是天和地，而將世界分成天、地、人、神等不同層次，與不同層次之溝通，乃是宗教人物之重要任務。〔註19〕其任務內容據《周禮》中「司巫」、「男巫」、「女巫」、「大祝」、「小祝」等之記載可得梗概。政治與宗教之權力在國家體制運作中可以分開隸屬（如《左傳》襄公二十六年云：「苟反（國），政由甯氏，祭由寡人。」昭公七年傳：「下所以事上，上所以共神也」；「侯主社稷、臨祭祀、奉民人、事鬼神。」），但也並不意味著政權與教權不能合一，但由「皇帝」一詞所代表，似乎便是集政教大權於一身之神人二重性格者，而此種性格同樣也反映於宮殿之建築上，始皇以爲：

> 咸陽人多，先王之宮廷小，吾聞周文王都豐，武王都鎬，豐、鎬之間，帝王之都也，乃營作朝宮渭南上林苑中，先作前殿阿房，東西五百步，南北五十丈，上可以坐萬人，下可以建五大旗。周馳爲閣道，自殿下直抵南山，表南山之顚以爲闕，爲復道，自阿房渡渭，屬之咸陽，以象天極閣道，絕漢抵營室也。

《三輔黃圖》云：

> 始皇窮極奢侈，築咸陽宮，因北陵營殿，端門四達，以則紫宮，象帝居。渭水貫都，以象天漢。橫橋南渡，以法牽牛。〔註20〕

於此進一步說明：

> 《三輔舊事》云：「秦於渭南有興宮，渭北有咸陽宮，秦昭王欲通二宮之間，造橫橋長三百八十步。」觀乎此，則仿天象的建築格局，其規模大致在昭王時已奠定，只是秦始皇時也許更進一步有意識地增建各項設施。〔註21〕

〔註19〕此爲中國古代對宇宙圖式之思維，見《考古學專題六講》，頁4，張光直，稻鄉出版社，1988年9月。討論天人社會互動關係，且多偏其社會實踐面者，可參《天、人、社會——試論中國傳統的宇宙認知模型》一書，呂理政，中央研究院民族學研究所，1990年3月。

〔註20〕據《百部叢書集成》平津館叢書本。

〔註21〕同註3，頁128。

始皇營城之施爲正在於將王城視爲一宇宙縮影與象徵，此種措施非秦始皇以前諸王所能爲，當然亦非《三輔黃圖》一句「窮極奢侈」所能體會秦皇以人擬神之企圖。〔註22〕

二、方士性格

漢初司馬季主云：

> 公見夫談士、辯人乎？慮事定計，必是人也。然不能以一言說人主意，故言必稱先王，語必道上古。慮事實計，飾先王之成功，語其敗害，以恐喜人主之志，以求其欲。多言誇嚴，莫大於此矣。〔註23〕

然而何必談士、辯人等縱橫家者流，方士、術士者亦莫不然，雖眩人耳目，聳人聽聞之內容稍有或異，而多言誇嚴之法則同。

始皇因徐市、盧生之徒求仙耗費而不得藥且誹謗之，遂於咸陽阬犯禁之諸生四百六十餘人，此事爲眾所知，然始皇長子扶蘇曾諫曰：「天下初定，遠方黔首未集，諸生皆誦法孔子，今上皆重法繩之，臣恐天下不安，唯上察之。」雖此事使扶蘇被懲北監蒙恬於上郡，然而其中透露出一訊息，即始皇因諸方士而怒阬諸生，又扶蘇諫言中稱「諸生皆誦法孔子」，則秦時或戰國以來之術士其性格如何？《韓非子·顯學》云：

> 世之顯學，儒墨也。儒之所至，孔丘也。墨之所至，墨翟也。自孔

〔註22〕始皇建築法天象，此與古代星象分野之觀念有關，《周禮，春官保章氏》云：「保章氏當天星，以志星辰日月之變動，以觀天下之遷，辨其吉凶。以星土辨九州之地，所封封域，皆有分星，以觀妖祥。」《詩·大雅·靈台》鄭注：「天子有靈台，所以觀祲象、察氣之妖祥也。」是天子藉巫師於靈台察天象以知人事休咎，天象人事既有符應關係，始皇建築取象紫宮，隱然以太一天帝自居。《漢書·高帝紀》載：「蕭何治未央宮，立東闕、北闕、前殿、武庫、大倉。上（劉邦）見其壯麗，甚怒，謂何曰：『天下匈匈，營苦數歲，成敗未可知，是何治宮室過度也！』何曰：『天下方未定，故可因以就宮室。且夫天子以四海爲家，非令壯麗亡以重威，且亡令後世有以加也。』上說。」劉邦等起自民間，未曉始皇治宮室意，徒以誇艷侈麗，王夫之《讀通鑑論》卷二云：「蕭何曰：『天子以四海爲家，非壯麗無以示威。』其言鄙矣，而亦未嘗非人情。游士之屨，集於公卿之門，非必其能貴之也；蔬果之饋，集於千金之室，非必其能富之也。釋、老之宮，飾金碧而奏笙鐘，媚者匍伏以請命，非必服膺於其教也，莊麗動之耳。愚愚民以其榮觀，心折魂慫而戢其異志，抑何爲而不然哉！特古帝王用之之懷異耳。」王夫之可謂能懂環境心理學，若其知道始皇之用心，不知又惹來多少議論。

〔註23〕《史記·日者列傳》

子之死也，有子張之儒，有子思之儒，有顏氏之儒，有孟氏之儒，
有漆雕氏之儒，有仲良氏之儒，有孫氏之儒，有樂正氏之儒。自墨
子之死也，有相里氏之墨，有相夫氏之墨，有鄧陵氏之墨，故孔、
墨之後，儒分爲八，墨離爲三，取舍相反不同，而皆自謂眞。孔墨
不可復生，將誰使定世之學乎？

〈儒效〉云：

故有俗人者，有俗儒者，有雅儒者，有大儒者。不學問，無正義，
以富利爲隆，是俗人者也，逢衣淺帶，解果其冠，略法先王而足
亂世術，繆學雜舉，不知法後王而一制度，不知隆禮義而殺詩書，
其衣冠行僞，已同於世俗矣，然而不知惡者。其言議談說，已無
以異於墨子矣，然而明不能別，呼先王以欺愚者而求衣食焉，得
委積足以揜其口，則揚揚如也。隨其長子，事其便辟，舉其上客，
僱然若終身之虜而不敢有他志，是俗儒者也。法後王，一制度，
隆禮義而殺詩書，其言行已有大法矣，然而明不能齊法教之所不
及，聞見之所未至，則不能類也。知之曰知之，不知曰不知。內
不自以誣，外不自以欺，以是尊賢畏法而不敢怠傲，是雅儒者也。
法先王，統禮義，一制度，以淺持博，以古持今，以一持萬，苟
仁義之類也，雖在鳥獸之中，若別白黑。倚物怪變，所未嘗聞也，
所未嘗見也。卒然起一方，則舉統類而應之，無所儗怎；張法而
度之，則晻然若合符節，是大儒者也。

〈顯學篇〉所言儒墨兩家之分化情形可從韋伯「卡理斯瑪共同體的興起及繼
承問題」之角度加以考察，韋伯指出：

卡理斯瑪支配的特質特別和日常生活的例行結構無法共容。卡理斯
瑪支配的社會關係全然是私人性的，是以個人人格的卡理斯瑪特質
的妥當性和實踐爲基礎。如果卡理斯瑪支配希望維持一個持久性的
關係，一個由門徒或跟隨者組成的「共同體」，或一個政黨組織，而
不只是一個過渡中的現象，那麼卡理斯瑪支配的基本特質必須加以
改變。我們可以肯定地說：卡理斯瑪支配只能存在於初始階段（in
statu nascendi），它無法長久維持穩定。它終就會被傳統化或理性
化，或兩者的連結所轉化。〔註24〕

〔註24〕見《支配的類型》一書，頁 77，韋伯（Max Weber）著，康樂編譯，允晨文

儒之所至──孔子與墨之所至──墨翟死後，家派紛披，趣舍萬殊，孔、墨當時儼然是一「卡理斯瑪型」之共同體，然而共同體之繼承問題也不必然是其關注所在，特流衍日久遂生如專向「倚物怪變」之俗儒，又此俗儒與方士何涉？今人陳槃指出：

> 方士之思想，性行，綜而論之，特異之點，厥有五端，一者，雜學；二者，以儒學文飾；三者，游『方』與『阿諛苟合』；四者，侈言實驗，不離『怪迂』；五者，詐偽是也。〔註25〕

凡此五端則方士之性格特徵明矣，關於其中第二點「以儒學文飾」，《亢倉子・君道篇》曰：

> 今夫小人多誦經籍方書，或學奇技通說，而被以青紫章服，使愚者聽而眩之，正爲君子。明者聽而眩之，乃小人也。

陳槃又指出：

> 戰國以後之方士，其中必有若干份子爲孔荀一派之儒者，但此輩已同化於方士，則當以方士視之。其實已與方士無殊矣，而稱說儒事，託名儒籍，則通謂其以儒學文飾，無不可也。〔註26〕

由於「先秦士這一階層有兩大來源，一部份是從舊的"封建"制中游離出來的沒落貴族；一部份則是由社會下層浮上去的庶民。無論是貴族下降或庶民上升，他們到了戰國的中晚期都已貧窮不堪」，〔註27〕相信屬於方士此一階層也難逃此大時代之困厄。雖然《荀子・非十二子》中大肆批判撻伐：

> 今之所謂士仕者，汙漫者也，賊亂者也，恣睢者也，貪利者也，觸抵者也，無禮義而唯權勢之嗜也。……今之所謂處士者，無能而云能者也，無知而云知者，利心無足而佯無欲者也，行偽險穢而強高言謹愨者也，以不俗爲俗，離縱而跂訾者也。

荀子之道德批判指出當時部分知識分子沈淪於貪利與嗜勢，然而若問其成因爲何？李斯曾云：

> 詬莫大於卑賤，而悲莫甚於窮困。久處卑賤之位，困苦之地，非世

化實業股份有限公司，1985 年 6 月。

〔註25〕見〈戰國秦漢間方士考論〉，頁 19，陳槃著，《中央研究院歷史語言研究所集刊》第十七期，1948 年。

〔註26〕同前，頁 36

〔註27〕見《中國知識階層史論》古代篇，頁 82，余英時著，聯經出版事業公司，1984年 2 月。

而惡利，自託於無爲，此非士之情也。（〈李斯列傳〉）

李斯不甘於做「廁中鼠」，當時之士處境「卑賤窮困」者不知有幾？范睢「家貧無以自資」，酈食其「好書，家貧落魄，無以爲衣食業，爲里監門吏。」（史記本傳），誠然荀子剖判「大儒」、「雅儒」與「俗儒」（〈儒教〉）有其正面意義，然而並未能於濁世抑遏干祿之徒，遂而「儒學已尊顯，於是虛僞之徒，有假之以爲進身之階者，則阿諛苟合之方士，是其人也」。〔註28〕

因而儒生與方士之關係，是儒學自有其面目，其道則「憲章文武，祖述堯舜」，非是徒飾以儒服儒冠之士可言，而戰國晚期，游士人數激增，流派品目繁多，挾方技道術求鬻者當然不在少數，〔註29〕況「方士本以游"方"取利，"阿諛苟合"，是其本性，宜其縱橫長短，無所不爲。」故身飾以儒學非常自然。

茲舉其表現之大端，「戰國秦漢間方士說之最流行者，爲求仙、封禪、致太平，及西漢中葉以後之災異說」〔註30〕秦始皇時尤熱衷求仙、封禪。諸方士當時鳩集咸陽者爲數不少，「秦法不得兼，方不驗則死，然候星氣者至二百人，皆良士，畏忌諱諛不敢端言其過。」又咸陽阬殺犯禁者四百六十餘人，同時發謫徙邊者亦恐不在少數，天下諸生西入秦者無他，正如太史公所云：

> 秦并海內兼諸侯，南面稱帝，以養四海，天下之士，斐然鄉風，若是者何也？曰：近古之無王者久矣，周室卑微，五霸既歿，令不行於天下，是以諸侯力政，彊侵弱、眾暴寡，兵革不休，士民罷敝，今秦南面而王天下，是上有天子也，既元元之民，冀得安其性民，莫不虛心而仰上。

戰國末年，宛若一「沈默時代」，諸侯力戰，周室夷陵不復爲天下尊，秦朝一統，確實符合當時一般企盼，此或如錢穆所言：「秦并六國，中國史第一次走上全國大統一的路。此不專因於秦國地勢之險塞，及其兵力之強盛，而最重要的還是當時一般意向所促成。」〔註31〕是以秦帝國之成立，爲搏揉當時諸游士之力而成。至於「天下之士，斐然鄉風」，其中行險徼倖之徒當亦雜溷其中，冀躋利祿之路。

〔註28〕同註25，頁37。
〔註29〕同註25，頁27。
〔註30〕同註25，頁49。
〔註31〕《國史大綱》上冊，頁89。

三、方士之地域性特色

秦始皇求長生之行爲受「東部民族迷信和方士思想的影響最大」，〔註32〕此透露出方士之地域性性格；至於方士之淵源當推及騶衍其人。

> 騶衍睹有國者益淫侈，不能尚德若大雅整之於身，施及黎庶矣，乃深觀陰陽消息而作怪迂之變，終始大聖之篇十餘萬言，其語閎大不經，必先驗小物，推而大之，至於無垠，先序今以上至黃帝，學者所共術，大並世盛衰，因載其機祥度制，推而遠之，至天地未生，窈冥不可考而原也，先列中國名山大川通谷，禽獸水土所殖，物類所珍，因而推之，及海外人之所不能睹，稱引天地剖判以來，五德轉移，治各有宜而符應若茲，以爲儒者所謂中國者於天下乃十一分居其一分耳。中國名曰赤縣神州，赤縣神州內自有九州，禹之序九州是也，不得爲州數，中國外如赤縣神州者九，乃所謂九州也，於是有裨海環之，人民禽獸，莫能相通者，如一區中者乃爲一州，如此者九，乃有大瀛海環其外，天地之際焉。其術皆此類也，然要其歸，必止乎仁義節儉，君臣上下，六親之施，始也濫耳，王侯大人，初見其術，懼然顧化，其後不能行之，是以騶子重於齊。適梁，惠王郊迎執賓主之禮，適趙，平原君側行襒席。如燕，昭王擁彗先驅，請列弟子之座而受業，築碣石宮，身親往師之，作主運，其游諸侯見尊禮如此。（〈孟子荀卿列傳〉）

〈封禪書〉云：

> 騶衍以陰陽主運顯於諸侯，而燕齊海上之方士，傳其術不能通，然則怪迂阿諛苟合之徒自此興，不可勝數也。

司馬遷稱「騶衍之術，迂大而閎辯」，是以齊人頌之曰「談天衍」，此爲其學說特色，在方法上是類推法之運用，所謂「其語閎大不經，必先驗小物，推而大之，至於無垠……推而遠之，至天地未生，窈冥不可考而原也……因而推之，及海外人之所不能睹……。」此種方法若以簡易圖表說明即是。

超具象知識←——具象知識

所謂「無垠」、「窈冥不可考而原」、「人之所不能睹」等均已超出經驗界之

〔註32〕見〈統一帝國的宗教〉，頁 19。專門學術地理之論，見《先秦齊學考》，林麗娥著，臺灣商務印書館，1992 年 2 月。又《前漢五經齊魯學之形成及其影響研究》，江益乾著，國立臺灣師範大學國文研究所博士論文，民國 80 年 5 月。

範疇，或以藝術想像描繪超現實之境界或追問形上世界之根源，是騶衍學說理論上隱含有的終極判斷（所謂隱含在此乃是極保留之意思，因爲現今並無任何騶衍之著作保存下來，使吾人可以得出如上之論證。）同時更可注意者，似乎騶衍並未說明「先驗小物，推而大之」此種思考模式能否逆轉，亦即「由小推大」能否加以說明「由大及小」之關係，此外「推而遠之」、「因而推之」等實際論述內容可惜今已不得而知。〔註33〕然「鄒衍之所以能顯於諸侯且影響及於百世，當然是收集當時薦紳先生所不言的諸遺說而綜其大成。所以要說他的責任或功勞，實際應在於他那組織的工夫。」〔註34〕又〈封禪書〉云：

> 自齊威、宣之時，騶子之徒，論著五德之運，及秦帝，而齊人奏之，故始皇采用之。而宋毋忌，正伯僑、充尚、羨門高最後皆燕人，爲方僊道，形解銷化依於鬼神之事，騶衍以陰陽主運顯於諸侯，而燕齊海上之方士，傳其術不能通，然則怪迂阿諛苟合之徒自此興，不可勝數也。

所謂海上方士傳其術不能通，導致怪迂阿諛苟合之徒大作，實爲騶衍其說本身之弊病，陰陽消息怪迂之變，人持一端均得言之成理，因事遠無據，孰能定其是非，毋怪乎能爲機詐之人所用。至於燕昭王身親受業，爲築碣石宮，當亦有助其說之流傳。〔註35〕

騶衍之學術，「實在包括有天文地理，其於人事，則又幽之有鬼神，明之有仁義。換言之：亦即包括上古的星象律曆巫術方技以及巫教神話傳說……作爲導論，以推銷當時的顯學——亦即儒者之「仁義」與老墨的「節儉」的道理」。〔註36〕司馬遷云：「騶衍睹有國者益淫侈，不能尚德若大雅整之於身，施及黎庶」，若然則「我們懷疑鄒衍的本意或許要把直接觀察自然現象得來的知識來代替那自古以來迷信卜筮的知識；所以他深觀陰陽消息而暢論五行休王的終始。」〔註37〕王夢鷗對騶衍之用心有如上之體會。此外余英時在討論中國古代「哲學的突破」〔註38〕中引《左傳》昭公十八年：

〔註33〕 鄒衍之類推法見謝扶雅〈田駢和騶衍〉一文，收入《古史辨》第五冊。
〔註34〕 見《鄒衍遺書考》，頁14，王夢鷗，臺灣商務印書館，1966年1月。
〔註35〕 見〈戰國學術地理與人才分佈〉一文，嚴耕望著，收入《嚴耕望史學論文選集》，聯經出版事業公司，1991年5月。
〔註36〕 同註34。
〔註37〕 同前，頁15。
〔註38〕 《中國知識階層史論，古代篇》，頁31～38。聯經出版事業公司，1984年2月。

禆竈曰：不用吾言，鄭又將火。鄭人請用之，子產不可。……曰：天
道遠，人道邇。非所及也，何以知之？竈焉知天道？

用以說明從「天道」轉向「人道」之關鍵性發展，按司馬遷所描述，騶衍誠
然有神道設教之意味，然而騶衍當日所傳學說既雜，是以「王侯大人，初見
其術，懼然顧化」，而「其後不能行」，有一例亦可說明此現象，《史記‧封禪
書》云：

武王克殷二年，天下未寧而崩，爰周德之洽維成王，成王之封禪則
近之矣。及後陪臣執政，季氏旅於泰山，仲尼譏之，是時萇弘乃明
鬼神事，設射貍首，貍首者，諸侯之不來者，依物怪欲以致諸侯，
諸侯不從，而晉人執殺萇弘，周人之言方怪者，自萇弘。

《史記會注考證》引錢大昕曰：「萇弘所行，乃是古禮，戰國後禮廢，乃疑其
神怪爾。」〔註39〕〈漢志〉騶衍列陰陽家，而其學說淆雜多方，其說不能行，
豈非亦爲古禮而人不識，此或其原因之一。綜上而言，是司馬遷能上窺騶衍
之用心，明其爲道義計，拯有國者之淪溺，總結整齊古代星象巫卜律曆以爲
用，然而愈後，或眞識者蓋寡，導致燕齊海上之士多未能通其術，甚且流爲
傲倖阿諛苟合之徒，藉鬻方以求富貴。準此而論，騶衍實無須爲其後輩承擔
歷史之責難，只因其學內容駁雜不醇，可資利用之處當然愈多。

　　秦始皇對方士之利用如前引〈封禪書〉所言，可知有齊人所奏論五德之
運之學說，此一部分明言騶子之徒所論著；此外宋毋忌、正伯僑、充尚、羨
門高等爲方僊道，講究形解銷化之長生術。關乎方士求仙之事，始皇二十八
年作琅邪臺立石刻頌秦德，王離等十人相與議於海上，同時齊人徐巿上書言
海中有三神山，蓬萊、方丈、瀛州，僊人居之，〈封禪書〉中載詳此事，言自
齊威宣與燕昭時即已使人求之，始皇并天下，至海上，方士又言之，不可勝
數。故始皇遂其請，遣徐巿發童男女數千人，入海求僊人，然事終不果，二
十九年始皇復游海上，至琅邪，想必是求仙事仍縈懷，三十七年至湘山時並
至海上，冀遇三神山之奇藥。三十二年游碣石，考入海方士（《集解》：服虔
曰：「疑詐，故考之。」）使燕人盧生求羨門、高誓；使韓終、侯公、石生求
仙人不死之藥，始皇考校入海方士後，差遣盧生等人求仙人、仙藥，當是有

〔註39〕除此說法外，萇弘或因其具有方士性格，處政治鬥爭而被殺，見〈上古天文
考——中國古代『天文』之性質與功能〉，江曉原著，《中國文化》第四期，
1991 年 8 月。

可使始皇心服之驗，然而其後盧生、侯生相偕亡去，雖托辭始皇貪於權勢，其實乃懼苛法，恐求仙人、仙藥事不驗，招致禍害故也。而於盧生其人之性格實蛻自道家者流。〈秦始皇本紀〉云：

> 盧生說始皇曰：「臣等求芝奇藥仙者，常弗遇，類物有害之者，方中人主時爲微行，以辟惡鬼，惡鬼辟眞人至，人主所居而人臣知之則害於神。眞人者，入水不濡，入火不熱，陵雲氣，與天地久長，今上治天下，未能恬倓，願上所居宮，毋令人知，然后不死之藥殆可得也。

盧生所描述之眞人與莊子〈大宗師〉、〈齊物論〉等相似，此則道家之神仙說，至於爲求仙藥而促始皇避人臣，此則法家御下之術。戰國以來，道法合流，此爲一證。

第四章　漢帝國宗教

第一節　宗廟制度

一、立廟之源起

　　祖靈崇拜爲古代非常普遍之現象，有人以爲此崇拜型式乃由自然崇拜進到圖騰崇拜再過渡而來，[註1] 此觀點隱含人對自然（物）之認識程序，從而亦透露其所持宗教觀點爲：崇拜對象乃崇拜者自身之對象化，於此先不作宗教之批評，而直接就宗廟祭祀之源起義討論其特徵。

　　《白虎通・宗廟》云：

　　　　宗者尊也，廟者貌也。象先祖之尊貌也。所以有室何？所以象生之
　　　　居也。祭宗廟所以禘祫何？尊人君，貴功德，廣孝道也。位尊德盛，
　　　　所及通遠。謂之禘祫何？禘之爲言諦也，序昭穆，諦父子也。禘者
　　　　合也，毀廟之祖皆合食於太祖也。……禘祫及遷廟何？以其能世世
　　　　繼君之體，持其統而不絕，由親及遠，不忘先祖也。

　　又《白虎通・闕文・宗廟》云：

　　　　王者所以立宗廟何？曰：生死殊路，敬鬼神而遠之，緣生以事死，敬
　　　　亡若事存，故欲立宗廟而祭之，此孝子之心，所以追孝繼養也。宗者，
　　　　尊也；廟者，貌也，象先祖之尊貌也，所以有室何？所以象生之居也。

　　《尙書大傳・洛誥》云：

〔註 1〕 見〈中國古代祖先崇拜的起源與發展──從原始到人文的樞紐〉，王祥齡著，
　　　　　《鵝湖月刊》第十六卷第十一期。

> 廟者，貌也，以其貌言之也。

《釋名‧釋宮室》云：

> 廟，貌也，先祖形貌所在也。

《孝經》（《御覽》卷五三一引）云：

> 宗廟致敬，不忘親也。又曰：爲之宗廟，以鬼享之。宗者，尊也，
> 廟者，貌也，祖之尊貌，所以居中宮何？以爲人死精魂歸乎天，形
> 體不藏，孝之即存，不存即亡，明先祖神死依人也。

《白虎通》所言爲後漢官方對宗廟起源之正統說法，而《孝經》之說法間接引出「形神觀」及「生死觀」等問題，〔註2〕此不討論。以上諸說，對宗廟之解釋，大抵皆同，爲言尊崇敬拜祖先之地，而「廟者，貌也」更揭出擬祖先尊貌之義，《禮記‧祭義》云：「（祭祀之前）致齊於內，散齊於外，齊之日，思其居處，思其笑語，思其志意，思其所樂，思其所嗜，齊三日乃見其所爲齊者。祭之日，入室，僾然，必有見乎其位，周施出戶，肅然，必有聞乎其容聲，出戶而聽，愾然必有聞乎其嘆息之聲。」因此「以其慌惚以與神明交，庶或饗之，庶或饗之，孝子之志也。」〈祭義〉中所述爲我國古代有關宗教心理之寶貴記載。《釋名》所云廟爲先祖形貌所在，意謂當時已有表現祖先形貌之圖象，《楚辭‧天問序》云：

> 屈原放逐，徬徨山澤，仰天歎息，楚有先王之廟及公卿祠堂，圖畫
> 天地、山川、神靈、琦瑋譎詭，及古賢聖怪物行事。周流罷倦，休
> 息其下，仰見圖畫，因書其壁，呵而問之。

能以有形之線條圖畫無形之神靈及怪物行事，可見其神思之琦瑋譎詭，要之，其乃由「圖騰崇拜進至祖先崇拜後，繪圖騰圖象、立圖騰物的遺俗。」〔註3〕而此圖騰或圖象非純表現之游藝作品，乃具神靈之物，前引《孝經》云：「人死精魂歸乎天，形體不藏，存之即存，不存即亡，明先祖神死依人也。」人死精靈不能無所憑依，此清廟茅屋所以立，後漢「李充，遭母喪行服墓次，有人盜其墓樹，充遂手自殺之者。蓋當時之人，多以魂神仍依壚墓，故其所爲如此。」〔註4〕可知此觀念於古代非常普遍。

〔註2〕見〈中國古代死後世界觀的演變〉一文，余英時著，收入《中國思想傳統的
現代詮釋》，聯經出版事業公司，1987 年 8 月。

〔註3〕見《宗廟制度論略》（下），頁 255，龔師鵬程著，《孔孟學報》第四十四期，
1982 年 9 月。

〔註4〕見《秦漢史》下冊，頁 583，呂思勉著，臺灣開明書店。

二、宗廟與昭穆

　　「昭穆之說，不見於傳世之殷商卜辭及兩周銘文，但經傳中屢屢言及。所謂昭穆是指父子世系的一種分類制度。」〔註5〕張光直便指出商王世系中之商王廟號，與周代昭穆制有其相似性。而昭穆制之作爲一種親屬血緣之傳遞關係，其特點在：「一，昭穆顯然爲祖廟的分類；周代先王死後，立主於祖廟，立於昭組抑穆組視其世代而定。周王如用廟號，則必是太王穆、王季昭、文王穆、武王昭一類的稱呼，與康丁、武乙、文丁、帝乙相類。其二，昭穆制的作用，古人明說爲別親屬之序，亦即廟號之分類實代表先王生前在親屬制上的分類。」〔註6〕又云其特徵爲：「1. 照可靠的周代文獻的記載，昭穆制確實盛行於西周的初葉，但西周初葉以後至少還通行於中國的一部分。2. 昭穆制的骨幹是世代之輪流以昭穆爲名，而某人或屬於昭世或屬於穆世，終生不變，如王季爲昭，文王爲穆，武王爲昭，成王爲穆。換言之，宗族之人分爲昭穆兩大群，祖孫屬於同群，父子屬於異群。3. 昭穆制與宗法有關。大宗如果百世不遷，其昭穆世次亦永遠不變，但如小宗自大宗分出，則小宗之建立者稱太祖，其子爲昭世之始，其孫爲穆世之始。4. 昭穆制與祖廟之排列有關。太祖之廟居中，座北朝南，其南有祖廟兩列，"左昭右穆"；換言之，昭世祖先在左，即在東列，穆世者在右，即在西列。昭穆兩列祖廟之數有定，依宗族的政治地位而異。」〔註7〕關乎第一點，《尙書・酒誥》云：「明大命于妹邦，乃穆考文王肇國在西土。」〈洛誥〉云：「予且以多子越御事篤前人成烈，答其師，作周孚先。考朕昭子刑，乃單文祖德。」是周初文獻有以昭穆別世代之記載。及至魯僖公薨，夏父弗忌尊僖公，宣稱「吾見新鬼大故鬼小。先大後小，順也；躋聖賢，明也；明順，禮也。」宗有司以其非昭穆、逆祀反對，〔註8〕夏父云：「我爲宗伯，明者爲昭，其次爲穆，何常之有？」是不顧「工史書世，宗祝書昭穆」之實，執意一刀截斷傳統之流，以其政治實力，使閔僖同代而分居昭穆，夏父所云「新鬼大故鬼

〔註5〕見〈宗廟制度論略〉（上），頁242，龔師鵬程著，《孔孟學報》第四十三期，1982年4月。
〔註6〕見《中國青銅時代・商王廟號新考》，頁188，聯經出版事業公司，1983年4月。
〔註7〕見《中國青銅時代・殷禮中的二分現象》，頁227。
〔註8〕躋僖公逆祀，公羊、左氏看法或不同，「董仲舒說躋僖云，逆祀小惡也。左氏說爲大惡也。」見《春秋左氏傳舊注疏證》，頁485，劉文淇，明倫出版社，1970年9月。

小」其魂魄形神之觀，或別有可據，或爲當時流行新說，總之實與西周以來「以次世之長幼而等冑之親疏」之昭穆制度終不相涉，夏父敢爲曲說，實昭穆制度或與當世漸不呼應。而「明者爲昭，其次爲穆」之說與後世趙宋陸佃所云：「昭穆者，父子之號，昭以明下爲義，穆以恭上爲義，方其爲父則稱昭，取其昭以明下也。方其爲子則稱穆，取其穆以恭上也。」等一爲曲附以遂其私，一爲以今推古而皆著眼於昭穆本身字義以解制度，均不合史實。〔註9〕

其第二點，所謂「宗族之人分爲昭穆兩大群，祖孫屬於同群，父子屬於異群」，所云宗族之人得分爲兩大群，《禮記・大傳》云：「繫之以姓而弗別，綴之以食而弗殊，雖百世而婚姻不通者，周道然也。」此周代宗法下同姓不婚，而前此之氏族時代，諸氏或其先由某一祖迭興衍出，諸氏之間不必有禁婚現象，蓋其不同氏，至若同一圖騰部族則屬禁甚嚴。〔註10〕若然，則昭穆兩大群何由產生？李宗侗解釋道：「方母系社會時，子女皆從其母之圖騰，兩部之第一代若各從其圖騰，則第二代必互換圖騰，至第三代復如第一代。」〔註11〕此即圖騰而外婚之母系偶族（moieties）。

張光直則根據其對殷王室之婚配親屬關係認爲，此或爲王室中政治勢力最大之兩支親族。〔註12〕龔師鵬程主張此乃由父母雙系承嗣制所產生，即王位繼承來自父系，血統得自母系，殷代正處父系逐漸強化之轉型期，是以「至周以後，因婚制變更，父權母篰的情形不復存在，除昭穆制仍形式地遺留了早期制度遺跡之外，氏族已成爲宗廟的內容，用以確定氏族血統及權力關係的宗法制也隨之興起，此時姓氏遂不再代表兩種意義了。故實質上所謂昭穆雖沿自母系遺習，此時卻已成爲泛稱後代裔胤的名詞。」〔註13〕

三、昭穆與宗法

《禮記・中庸》云：

宗廟之禮所以序昭穆也。序爵所以辨貴賤也，序事所以辨賢也，旅

〔註9〕同註5。

〔註10〕見《周代封建制度的社會結構》下篇〈封建與宗法〉，頁561，杜正勝著，《中央研究院歷史語言研究所集刊》第五十一本三分。

〔註11〕見《中國上古史論文選集》（下），頁960，杜正勝編，華世出版社，1979年11月。

〔註12〕同註6，頁180。

〔註13〕同註5，頁244。

酬下爲上所以逮賤也，燕毛所以序齒也。

〈祭統〉云：

夫祭有昭穆，昭穆者，所以別父子遠賤長幼親疏之序而無亂也。是
故有事於大廟，而群昭群穆盛在，而不失其倫，此之謂親疏之殺也。

是宗廟之大禮與昭穆制攸關甚深，宗廟既爲祭祖所在，別祖宗世代當爲要
事，而昭穆制之特點在「每人只問他與族長的輩分關係，不問與族長的親疏
關係。而且由於昭穆能分明世系，既可維繫日益增多的氏族成員，又使成員
的輩分絲毫不紊亂。」「昭穆的根本精神既在分別世代，使宗廟祭祀的秩次
井然，故昭代穆代各入不同的廟宮。」〔註14〕昭穆既以別世代爲要，此《周
禮・春官小宗伯》：「辨廟祧之昭穆」，〈小史〉：「掌邦國之志，奠繫世，辨昭
穆。」等祭職所在。而昭穆制既以別世代爲主，則辨貴賤、別遠近長幼親疏
又何解，此涉及氏族社會之演化，昭穆制反映氏族共權之統治現象，迨氏族
繁衍，權力集中，權力分享之參考標準則在賢愚與年齒，是後人將別昭穆與
別遠近親疏合寫，其中有一動態之演化過程存焉，而促使昭穆制之衰微乃由
其相應之氏族衍化所致，此乃周人之宗法爲其催化奏功，今存周代宗法之記
載較有系統者，有《禮記・喪服小記》、〈大傳〉及《白虎通義・宗族》三篇，
〔註15〕〈喪服小記〉云：

別子爲祖，繼別爲宗，繼禰者爲小宗。有五世而遷之宗，其繼高祖
者也。是故祖遷於上，宗易於下，尊祖故敬宗，所以尊祖禰也。庶
子不祭祖者，明其宗也。庶子不爲長子斬，不繼祖與禰故也。庶子
不祭殤與無後者，殤與無後者從祖祔食。庶子不祭禰者，明其宗也。
親親尊尊長長，男女有別，人道之大者也。

〈大傳〉云：

君有合族之道，族人不得以其戚，戚君位也。庶子不祭，明其宗也。
庶子不得爲長子三年，不繼祖也。別子爲祖，繼別爲宗，繼禰者爲小
宗。有百世不遷之宗，有五世則遷之宗。百世不遷者，別子之後也。
宗其繼別子之所自出者，百世不遷者也。宗其繼高祖者，五世則遷者
也。尊祖故敬宗，敬宗尊祖之義也。有小宗而無大宗者，有大宗而無

〔註14〕同註10，頁554。

〔註15〕見〈三代宗法社會的起源與發展〉，李震著，《中國歷史學會史學集刊》第八
期，1976年。

小宗者，有無宗亦莫之宗者公子是也。公子有宗道。公子之公，爲其士大夫之適庶者，宗其士大夫之適者，公子之宗道也。親者屬也，自仁率親等而上之至於祖；自義率祖順而下之至於禰，是故人道親親也。親親故尊祖；尊祖故敬宗；敬宗故收族；收族故宗廟嚴；宗廟嚴故重社稷；重社稷故愛百姓；愛百姓故刑罰中；刑罰中故庶民安；庶民安故財用足；財用足故百志成；百志成故禮俗刑；禮俗刑然後樂。

《白虎通義・宗族》云：

宗者何謂也？宗，尊也，爲先祖主也，宗人之所尊也。……所以必有宗何？所以長和睦也。大宗能率小宗，小宗能率群弟，通於有無，所以紀理族人者也。宗其爲始祖後者爲大宗，此百世之所宗也；宗其爲高祖後者，五世而遷者也。高祖遷於上，宗則易於下。宗其爲曾祖後者爲曾祖宗，宗其爲祖後者爲祖宗，宗其爲父後者爲父宗；父宗以上至高祖宗皆爲小宗，以其轉遷別於大宗也。別子者自爲其子孫祖，繼別者各自爲宗。所謂小宗有四，大宗有一，凡有五宗，人之親所以備矣。

此三段記載於宗法之義明矣，然須進一步說明，「別子爲祖，繼別爲宗」，此爲大小宗之基本架構，試以魯國爲例，「周公是文王的別子，立國於魯，周公未就封，留佐周室，其子伯禽爲魯公。周公成爲魯國之祖，謂之『別子爲祖』；伯禽繼承周公，就是『繼別爲宗』；魯公在魯國傳祚不絕，就是『百世不遷者，別子之後也，宗其繼別子之所自出者，百世不遷者也。』魯公尊奉爲大宗的是周公所自出的文王（周天子），相對來說，他是小宗。」〔註16〕由此可視大小宗作爲表示親族關係之符號乃爲一變項，即大小宗之宗爲流動，然而此大小宗之宗不可與宗族之宗混，其理甚顯豁，舉例而言，一人可能身兼父與子之名，於己父則相對地己爲子，而於己子則己爲父，此所以爲大小宗之辨，然而宗族之宗乃顯示己父、己子與己身同屬血緣之親，此乃不容改變之事實。

迨至西周時，前此姓氏不分之局面結束，周人爲適應東進政策，強調尊王、敬祖、統宗及收族等功能，姓遂與氏有較嚴格之區分，從而至春秋時，大小宗之分時亦以同姓、同宗、同族稱謂之。如「襄十二年傳：『吳子壽夢卒，臨於周廟，禮也。凡諸侯之喪，異姓臨於外，同姓於宗廟，同宗於祖廟，同

〔註16〕同註10，頁560。

族於禰廟。是故魯爲諸姬，臨於周廟，而邢、凡、蔣、茅、胙、祭，臨於周公之廟。』「由此可知姬姓對魯是同姓，周公的兒子各支派是同宗，伯禽以下所分的各支是同族。姓、宗、族三種等級，叔向亦說：『肸之宗十一族，唯羊舌氏在而已。』（昭三年）亦足證宗高於族。」〔註17〕周室封建之確立所憑藉即此宗法，直系、旁系脈胳分明，於凝結親族之功用厥偉。

　　宗字甲骨文作介或作介，从宀从丁，宀象屋宇，丁則神主，是宗字象放置神主之所在，〔註18〕是明堂、宗廟之神聖空間。另劉節云：「其起源當是從祖先崇拜一觀念演化而來。有些人說丁形是原於古代的生殖器崇拜。這種象徵的方法，在古代也許是有的。總之，宗字的最初意義，應屬於宗教（祖宗崇拜）。」〔註19〕言宗之本義爲宗教崇拜，且爲祖靈崇拜，儒家言孝，乃將祭祖之宗教行爲從其內在精神加以轉化爲道德實踐，而孝道觀念之提出甚早，「周初孝道觀念已是政治社會文化上僅次於天命的重要思想了。據《孝經》有關孝的敘述看來，所謂孝是指：1. 追思已故的父母及先祖，2. 對他們的祭祀，3. 遵行其遺教，4. 有孝則可享長壽富貴，子孫永繼不絕。可見孝的原始意義是指與祭祖有關的行爲、情感和意識。……因此，整體地看來，孝是祭祖的宗教儀式加上一層道德意義（追思祖德）而形成的思想意識。」〔註20〕《墨子‧公孟》云：「公孟子曰：『無鬼神』又曰：『君子必學祭祀。』墨子曰：『執無鬼而學祭禮，是猶無客而學客禮也，是猶無魚而爲魚罟也。」墨子依其功利思想非駁公孟之主張，且指出祭祀之對象爲鬼神，若云「孝是祭祖的宗教儀式加上一層道德意義（追思祖德）」不若云孝乃祭祖之儀式，其崇拜對象（祖靈）在鬼神思想逐漸淡化後，爲道德觀念所取代，試以簡單圖例釋之：

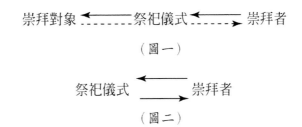

崇拜對象 ◄-------- 祭祀儀式 ◄-------► 崇拜者

（圖一）

祭祀儀式 ◄------- 崇拜者

（圖二）

〔註17〕同註 15，頁 294。
〔註18〕字說見《甲骨文簡明詞典──卜辭分類讀本》頁 211～212，趙誠，中華書局，1988。
〔註19〕同註 15，頁 295 引。
〔註20〕同註 3，頁 266。

如圖一所示，崇拜者藉祭祀儀式之實踐，肯定其崇拜對象之存在，實線表示進行方式，而祭祀儀式表示崇拜者欲將其所求上達天聽之轉換媒介；虛線部分表示崇拜對象對崇拜者之回饋，所謂回饋非僅指賜福，可能為災異之示警，或譴責亦未可知。圖二所示，為祭祀觀念被附以道德解釋時之現象，明顯地，崇拜對象被取消，此時，崇拜者於祭祀儀式中體驗自己之真實存在，宋儒喜言「對越在天」，實則天為實體義幾乎至淡不能察，而僅能由人之道德感去規範去証實。是以〈禮器〉云：「君子曰：『祭祀不祈』。」〈祭統〉云：「夫祭者，非物自外至者也，自中出生於心也。怵而奉之以禮，是故唯賢者能盡祭之義。賢者之祭也，必受其福，非世所謂福也，福者，備也。備者百順之名也，無所不順者謂之備，言內盡於己而外順於道也，忠臣以事其君，孝子以事其親，其本一也。」此等皆以祭祀為一道德實踐，而祭祀之義若僅為一道德行為之實踐，毋怪乎招致著重效益如墨家者流之譏，是此種祭祀意義若不往外祈求，而止於內心盡孝之圓滿，恐無法為大眾所接受，而僅能是「賢者之祭」。

第二節　西漢廟制

一、郡國廟與廟制

春秋以來，宗法隳壞，在宗廟制度方面，戰國入秦，由於秦祚不永，於其宗廟制度，《史記》所載頗為簡短，〈秦始皇本紀〉云：

> 二世皇帝……下詔：增始皇寢廟犧牲，及山川百祀之禮，令群臣議尊始皇廟，群臣皆頓首言曰：古者天子七廟，諸侯五，大夫三，雖萬世世不軼毀（《考證》引盧文弨曰：雖萬世世不軼毀七字當移今始皇為極廟之下。），今始皇為極廟，四海之內皆獻貢職，增犧牲，禮咸備，毋以加。先王廟或在西雍，或在咸陽，天子儀當獨奉酌祠始皇廟，自襄公以下軼毀，所置凡七廟。群臣以禮進祠，以尊始皇廟為帝者祖廟。

此記載之重點約有數端，一、天子廟採七廟制；二、秦之宗廟於其立國前已有，惜其內容不可得知，而其立廟地點與其為西方民族有關，多在西雍及咸陽等秦人聖地；三、推尊始皇功德，以其為祖廟。以上數點自有其封建時代之淵源，在此為說明封建與帝國宗廟精神之差異，另陳述一要項以說明之，即文中所謂「四海之內，皆獻貢職」之意義。封建時代由於天子大宗與天下

小宗之間實有宗法血緣上之關係，故而宗廟之祭，人得咸出其力，且因宗法上尊卑等差之故，宗廟貢職亦有所不同，《禮記·月令》中載有此事：

> （季夏）命四監大合百縣之秩芻，以養犧牲，令民無不咸出其力，以共皇天上帝名山大川四方之神，以祠宗廟社稷之靈。（季秋）與諸侯所稅於民輕重之法，貢職之數，以遠近土地所宜為度，以給宗廟之事，無有所私。（季冬）乃命同姓之邦，共寢廟之芻豢。命宰歷卿大夫，至於庶民土田之數，而賦犧牲，以供山林名山之祀。凡在天下九州之民者，無不咸獻其力，以共皇天上帝社稷寢廟山林名川之祀。

是以凡祭祀之事，人各以其職等皆得有獻，宗廟之祀所以象徵同出一祖，自亦不能例外，然而帝國時代，天子之宗廟祭祀，與百姓之間並無親屬血緣之認同，故而四海之內皆兄弟，是以四海之內皆有貢職，此親親收族之義是封建之根本精神，一入帝國體制，其內涵已不同往昔。再以宗廟之酎禮論之，《禮記·月令》云：「（孟夏）天子飲酎，用禮樂。」此為宗廟獻酎之祭禮，至漢而有酎金之律，丁孚《漢儀》曰：

> 酎金律，文帝所加。以正月旦作酒，八月成，名酎酒。因合諸侯助祭貢金。漢律，金布令曰，皇帝齋宿，親率群臣，承祠宗廟。群臣請分奉請。諸侯列侯，各以民口數率，千口奉金四兩。奇不滿千口，至五百口，亦四兩。皆會酎，少府受。〔註21〕

酎本封建時代之諸侯祀貢，至漢且為律定之上獻，且獻金為以編戶之口計，於此亦可見封建與帝國因社會結構之改變，而擔負祀貢之對象及意義亦隨之而變。武帝時，甚而列侯坐獻黃金酎祭宗廟不如法，導致奪爵者百有六人，錢穆云：「蓋是歲（元鼎五年）武帝怒列侯不助擊南越，故掂摭其酎金之惡奪其國。亦以漢宗廟之法甚重，可假以為名也。」〔註22〕今人張寅成於此事認為：「酎金可以說是天下大宗制裁小宗的一種手段，具有中央集權之功能。」〔註23〕其言大宗制裁小宗所言不確，因帝國體制與宗法關係之大小宗無涉，至於所謂具中央集權之功能云云，亦倒果為因，當因其具有中央集權之實，而後酎金律方能行其懲戒之功效。

〔註21〕酎金律見《漢律摭遺》卷十七，沈家本著，臺灣商務印書館，1974 年 9 月。
〔註22〕見《秦漢史》，頁 164，東大圖書公司，1987 年 10 月。
〔註23〕見《西漢的宗廟與郊祀》，頁 48，國立臺灣大學歷史研究所碩士論文，中華民國 74 年 6 月。

　　以上爲從宗廟祭祀之貢職，說明由封建而入帝國，表現於宗廟制度內涵上之差異。以下依從封建入帝國之過渡，討論漢初之郡國廟。

　　高祖六年上太公尊號曰太上皇，十年太上皇崩於櫟陽，令諸侯王皆立太上皇廟於國都。王健文云：「漢初定天下，未遑禮制，宗廟之制往往於古禮不合，一直到元帝以降，才徹底整頓宗廟之制，其中以確立天子七廟，祖宗世世不毀，其餘親盡則毀；以及罷郡國廟兩項措施爲主。漢興之初立郡國廟，未必是未曉禮制。也許是在政權尚未鞏固之始，予郡國立祖宗廟，事實上是分享政權的一種象徵。」〔註24〕此話大抵不差，〈韋玄成傳〉中，匡衡曰：「往者有司以爲前因所幸而立廟，將以繫海內之心，非爲尊祖嚴親也。今賴宗廟之靈，六合之內莫不附親，廟宜一居京師，天子親奉，郡國廟可止毋修。」此段話可發明上說，祭祀權即政權之象徵，郡國廟之設立即爲收攬諸侯而行之權力分配，高祖十二年詔曰：「吾於天下賢士功臣，可謂無負矣。其有不義背天子擅起兵者，與天下共伐誅之。布告天下，使明知朕意。」而呂后二年詔云：「高皇帝匡飾天下，諸有功者皆分地爲列侯，萬民大安，莫不受休德。朕思念至於久遠而功名不著，亡以尊大誼，施後世。今欲差次列侯功，以定朝位，臧於高廟，世世勿絕，嗣子各襲其功位。」云云，可說是與諸侯所定之互惠條約。初，高祖崩時，呂后與審食其共謀除諸將，賴酈商分析時勢，後得無行動，凡此可見漢初磐基未固，立廟於郡國實可收拾人心，「對同姓王而言是作爲宗法關係的紐帶，對異姓諸侯是以宗教形式約束他們對劉氏政權的效忠。」然而異姓諸侯「訖于孝文，異姓盡矣」長沙靖王產於孝文後元七年薨，無子，國除。（〈異姓諸侯表〉），此距漢立國不過數十年，而同姓諸侯自惠帝降及宣帝，殆已同於漢郡，是以往後有罷郡國廟之議，意味郡國立廟已無實際權宜效用，故可回歸經典遵循宗廟所謂尊祖嚴親之義。

　　又當日儀禮擘畫多出叔孫通手，《漢書·高帝紀》云：「天下既定，命蕭何次律令，韓信申軍法，張蒼定章程，叔孫通制禮儀，陸賈造新語。又與功臣剖符作誓，丹書鐵契，金匱石室，藏之宗廟。雖日不暇給，規摹弘遠矣。」漢王五年二月，諸侯王及太尉盧綰等三百人與博士稷嗣君叔孫通上尊號於氾水之陽，博士僅叔孫通一人，與秦廷議帝號，博士之眾，竟如此懸殊，其受倚重亦可知，而叔孫通乃於漢王二年來降，〈叔孫通傳〉云：「漢二年，漢王從五諸侯入彭城，通降漢王。」《史記·項羽本記》云：「二月春，漢王部五

〔註24〕同第二章註15，頁110。

諸侯，至四月，漢皆已入彭城。」是通降漢在二年夏四月。

《漢書・郊祀志》云：「二年冬，東擊項籍而還入關，問：『故秦時上帝祠何帝也？』對曰：『四帝，有白、青、黃、赤帝之祠。』高祖曰：『吾聞天有五帝，而四，何也？』莫知其說。於是高祖曰：『吾知之矣，乃待我而具五也。』乃立黑帝祠，名曰北畤。有司進祠，上不親往。悉召秦祀官，復置太祝、太宰，如其故儀禮。因令縣爲公社。下詔曰：『吾甚重祠而敬祭。今上帝之祭及山川諸神當祠者，各以其時禮祠之如故。』」而〈高帝紀〉載二年六月「令祠官祀天地四方上帝山川，以時祠之。」是立北畤祠在二年冬，而召秦祀官祠天地山川諸神在六月，叔孫通來降在四月，此六月之詔，其中當有叔孫通之議，因其後「高帝崩，孝惠即位，乃謂通曰：『先帝園陵寢廟，群臣莫習。』徙通爲奉常，定宗廟儀法。及稍定漢諸儀法，皆通所論著也。」此或亦可爲證。至於叔孫通制禮之準，其言曰：「五帝異樂，三王不同禮，禮者因時世人情爲之節文者也，故夏殷周之禮所因損益可知者，謂不相復也，臣願頗采古禮與秦儀，雜就之。」（〈本傳〉），雜就古禮與秦儀，實迺延續秦帝國精神，《史記・禮書》云：「秦有天下，悉內六國禮儀，采擇其善，雖不合聖制，其尊君抑臣，朝廷濟濟，依古以來，至于高祖光有四海，叔孫通頗有所增益減損，大抵皆襲秦故，自天子稱號，下至佐僚及宮室官名，少所變改。」斟酌損益爲叔孫通之能事，太史公稱：「叔孫通希世，度務制禮，進退與時變化，卒爲漢家儒宗，大直若詘，道固委蛇」，直指其學術與人物性格，可謂鞭辟入裡。

惠帝時「令郡諸侯王立高廟」（〈惠帝紀〉），此視高祖立太上皇廟於諸侯國都者，更深入諸郡。景帝時，丞相申屠嘉奏請「天子宜世世獻祖宗之廟，郡國諸侯宜各爲孝文皇帝立太宗之廟。諸侯王列侯使者侍祠天子所獻祖宗之廟。」（〈景帝紀〉）得可，至宣帝時則僅於武帝所巡狩之郡國立廟，此因郡國祖宗廟之政治效用遞減，而僅爲歌功頌德之故。此亦爲元成以下諸儒論廟制前之時代背景。

〈韋賢傳〉班彪曰：「漢承亡秦絕學之後，祖宗之制因時施宜。自元、成後學者〔蕃〕滋，貢禹毀宗廟，匡衡改郊兆，何武定三公，後皆數復，故紛紛不定。何者？禮文缺微，古今異制，各爲一家，未易可偏定也。」何武定三公，藉以削弱王莽政權，事不涉本文，姑請略之，而貢禹、匡衡二人之議，對於漢代之郊祀、宗廟制度有絕大關係，爲本文主旨所在，不可不關心。王夫之云：

成、哀之世，天地宗廟之祀，倏廢倏興，以兒嬉而玩鬼神甚矣。其廢而復興也，或以天子之病，或以繼嗣之不立，小人徼福之術，固不足道。其廢也，始於貢禹而成於匡衡，所持者，三代之典禮也。宗廟遠，有毀而無立者，義也；誠所不至，不敢黷焉，義所以盡仁也。儒者之言禮，文而已矣，以文而毀，猶之乎以文而立。夫漢之嗣君，於其所不廢之祀而能以誠格之乎？執是以論，舉凡天地祖宗之祀皆可毀矣，而何但七世以上與五時之郊也？苟非其人，道不虛行。宮室之侈，妃嬪之眾，服膳之奢，樂之淫，刑之濫，官之冗，賦之重，一能汰其所餘以合於三代，而後議郊廟之毀，未晚也。且三代之斬祀於七世，豈徒然乎？抑創法者，自開國之君守約以待子孫之易盡其情而無僭，非祖宗立之而後王毀之也。自漢以降，百爲不師古，禮樂之精意泯焉；而獨於祧廟致嚴於祖宗之廢興，何其徇末而斲其本也？況古之祧也，於大禘而合，食則雖廢而不忘。後世無禘而徒祧，幾於忘其所自出。然則廢五時以伸上帝之孤尊，古之可法者也。制以七世而毀廟，古之未可遽法者也。君子之言禮，非但以其文也。〔註25〕

船山先生發於感慨，言辭憂切，至於所云「三代之斬祀於七世，豈徒然乎？抑創法者，自開國之君守約以待子孫之易盡其情而無僭，非祖宗立之而後王毀之。」等語，實屬廟制起源及運作之擬測，此不考究，至於天地宗廟之祀，倏廢倏興，不待成、哀之世，元帝世已然，或與元帝個人性格有關，漢書帝紀贊曰：「（元帝）少而好儒，及即位，徵用儒生，委之以政，貢（禹）、薛（廣德）、韋（賢）、匡（衡）迭爲宰相，而上牽制文義，優游不斷，孝宣之業衰焉。」

　　元帝在位或可爲西漢之一分期，「蓋漢初治尚恭儉，主無爲，武帝始從事禮樂，以興太平，而不免於奢侈。王貢之徒乃以恭儉說禮樂。王吉不見用於宣帝，而元帝則尊信禹，遂開晚漢儒生復古一派。」〔註26〕「時學者可分兩派。一好言災異，一好言禮制。言災異，本之天意。言禮制，揆之民生。京房、翼奉、劉向、谷永、李尋之徒言災異，貢禹、韋玄成、匡衡、翟方進、何武之徒言禮制。」〔註27〕於言災異一路，漢書眭孟等傳贊曰：「漢興推陰陽

〔註25〕《讀通鑑論》卷五〈成帝〉，里仁書局，1985年2月。
〔註26〕《兩漢經學今古文平議》，頁18。
〔註27〕同前，頁53。

言災異者，孝武時有董仲舒、夏侯始昌，昭、宣則眭孟、夏侯勝，元成則京房、翼奉、劉向、谷永，哀、平則李尋、田終術。此其納說時君著明者也。察其所言，彷彿一端。假經設誼，依託象類，或不免乎『億則屢中』。仲舒下吏，夏侯囚執，眭孟誅戮，李尋流放，此學者之大戒也。」善言災異者其下場如此，或觸當權者之逆鱗，而人終以災異加之。此外需說明者，貢禹言迭毀禮及匡衡奏徙南北郊，其議皆自翼奉發之，然而言災異與言禮制雖其主張不必異，而所以主張之內在根據不必同，如元帝時，翼奉奏封事曰：

> 易有陰陽，詩有五際，春秋有災異，皆列終始，推得失，考天心，以言王道之安危。至秦乃不說，傷之以法，是以大道不通，至於滅亡。

又如：

> 漢家郊兆寢廟祭祀之禮多不應古，臣奉誠難寖居而改作，故願陛下遷都正本。……今東方連年飢饉，加之以疾疫，百姓菜色，或至相食。地比震動，天氣溷濁，日光侵奪。繇此言之，執國政者豈可以不懷怵惕而戒萬分之一乎！故臣願陛下因天變而徙都，所謂與天下更始者也。

至於元帝罷郡國廟而夢祖宗譴罰，匡衡告謝毀廟則曰：

> 往者大臣以為在昔帝王承祖宗之休典，取象於天地，天序五行，人親五屬，天子奉天，故率其意而尊其制。是以禘嘗之序，靡有過五，受命之君躬接于天，萬世不墮。繼烈以下，五廟而還，上陳太祖，閒歲而祫，其道應天，故福祿永終，太上皇非受命而屬盡，義則當遷。又以為孝莫大於嚴父，故父之所尊子不敢不承，父之所異子不敢同。禮，公子不得為母信，為後則於子祭，於孫止，尊祖嚴父之義也。……匡衡中朝臣咸復以為天子之祀義有所斷，禮有所承，違統背制，不可以奉祖先，皇天不祐，鬼神不饗。六藝所載，皆言不當，無所依據，以作其文。

深考二家言辭，言災異與言禮制昭然可辨，且翼奉、匡衡二人同事東海后蒼，傳其言而各有說。翼奉「好律曆陰陽之占」，而匡衡「及朝廷有政議，傅經以對，言多法義。」是二人之學說與性格有不同，宗廟迭毀之禮及南北郊雖其議皆發自翼奉，成於貢禹及匡衡，然而如上所引翼、匡二人之例可知，實有襲貌不襲心之別，此為至要。

前漢之宗廟祭祀概況，於〈韋賢傳〉中可觀其梗概，元帝前景況為：

高祖時，令諸侯王都皆立太上皇廟。至惠帝尊高帝廟爲太祖廟，景帝尊孝文廟爲太宗廟，行所嘗幸郡國各立太祖、太宗廟。至宣帝本始二年，復尊孝武廟爲世宗廟，行所巡狩亦立焉。凡祖宗廟在郡國六十八，合百六十七。而京師自高祖下至宣帝，與太上皇、悼皇考各自居陵旁立廟，并爲百七十六。又園中各有寢、便殿。日祭於寢，月祭於廟。寢，日四上食；廟，歲二十五祠；便殿，歲四祠。又月一游衣冠。而昭靈后、武哀王、昭哀后、孝文太后、孝昭太后、衛思后、戾太子、戾后各有寢園，與諸帝合，凡三十所。一歲祠，上食二萬四千四百五十五，用衛士四萬五千一百二十九人，祝宰樂人萬二千一百四十七人，養犧牲卒不在數中。

史筆不必明言，而實有煩費之刺，元帝時孝武園白鶴館災，翼奉即以爲：「祭天地於雲陽汾陰，及諸寢廟不以親疏迭毀，皆煩費，違古制。」呂思勉云：「古人率篤於教，故其祭祀之禮甚煩。又各地方各有其所奉之神，秦漢統一以後，逐漸聚集於中央，其煩費遂愈甚。經元成之釐正而其弊乃稍除。此亦宗教之一大變，不能不歸其功於儒者之持正也。」〔註28〕又云：「祭祀之禮，秦漢閒最無軌則。自孝元以後，乃稍合乎義理矣。匡衡禱辭言：『祭祀之義，以民爲本。閒者歲數不登，百姓困乏，郡國廟無以脩立。』實最合民視民聽之義。典禮之漸昭軌物，實惟玄成、衡等之功。故知有學術之見地，究與流俗不同也。」〔註29〕是當日廢廟所持理由多以煩費甚鉅爲考慮，而儒者多主儉樸，錢穆云：「漢自元成以下，儒者言禮制，美古昔，於武、宣所興頗有矯革。」〔註30〕「元成以來言禮制者，頗非孝武誇飾，亦一時學風然也。」〔註31〕揆諸以上諸家見解，秦襲六國禮儀，搏雜而成帝國之典則，然而秦祚不永，凡所施行，未能周備而爲後世法。漢興，因國基初肇，承秦未久立之法，是以呈顯祭禮無軌則之現象，而文帝儉樸，武、宣誇飾，元成以來儒者多因時弊而貶斥武、宣之侈靡，是以多崇文帝之儉樸，武、宣與文帝二種典範，予儒者面對時弊之處理有歷史思考之範例，反省之餘，遂有回歸經典之主張，而個人所援引之經訓本不必同，凡是制度無有一成不變者，天子七廟、五廟之

〔註28〕同註4，頁792。
〔註29〕同前，頁799。
〔註30〕同註26，頁56。
〔註31〕同前，頁61。

議，或皆是某一特定時空下曾實行；或為儒者抒發理想之託負，而各執以為定準而欲付之施行，勢必有所爭議，然而省繁費是乎為一致之主張而無異議，試觀一例即可知，〈韋賢傳〉載：「玄成兄弘為太常丞，職奉宗廟，典諸陵邑，煩劇多罪過。父賢以弘當為嗣，故敕令自免。」師古注曰：「恐其有罪見黜，妨為繼嗣，故令以病去官也。」宗廟祭祀事務之繁雜由此例亦可見一斑，是簡省宗廟祭祀為不得不行。

　　元帝時宗廟制度之檢討，其對象為先罷郡國廟，其理由於元帝永光四年詔中有詳述：「朕聞明王之御世也，遭時為法，因事制宜。往者天下初定，遠方未賓，因嘗所親以立宗廟，蓋建威銷萌，一民之至權也。今賴天地之靈，宗廟之福，四方同軌，蠻貊貢職，久遵而不定，令疏遠卑賤共承尊祀，殆非皇天祖宗之意，朕甚懼焉。」事經下議，丞相韋玄成，御史大夫鄭弘七十人皆主廢郡國廟，當時在罷者之列有昭靈后、武哀王、昭哀后、衛思后、戾太子、戾后園等。第二階段為廟數之議，事在罷郡國廟後月餘，廢郡國廟於當時幾已成共識，是以施行上並無大礙，此得以遂行議廟數之原因。元帝下詔議廟數，韋玄成等主張太祖以下五廟迭毀，此或與漢德有關，匡衡告謝毀廟曰：「往者大臣以為在昔帝王承祖宗之休典，取象於天地，天序五行，人親五屬，天子奉天，故率其意而尊其制。是以禘嘗之序，靡有過五。受命之君躬接于天，萬世不墮。繼烈以下，五廟而遷。」此為韋立成等人之主張，至於為何以五為數？五為聖數其來久矣，或遠自殷商即有整齊物類為五之說，〔註32〕，是其後有儒家者流采五行以說仁義禮智聖者。〔註33〕至漢，更秦制之說，先是，文帝時賈誼陳政事「以為漢興二十餘年，天下合洽，宜當改正朔，易服色制度，定官名，興禮樂。乃草具其儀法，色上黃，數用五，為官名悉更。」（《漢書・賈誼傳》）〔註34〕雖一時文帝謙讓未皇，然，十五年定漢為土德是采其事矣。後來武帝時且追行其說，〈漢書・武帝紀〉太初元年夏五月，正曆，以正月為歲首。色上黃，數用五，定官名，協音律。」張晏注曰：「漢據土德，土數五，故用五，謂印文也。若丞相曰『丞相之印章』，諸卿及守相印文不足五字者，以『之』足之。」此或亦可為佐證，至於數用五，可能非僅如張晏所云為施用於印文，因某一觀念既為時

〔註32〕說見葛兆光《中國思想史》第一卷《七世紀前中國的知識、思想與信仰世界》中〈後世思想史的背景：儀式、象徵與數字化的世界秩序〉一節，頁140～141。

〔註33〕見同上註一書中，有關帛書《五行》一書思想與儒家之關係。頁184～186。

〔註34〕《漢書集釋》頁5601，施之勉，三民書局股份有限公司，2003。

人所接受則其範圍則如水銀瀉地，無處不可入矣。至於周之七廟，依此派儒者之解釋爲后稷始封，文王、武王受命而王，是此三廟不毀，與親廟四而七，而漢之五廟，是高祖爲受命之帝而入太祖廟，其餘以五數迭毀，然而大司馬車騎將軍許嘉等人以爲不毀之廟當包括文帝太宗之廟，此外廷尉尹忠則更主張益以武帝世宗之廟。既然其數紛然，是以當時元帝未即刻裁奪，延宕一年乃下詔，高帝與文帝世世承祀，其餘親盡則毀，玄成等奏言，高皇帝爲太祖，孝文皇帝爲太宗，以下依次序昭穆。

　　罷郡國廟，定迭毀之禮，其後元帝寢疾，或多疚於此，上詔問匡衡，議欲復所罷毀之祀，匡衡深言不可，然因元帝久疾連年，遂盡復諸所罷寢廟園，皆修祀如故。往後成帝以無嗣，曾復太皇寢廟園，哀帝時，光祿勳彭宣等五十三人又再倡玄成等之議，即繼祖宗以下，五廟而迭毀，觀乎此，前引班彪所言，此乃由於「禮文缺微，古今異制，各爲一家，未易可偏定」故也，然而此國家宗廟之變復不定，除禮文缺微外，或毀或復常繫於皇帝一身，國家休咎與皇帝一人之榮枯不能無涉，人非金石，壽考由天，羸累抑健碩亦不由人力，如此則國家之公共事務與皇帝之祈祀混而爲一，就國家而言，其祀典似變易無常，然而禮數漸定時，皇帝個人卻又成爲變易之樞紐，此誠爲祀典變易之要因，今日或以其缺乏法治觀念，實則彼時無此法治、人治之觀念糾葛也。

二、廟數之議

　　《禮記・喪服小記》云：「親親，以三爲五，以五爲九。上殺，下殺，旁殺，而親畢矣。」〈大傳〉云：「自仁率親，等而上之，至于祖，名曰輕。自義率祖，順而下之，至于禰，名曰重。一輕一重，其義然也。」此所以有廟制之原因，〈王制〉云：「天子七廟，三昭三穆，與大祖之廟而七。」鄭注：此周制，七者，大祖及文王武王之祧與親廟四，大祖后稷。殷則六廟，契及湯與二昭二穆。夏則五廟，無大祖，禹與二昭二穆而已。孔疏：

> 鄭氏之意，天子立七廟唯謂周也，鄭必知然者。按《禮緯・稽命徵》
> 云：唐虞五廟，親廟四，始祖廟一。夏四廟至子孫五。殷五廟至子
> 孫六。〈鉤命決〉云：唐堯五廟，親廟四與始祖五。禹四廟至子孫五。
> 殷五廟至子孫六。周六廟至子孫七。鄭據此爲說，故謂七廟周制也。
> 周所以七者，以文王武王受命，其廟不毀以爲二祧，并始祖后稷及
> 高祖以下親廟四，故爲七也。若王肅則以爲天子七廟者，謂高祖之

父及高祖之祖廟爲二祧，并始祖及親廟四爲七。故〈聖證論〉肅難
鄭云：周之文武受命之于不遷之廟，權禮所施非常廟之數，殷之三
宗，宗其德而存其廟，亦不以爲數，凡七廟者皆不稱周室。〈禮器〉
云：有以多爲貴者，天子七廟。孫卿云：有天下者事七世，又云：
自上以下降殺以兩。今使天子諸侯立廟並親廟四而止，則君臣同制，
尊卑不別。禮，名位不同，禮亦異數，況其君臣乎。又〈祭法〉云：
王下祭殤五，及五世來孫則下及無親之孫，而祭上不及無親之祖，
不亦詭哉。《穀梁傳》云：天子七廟，諸侯五。《家語》云：子羔問
尊卑立廟制，孔子云：禮，天子立七廟，諸侯立五廟，大夫立三廟，
又云遠廟爲祧，有二祧焉。又儒者難鄭云：〈祭法〉遠廟爲祧，鄭注：
《周禮》云：遷主所藏曰祧，違經正文，鄭又云：先公之遷主藏於
后稷之廟，先王之遷主藏於文武之廟，便有三祧，何得〈祭法〉云
有二祧。……鄭必爲天子七廟，唯周制者，馬昭難王義云：按〈喪
服小記〉王者立四廟。又引《禮緯》夏無大祖，宗禹而已，則五廟。
殷人祖契而宗湯則六廟。周尊后稷，宗文王武王則七廟。自夏及周，
少不減五，多不過七。

觀乎此，可謂數紛紛然，《五禮通考》卷五八「辨郝敬不信七廟五廟」條云：

郝氏敬曰：案七廟不見于詩書，孔書云七世之廟非必眞伊尹語，儀
禮周禮穀梁家語等書大抵與記先後雜出，未可相徵，或稱虞夏五廟、
殷六廟、周七廟，或云九廟以至於十二廟，祭法又云適士二廟、官
師一廟，未知誰是。夫尊祖敬宗人有同心，天子道隆德尊，何以恩
窮七世，諸侯五世上不得伸情，大夫祭不得越祖，禰士庶人則并王
父母不祭，豈人情乎！

蕙田案郝氏之意以七世五世爲不足而欲軼而過之，蓋以後世世世不毀
之典爲是，而魯立煬宮以諸侯而祭二十一傳之祖亦不非也，且書明言
七世之廟，京山自不信耳，而乃以爲不見於詩書，不亦誣乎？〔註35〕

是郝氏以爲報本返始之人情豈能拘于「禮數」？王國維〈殷周制度論〉則云：「周
人祭法，《詩》、《書》、《禮》經皆無名文。據禮家言，乃有七廟四廟之說，此雖
不可視爲宗周舊法，然禮家所言廟制，必已萌芽於周初，固無疑也。」〔註36〕

〔註35〕《五禮通考》，卷五十八頁35。聖環圖書公司。
〔註36〕《觀堂集林》卷十，頁468。

龔師鵬程認為：「五六七九之分，歷來辨議未寧，細細考之，其所以分者，繫於兩個變數：一是文武兩世室的性質，二是祔親的代數。」〔註37〕

至於西漢廟制，可有五七之爭議，韋玄成一派主五廟，其理由為：

> 《禮》，王者始受命，諸侯始封之君，皆為太祖。以下，五廟而迭毀，毀廟之主臧乎太祖，五年而再殷祭，言壹禘壹祫也。祫祭者，毀廟與未毀廟之主皆合食於太祖，父為昭，子為穆，孫復為昭，古之正禮也。〈祭義〉曰：「王者禘其祖自出，以其祖配之，而立四廟。」言始受命而王，祭天以其祖配，而不為主廟，親盡也。立親廟四，親親也。親盡而迭毀，親疏之殺，示有終也。

繼玄成而為相之匡衡亦主五數，其告謝毀廟云：

> 天序五行，人親五屬，天子奉天，故率其意而尊其制。是以禘嘗之序，靡有過五。受命之君躬接于天，萬世不墮。繼烈以下，五廟而遷，上陳太祖，閒歲而祫，其道應天，故福祿永終。

此派以為周之七廟為特例，根本上太祖廟加四親廟之結構未變，

> 周之中以七廟者，以后稷始封，文王、武王受命而王，是以三廟不毀，與親廟四而七。非有后稷始封，文、武受命之功者，皆當親盡而毀。

主廟數七者有王舜、劉歆，其言：

> 七者，其正法數，可常數者也。宗不在此數中。宗，變也，苟有功德則宗之，不可預為設數。……繇是言之，宗無數，所以勸帝者之功德博矣。

依劉歆、王舜之意，廟制基本結構為七，即始祖與三昭三穆，而宗之數無限，是以理論上宗廟可有無數。因此，主五廟與主七廟者，其差別除親廟，一為二昭二穆；一為三昭三穆之異外，承認有功德之宗與否亦為另一主要相異處，基本上而言，有特殊功業之王，「凡在於異姓，猶將特祀之，況于先祖？或說天子五廟無見文，又說中宗、高宗者，宗其道而毀其廟。名與實異，非尊德貴功之意也。」劉歆此理由在以事功論廟祭馨祀實難令人駁其議。

《禮記‧祭法》及《國語‧魯語》皆有：「法施民則祀之；以死勤事則祀之；以勞定國則祀之；能禦大災則祀之；能捍大患則祀之」等立祀標準，劉歆等主張武帝廟不宜毀之理由在此，而彭宣等言「繼祖宗以下，五廟而迭毀，後雖有賢君，猶不得與祖宗並列。子孫雖欲襃大顯揚而立之，鬼神不饗也。

〔註37〕同註5，頁254。

孝武皇帝雖有功烈，親盡宜毀。」有功則祀，其義甚顯，而主五廟者何必親盡則毀，且云「後雖有賢君，猶不得與祖宗並列。」此乃「受命之王」與「繼體」之觀念，莊存與云：「受命之王曰太祖，嗣王繼體者，繼太祖也。不敢曰受之天，曰受之祖也。」且變國之際受命王能「徙居處，改正朔，易服色，殊徽號，變犧牲，異器械，明受之於天，不受之於人。」〔註38〕所謂受命之君，當是革命成功者之稱，此觀念或有古時部族之遺風，「部落聯盟首領把自己的祖先和天神聯繫起來，他們的祖先從而也就有了天神的性能，具有支配自然和社會的兩種超自然力。所以他們便把祭天和祭祖結合起來。特權家族（王族）的祖先和天神的結合，反映了自然神的自然屬性與祖先神的社會屬性互相融合，這也說明原始社會氏族宗教正在喪失它原有的自發性，逐漸向階級社會的人爲性宗教過渡和演變。」〔註39〕是以縱使受命王之後有賢君出現，無非是其善持先人志，能續續祖宗之德於不墜，若有功亦僅能歸之於祖。從一方面而言，後世子孫之血脈實先人之遺體，《左傳》襄公二十四年，范宣子云：「昔匄之祖自虞以上爲陶唐氏，在夏爲御龍氏，在周爲唐杜氏，晉主夏盟爲范氏。」此說明氏族迭出而實屬同源，《詩·大雅·文王》云：

> 亹亹文王，令聞不已。陳錫哉周，侯文王孫子。文王孫子，本支百世。凡周之士，不顯亦世。

是周之宗法行，更見「收族」之功，四海之內皆兄弟非空言也，一代一代上溯，可推得共祖，而個人之生命即融於群體中，是因就祖宗之德或祖宗之血脈而言，實無時間去空間之斷隔。此或爲主五廟一派理論之內在精神。

第三節　太一與郊祀

本節分兩部分：「太一」之哲學義與宗教義，哲學義就其使用爲根源義提出說明；宗教義就其與北極星之淵源略事說明，而後引入武帝時之「太一」祭祀，嘗試由「太一」祭祀討論西漢郊祀活動，其理由在：一、郊祀爲帝國權力象徵之必要行爲，二、郊祀之禮完備於武帝時，三、西漢祭地乃因祭天須對偶之觀念而引出，四、「太一」之提出，革新原有祭天活動與觀念，五、元成以後之郊祀改革，亦多針對武帝時之「太一」祭祀而作思考。

〔註38〕同第二章註15，頁63引。
〔註39〕同第二章註10，頁379。

一、太一之哲學義

　　徐廷槐云：「《戰國策》載魏王使惠子於楚。楚中善辯者如黃繚輩爭爲詰難。」〔註40〕當日論題有「天地所以不墜、不陷、風雨雷霆之故」，此類問題大抵如其後〈天問〉中所疑，〔註41〕「遂古之初，誰傳道之？上下無形，何由考之？冥昭瞢闇，誰能極之？馮翼惟像，何以識之？明明闇闇，惟時何爲？陰陽之合，何本何化？圜則九重，孰營度之？惟茲何功？孰初作之？斡維焉繫，天極焉加？八柱何當，東南何虧？九天之際，安放安屬？隅隈多有，誰知其數？天何所沓，十二分焉？日月安屬，列星安陳？」其後漢代《淮南子》一書中，如〈天文〉、〈精神〉等篇亦保留有此類思想，此類思想特徵在對宇宙生成及自然現象提出懷疑，〔註42〕當日惠施與黃繚之辯論內容已不得而知，據《莊子・天下篇》所載：「惠施不辭而應，不慮而對」，〔註43〕偏爲萬物說，說而不休，多而無已，猶以爲寡。益之以怪，以反人爲實。而欲以勝人爲名，是以與眾不適也。」莊子稱其「與眾不適」，除惠施本身之辯論性格外，恐與其論說內容之主張有關抑未可知。關乎宇宙生成與萬物情貌，饒是惠施口談最賢，不能一時「不辭而應，不慮而對」，此必與其夙養及思想有關，因此，當日之辯直可視爲南北之學術交流。

　　因事涉宇宙論，便不能不就其如何可能提出說明，此即「太一」所以產生，察考「太一」可從兩方面著手，一、就其哲學義；二、就其宗教義。照一般對古人思惟程序理解而言，是第二項爲優先，即「太一」之具體指謂，此留待後面討論，至於「太一」之觀念，若視觀念爲認識媒介，〔註44〕則意味當某學說或理論涉及「太一」觀念時，「太一」之意涵爲何？其引入該學說或理論之目的何在？有學者認爲「太一」思想乃楚人之地域性特產，由於秦漢去戰國未晚，是秦漢人直承自楚人，觀乎「太一」一詞始見於《楚辭・九歌・東皇太一》似有可信。〔註45〕由前敘惠施、黃繚之論而言，則「太一」

〔註40〕見《先秦諸子繫年》卷三〈惠施返魏攷〉附〈南方倚人黃繚攷〉，頁357，錢穆著，東大圖書公司，1990年9月。

〔註41〕同前，錢穆云：「屈原爲楚懷王左徒，當在惠子使楚稍後。然則〈天問〉一派之思想，固可與惠施、黃繚有淵源也。」

〔註42〕見《楚文化研究》，頁178～179，文崇一著，東大圖書公司，1990年4月。

〔註43〕見《莊子集解》，郭慶藩輯，華正書局，1985年8月。

〔註44〕見《指謂論》附〈觀念和名詞〉，錢志純著譯，輔仁出版社，1978年。

〔註45〕見〈九歌中的上帝與自然神〉，文崇一著，《中央研究院民族學研究所集刊》第十七期，1964年。

或正是楚人用以解釋宇宙生成之原由，此乃就楚地之思想特色而言，若以「太一」為崇高之至上神而論，則「太一」神之崇拜，或與春秋以來列國地位上昇，而各有其上帝之祠，「太一」與東皇並稱，或顯示「太一」神為齊地之至高神，說詳下一小節：太一之宗教義。

　　莊子稱關尹、老聃之學「建之以常、無、有，主之以太一，以濡弱謙下為表，以空虛不毀萬物為實。」寥寥數語而老子一派學說形貌已全，《老子》一書中談及宇宙根源及生成處不少，二十五章云：「吾不知其名，字之曰道，強為之名曰大。」曰大、曰道，是老子對宇宙之根源思考所得之觀念，莊子以「太一」稱之甚諦。除老子一派，儒者如荀子亦稱「太一」，〈禮論〉云：「祭，齊大羹而飽庶羞，貴本而親用。貴本之謂文，親用之謂理，兩者合而成文，以歸大一，夫是之謂大隆。」「凡禮，始乎梲，成乎文，終乎悅校。故至備，情文俱盡；其次，情文代勝；其下復情以歸大一也。」〔註46〕此與《禮記・禮運》所云：「夫禮必本於大一，分而為天地，轉而為陰陽，變而為四時，列而為鬼神。」可互相參照，據〈禮運〉篇所云，其實禮為附麗於「大一──天地──陰陽──四時──鬼神」此一演化過程，此基本型態或同《老子》第四十二章：「道生一，一生二，二生三，三生萬物。」之演化描述，而言演化或生成，皆不能不追溯有一存有之理。〔註47〕作為有限存有之個體，此感受是迫切而必須。對存有之物而言，尋求自身根源是所以安頓此身；從另一面而言，或說根源性問題，伴隨受造或被生者而產生，無我之前不能為我所想像，（此當然不意謂在我之前之世界為不存在，而只能說對我無意義，若將「意義」釋為個體之價值追求而言，的確如此）。然而當我一存在，則根源問題便即刻發生，因此，「道生一，一生二，二生三，三生萬物。」其順序是由道展開生成之次第，然而真實之情況當由萬物逆溯至道，老子是由造物者往下講，然而，根源問題於造物而言根本不存在，是以根源問題是因被造之事實而產生，莊子所言：「夫道，有情有信，無為無形，可傳而不可受，可得而不可見，自本自根，未有天地，自古以固存，神鬼神帝，生天生地，在太極之先而不為高，在六極之下而不為深，先天地生

〔註46〕楊倞於此兩句之大一，前釋為「太一、謂太古時也。」是其禮具有演化觀念，與禮之根源在形上者不同。

〔註47〕見《原始儒家道家哲學》，頁99～102，方東美著，黎明文化事業公司，1987年11月。

而不爲久，長於上古而不爲老。」其中「自本自根」所言甚妙，因道能生萬物，若問道之根源又何在，則「自本自根」一句足以中止無窮後退之詰難，更何況老子已云：「吾不知其名，字之曰道，強爲之名曰大。」已顯出道之不可以言語規範。

關於將「太一」視爲根源義解而同於道者尚有：

音樂之所由來者遠矣，生於度量，本於太一。太一出兩儀，兩儀出陰陽。

萬物所出，造於太一，化爲陰陽。

道也者，至精也，不可爲形，彊爲之名，謂之太一。

帝者體太一，王者法陰陽，霸者則四時，君者用六律。

洞同天地，渾沌爲樸，未造而成物，謂之太一。

觀乎此，則「太一」一詞之根源義非常明顯，與道、太極等詞之觀念幾無別。

「太一」確然其有所指，以下嘗試解釋其作根源義使用之原因，在此所謂使用並無損其曾有之崇高地位，而只藉以說明當其用以解釋某理論時，的確爲一工具性目的。首先，「太一」爲一成詞，先分別對「太」及「一」兩字略加解釋，於「太一」一詞之內涵、引申或理解上或不無助益。「太」、「大」、「泰」三字古通，《說文》水部有泰字，其後附古文「夳」字，許愼云：「古文泰如此」，依《段注》解釋，「凡言大而以爲形容未盡則作太。……謂太即《說文》夳字，夳即泰，則又用泰爲太，展轉貤繆，莫能諟正。」段說此三字之使用義作大，其先後當是「大」、「太」、「夳（泰）」，而言「大而以爲形容未盡則作太」則「太」、「泰」皆爲極大之義；至於「一」字，《老子》三十九章：「昔之得一者」，王弼注云：「一，數之始而物之極也。」〔註48〕二十二章云，「是以聖人抱一，爲天下式。」王注云：「一，少之極也。」此外，《莊子・天地》云：「一之所起，有一而無形」。《淮南子・詮言》：「一也者，萬物之本也。」《太平經》：「夫一者，乃道之根也，氣之始也。」、「夫一，乃至道之喉襟也。」〔註49〕此數例中之「一」皆有始生義，綰合「太」與「一」，則正如曾國藩所言：「一之又一曰泰一」，〔註50〕此解之先發爲鄭玄，《易論》云：

〔註48〕見《〈老子〉、〈周易〉王弼注校釋》，樓宇烈釋，華正書局，1983 年 9 月。以下所引同此本。

〔註49〕見《太平經合校》，王明校，鼎文書局，1979 年 7 月。

〔註50〕見《淮南鴻烈集解》卷二十引，鼎文出版社，1979 年。

「易一名而含三義，易簡一也，變易二也，不易三也。」是以「數以一爲最簡，簡之又簡，故最簡者名之曰太一。」〔註51〕此又與惠施所云：「至大無外，謂之太一；至少無內，謂之小一」之推演方式相同。〔註52〕

此外「一」者除爲數之始外，實又代表天數之始，以宗教符號學（numerical symbolics or symbology）而言，實饒神秘氣氛；〔註53〕再者「泰」字又使人即刻聯想〈泰〉卦，「天地交，泰。」此明言其卦之象徵意義，其「象辭」亦云：「天地交而萬物通也」，似乎「太一」一詞亦可從「天人交通」之角度觀察，而人之無限企求，就在那永恒不變之神秘太一。「一」者，除其所指涉外，又可爲天之象徵，而「泰」則意謂人思與天通之祈求，於此，則「太一」揭露人神交流之宗教意義。再者，由於此宗教意義亦顯出人對其根源問題之想像與思考，從而「太一」便成爲具有根源意義之觀念，而引入學說或理論中，皆用以作爲存有之最後根據，以「寂寥」、「希」、「夷」、「微」、「馮馮翼翼」、「洞洞灟灟」等形容之，非僅指感官上之不可認識，亦爲理性之不可踰越。

二、太一之宗教義——武帝時之太一祭祀

顧炎武云：「三代以上，人人皆知天文。」〔註54〕而以夜間觀測法爲天文研究之古代中國，眾星地位之顯赫無過北極星者，此接近北極之小熊星座 β 星，〔註55〕是星空中之標幟，在以神話或宗教爲意義之秩序中厥居最偉，當人類對宇宙之思維尚處渾沌之時，當自然秩序正待透過命名而使其清晰之時，具體熠耀而恒定之北極恰爲一切之源始，〔註56〕東漢張衡〈靈憲〉〔註57〕云：

> 昔在先王，將步天路，用定靈軌，尋緒本元先準之于渾體，是謂正
> 儀立度而皇極有逌違也。

此說明除天體秩序之要求，而天體之綱領在北極，故而：

〔註51〕見《周易正義》卷一〈論易之三名〉引鄭玄《易論》。
〔註52〕同註43〈天下篇〉。
〔註53〕見〈中國古代的神秘數字論稿〉，楊希枚著，《中央研究院民族學研究所集刊》第三十三期，1973 年。
〔註54〕《日知錄》卷三十〈天文〉條。
〔註55〕太一星名見〈太一考〉，錢寶琮著，《燕京學報》第十二期，1932 年 12 月。
〔註56〕葛兆光指出中國古代天文學、神話學、哲學及巫術等四個範疇之基本概念，北極、太一、道與太極間之互通現象，均來自對北極星之觀察。見〈眾妙之門——北極與太一、道、太極〉，《中國文化》第三期，1990 年 12 月。
〔註57〕《全後漢文》卷五五，嚴可均編，世界書局。

> 宇之表無極，宙之端無窮，天有兩儀以儷道中，其可睹樞星是也，
> 謂之北極。

而此宇宙綱領之所以神聖，又因太一之神故也，《史記·天官書》云：「中宮
天極星，其一明者，太一常居也。」緯書中，《春秋元命包》亦有此說：

> 天生大列，爲中宮大極星，星其一明者，太一常居，傍兩星巨辰子
> 位，故爲北辰，以起節度，亦爲紫微宮，紫之言此中，宮之中，天
> 神圓法，陰陽開閉，皆在此中。
>
> 北者高也，極者藏也，言大一之星，高居深藏，故名北極也。〔註58〕

是北極與太一之關係如此。楊寬云：「『太一』本爲形而上學之名辭，含本體
一元之意，後乃展轉變爲一元主宰之神名。」〔註59〕此說當然爲非，因北極
星乃一可觀察之對象，而太一神之存在無非反映北極之實存，於神話或宗教
上之意義而言，太一爲神名本不待從形而上學之名詞轉化而來。

「太一」一詞始見於《楚辭·九歌·東皇太一》，如前節所言，故而人多
以太一之神爲楚人所祀之地方神或楚人之上帝，〔註60〕然而今人周勛初於此
有不同意見，其主張：基於天上神祇爲人世社會之反映，故而隨周王室威權
之下移，諸侯勢力日盛之事實，致始周人威赫下臨之上帝，轉而成爲各具地
方性色彩之各國上帝，是「東皇太一」爲象徵齊國之上帝而與當時象徵秦國
之西皇有別，東皇、西皇無非齊、秦之人世反映，至於造作「東皇太一」之
動機在突顯齊國之地位，而此觀念之流扇則要數燕齊方士出力最多。〔註61〕
宋玉〈高唐賦〉云：

> 有方之士，羨門、高谿、上成、鬱林、公樂聚穀進純犧，禱璇室，
> 醮諸神，禮太一，傳祝已具，言辭已畢。

是方士與太一之祀淵源頗深，後來方士不如羨門之徒者多，然而喜言太一之
祠者不少，「武帝時，太一之祀凡四，一、謬忌所奏立長安城東南郊者，所謂
忌太一壇也；一、此春解祠之太一用牛者也；一、神君所下之太一，祠於甘
泉北宮之壽宮者也；一、祠官寬舒等所立之太一，祠壇在雲陽甘泉宮之南，
所謂太時，三年一郊見者，以祀之時禮皆別，故各爲祭，蓋漢以祀太一當祀

〔註58〕見《重修緯書集成》卷四《春秋》上，頁87～88，〔日〕安居香山、中村璋八
　　　　編，株式會社明德出版社，昭和六十三年二月。
〔註59〕見《古史辨》第七冊，上編，頁179。
〔註60〕見同註42，〈楚的神話與宗教〉一章。
〔註61〕見〈東皇太一考〉一文，收入《九歌新考》，上海古籍出版社，1986年8月。

天，而皆用方士之說，雜出不經。」〔註62〕其中所謂「漢以祀太一當祀天」
非常中肯，祀天之活動爲一必然要求，而神明之祀或承祀日久而疲，當然，
其中造作多以人爲，周人之天，至後來地位低落，而秦及漢初因主五運而五
帝之祀甚盛，至亳人謬忌始奏祠太一方，謬忌此舉乃迎合武帝熱衷求仙而來，
而其所奏曰：「天神貴者太一，太一佐曰五帝。古者，天子以春秋祭太一東南
郊。用太牢七日，爲壇，開八通之鬼道。」是將五帝貶斥爲太一之佐。其後
又有人上書言：「古者，天子三年壹用太牢祠神三一：天一、地一、太一。」
是將至尊之太一又與天地分立，此三一乃依仿秦時天皇、地皇、泰皇之三皇
而成，觀乎此，可察覺一有趣現象，方士所奏之天神後出者爲貴，此或當時
方士媚上要寵所致。

　　王莽於元帝元始五年奏言中云：「孝文十六年用新垣平，初起渭陽五帝
廟，祭泰一、地祇，以太祖高皇帝配。日多至祠泰一，夏至祠地祇，皆并祠
五帝，而共一牲，上親郊拜。」其中言祭泰一與事實非，漢祀太一當始於武
帝，如前所述是起於謬忌所奏，然而爲武帝所確信則由於神君太一之事，〈郊
祀志〉云：

> 文成死明矣，天子病鼎湖甚，巫醫無所不致。游水發根言上郡有巫，
> 病而鬼下之。上召置祠之甘泉。及病，使人問神君，神君言曰：『天
> 子無憂病。病少瘉，強與我會甘泉。』於是上病瘉，遂起，幸甘泉，
> 病良已。大赦，置壽宮神君。神君最貴者曰太一，其佐曰太禁、司
> 命之屬，皆從之。非可得見，聞其言，言與人音等。時去時來，來
> 則風肅然。居室帷中，時晝言，然常以夜。天子祓，然後入。因爲
> 主人，關飲食，所欲言，行下。又置壽宮、北宮，張羽旗，設共具，
> 以禮神君。神君所言，上使受書，其名曰『畫法』。其所言，世俗之
> 所知也，無絕殊者，而天子心獨喜。其事祕，世莫知也。

此神君因武帝己身痛病之驗，又親聆神語，使甘泉太一終西漢能長存。然而
太一信仰之成熟當於元鼎四年泰一祭典之立，元鼎四年秋，武帝幸雍且郊，
人或曰：「五帝，泰一之佐也，宜立泰一而上親郊之。」前此武帝郊雍已三次，
而泰一佐爲五帝之說，謬忌早言，或事經壽宮神君之驗，致使五帝地位動搖，
而轉趨相信五帝爲泰一佐之說，元鼎四年雖仍郊雍，而同時亦籌備太一之祭，

〔註62〕《史記會注考證》卷二十八，〈封禪書〉，「太一。澤山君地長用牛」句下考證。

至元鼎五年：

> （武帝）令祠官寬舒等具泰一祠壇，祠壇放亳忌泰一壇，三陔。五帝
> 壇環居其下，各如其方。黃帝西南，除八通鬼道。泰一所用，如雍一
> 時物，而加醴棗脯之屬，殺一氂牛以爲俎豆牢具。而五帝獨有俎豆醴
> 進。其四方地，爲腏，食群神從者及北斗云。已祠，胙餘皆燎之，其
> 牛色白，白鹿居其中，彘在鹿中，鹿中水而酒之。祭日以牛，祭月以
> 羊彘特。泰一祝宰則衣紫及繡。五帝各如其色，日赤，月白。
> 十一月辛巳朔旦冬至，昒爽，天子始郊拜泰一。朝朝日，夕夕月，
> 則揖；而見泰一如雍郊禮。其贊饗曰：「天始以寶鼎神策授皇帝，朔
> 而又朔，終而復始，皇帝敬拜見焉。」而衣上黃。其祠列火滿壇，
> 壇旁亨炊具。有司云「祠上有光」。公卿言「皇帝始郊見泰一雲陽，
> 有司奉瑄玉，嘉牲薦饗，是夜有美光，及晝，黃氣上屬天。」太史
> 令談、祠官寬舒等曰：「神靈之休，祐福兆祥，宜因此地光域立泰畤
> 壇以明應。令太祝領，秋及臘間祠。歲天子壹郊見。」

從其祭儀、贊詞而觀，此以太一爲上帝之意甚明，從薄忌太一至此，凡十二
年而太一地位穩固。其後凡有事則祭太一，元鼎五年秋：

> 爲伐南越，告禱泰一。以牡荊幡日月北斗登龍，以象太一三星，爲
> 泰一鋒，命曰靈旗。爲兵禱，則太史奉以指所伐國。

元封元年，

> 祠黃帝於橋山，乃歸甘泉（〈帝紀〉）；既至甘泉，爲且用事泰山，先
> 類祠泰一。（〈郊祀志〉）

《說文》示部襧字，段注云：「郊天不言襧，而肆師類造上帝。〈王制〉天子
將出，類於上帝。皆主軍旅言。凡經傳言襧者，皆謂因事爲兆，依郊禮而爲
之。」軍戎之事非常起，故類祀非常制，然而類祀對象爲天，類祀祭儀依如
郊禮，故而「用事泰山，先類祠泰一」，則泰一非天而何。

「太一」之祀爲漢代祭天之一大變革，而「帝王之事莫大乎承天之序，
承天之序莫重於郊祀，故聖王盡心極慮以建其制。」而郊祀所以祭天地之義，
又完成於武帝之時，此即汾陰后土之立，元鼎四年：

> 天子郊雍，曰：「今上帝朕親郊，而后土無祀，則禮不答也。」有司
> 與太史令談，祠官寬舒議：「天地牲，角繭栗。今陛下親祠后土，后
> 土宜於澤中圜丘爲五壇，壇一黃犢牢具。已祀盡瘞，而從祠衣上黃。」

於是天子東幸汾陰。汾陰男子公孫滂洋等見汾旁有光如絳，上遂立
后土祠於汾陰脽上，如寬舒等議。上親望拜，如上帝禮。

顏師古注「禮不答」曰：「答，對也。郊天而不祀地，失對偶之義。一曰，闕
地祇之祀，故不爲神所答應也。」此二說皆不相妨，至於澤中圜丘之設，蓋
本秦時所祀齊八神將中之地主，〈郊祀志〉云：

地主，祠泰山梁父。蓋天好陰，祠之必於高山之下畤，命曰「畤」；
地貴陽，祭之必於澤中圜丘云。

至於太史談、寬舒等議以圜丘中設五壇，其所以配五帝。綜觀西漢郊祀之儀，
實多出方士之手而完成於武帝之時，〈禮樂志〉云：

武帝定郊祀之禮，祠太一於甘泉，就乾位也；祭后土於汾陰，澤中
方丘也。乃立樂府，采詩夜誦，有趙代秦楚之謳。以李延年爲協律
都尉，多舉司馬相如等數十人造爲詩賦，略論律呂，以合八音之調，
作十九章之歌。以正月上辛用事甘泉圜丘，使童男女七十人俱歌，
昏祠至明。夜常有神光如流星止集于祠壇，天子自竹宮而望拜，百
官侍祠者數百人，皆肅然動心焉。

以上記載於武帝郊祀之禮可睹其梗概，於茲再略敘數點，一、汾陰后土祠之
立在元鼎四年，早寬舒等所設泰一祠，是於此乃綜合而言。二、所云太一祠
在甘泉乃就乾位，師古注曰：「言在京師之西北」，關乎此方位是依太一行九
宮之位置而言，〔註63〕此與其後匡衡一派以陰陽解釋南北郊之議有別。三、
祭后土用澤中方丘，師古注：「祭地，以方象地形」；用事甘泉圜丘，師古注：
「圜丘者，取象天形」，此以圜方象天地之形，與前引〈郊祀志〉中天好陰，
地貴陽而取天地交通之義不同。四、「乃立樂府采詩夜誦」一事，師古注曰：
「采詩，依古遒人徇路，采取百姓謳謠，以知政教得失也。夜誦者，其言辭
或秘不可宣露，故於夜中歌誦也。」先言采詩一事，廣義而言，凡察訪民瘼
均得謂之采詩，然而樂府設立前，文帝元年詔中云：「二千石都吏循行，不稱
者督之。」武帝元狩六年詔云：「今遣博士（褚）大等六人分循行天下，存問
鰥寡廢疾，無以自振業者貸與之。」樂府設立後，昭帝始元二年，「遣故廷尉
王平等五人，持節行郡國，舉賢良，問民所疾苦、冤、失職者。」宣帝地節
四年九月詔：「朕惟百姓失職不贍，遣使者循行郡國問民所疾苦。」凡數例可

〔註63〕見《式與中國古代的宇宙模式》，李零著，《中國文化》第四期，1991 年 8
月。

知欲察政教得失不待樂府，（註64）其立本爲郊祀之用，至於夜誦一事，哀帝時孔光、何武整頓郊祭員額中，即有「夜誦員」名目，可見事有專責，而所以夜誦，又與太一有關，太一既爲北極之神，是以自然待夜始出，不然當時百官侍祠者數百人，夜誦如何其言辭不宣洩。

太公史總結武帝一生所崇奉：

> 今天子所興祠，泰一、后土，三年親郊祠，建漢家封禪，五年一脩封，薄忌泰一及三一、冥羊、馬行、赤星五，寬舒之祠，官以歲時致禮，凡六祠，皆太祝領之。至如八神諸神，明年，凡山他名祠，行過則祀，去則已，方士所興祠各自主，其人終則已，祠官弗主，他祠皆如其故，今上封禪，其後十二歲而還，偏於五嶽四瀆矣。

觀《史記》之〈孝武本紀〉與〈封禪書〉文末之太史公曰所云幾同，正所以說明武帝一生在「建漢家封禪」上之功過。

武帝之後，「昭帝即位，富於春秋，未嘗親巡祭云。」至於宣帝，由武帝正統興，其「修武帝故事，盛車服，敬齊祠之禮。」眞能彰其正統，十四年中，凡五郊泰時，兩祠后土，一祠雍五時。「元帝即位，遵舊儀，間歲正月，一幸甘泉郊泰時，又東至河東祠后土，西至雍祠五時。凡五奉泰時、后土之祠。」其後元帝好儒，貢禹、韋玄成、匡衡等相繼爲公卿，從而展開改革祭祀運動，當時貢禹「建言漢家宗廟祭祀多不應古禮。」而後有永光四年議罷郡國廟之事，可知以宗廟及郊祀之改革而言，元、成間祭祀改革始於宗廟，其事見第四章第二節。

至於郊祀改革之議，乃發自翼奉，事起於成帝初元三年，夏四月乙未，孝武園白鶴館災，元帝延問翼奉得失，奉以爲：

> 祭天地於雲陽汾陰，及諸寢廟不以親疏迭毀，皆煩費，違古制。又宮室苑囿，奢泰難供，以故民困國虛，亡累年之畜。所繇來久，不改其本，難以末正。

〔註64〕觀風采謠本是爲統治之實際需要，若以此角度而言，除皇帝不定期遣吏循行外，平日推動教化之主要人物，便是帝國體制運作之神經末梢——循吏。以推動文化之角度言循吏特性，可見〈漢代循吏與文化傳播〉，余英時著，收入《中國思想之現代詮釋》，聯經出版事業公司，1987年8月。而討論秦漢官吏之性格者，可見〈《日書》與秦漢時代的吏治〉一文，林劍鳴著，《新史學》二卷二期，1991年6月。

而解決之方法爲：

> 徙都於成周，按成周之居，兼盤庚之德，萬歲之後，長爲高宗。漢
> 家郊兆寢廟祭祀之禮多不應古，臣奉誠難宣居而改作，故願陛下遷
> 都正本。〔註65〕

翼奉此遷都正本之法並未被其後改革者所取，匡衡、張譚等以爲：

> 帝王之事莫大乎承大之序，承天之序莫重於郊祀，故聖王盡心極慮以
> 建其制。祭天於南郊，就陽之義也；瘞地於北郊，即陰之象也。天之
> 於天子也，因其所都而各饗焉。往者，孝武皇帝居甘泉宮，即於雲陽
> 立泰畤，祭於宮南。今行常幸長安，郊見皇天反北之泰陰，祠后土反
> 東之少陽，事與古制殊。又至雲陽，行谿谷中，阸陝且百里，汾陰則
> 渡大川，有風波舟楫之危，皆非聖主所宜數乘。郡縣治道共張，吏民
> 困苦，百官煩費。勞所保之民，行危險之地，難以奉神靈而祈福祐，
> 殆未合於承天子民之意。……天隨王者所居而饗之。

王商、師丹、翟方進等亦以爲：

> 兆於南郊，所以定天位也；祭地於大折，在北郊，就陰位也。郊處
> 各在聖王所都之南北。……故聖王制祭天地之禮必於國郊。長安，
> 聖主之居，皇天所觀視也。甘泉、河東之祠非神靈所饗，宜徙就正
> 陽大陰之處。違俗復古，循聖制，定天位，如禮便。

若如翼奉所建議徙都實大肆要張，匡衡一派提出「天隨王者所居而饗之」可
謂以天事遷就人事，同時，以陰陽義而定南北郊，除有理論上之說明外，亦
所以避舟車之險與勞頓，而且指出，雲陽泰畤之立無非因武帝居甘泉宮之便，
思更破除泰畤其地之神聖色彩。事經成帝許可，則更進一步去夸飾，衡言：

> 臣聞郊饗帝之義，埽地而祭，上質也。……皆因天地之性，貴誠上
> 質，不敢修其文也。以爲神祇功德至，雖修精微而備庶物，猶不足
> 以報功，唯至誠爲可，故上質不飾，以章天德。紫壇偽飾女樂、鸞
> 路、驊駒、龍馬、石壇之屬，宜皆勿修。

迨至建始二年，祀南郊之後，遂更進一步罷諸神祠，所罷有四百七十五所。

〔註65〕蕭公權言：「推想其意，殆以初元三年（西元前 46 年）歲在乙亥，正當革命
之際。漢室如能應運而改政，則丙子以後，不異再受天命。天道終而復始，
固不必易姓更王，然後足以申革命之義矣。」《中國政治思想史》，頁324，聯
經出版事業公司，1982 年。

　　然而其後成、哀、平三帝，或因無嗣、或因寢疾，至使「三十餘年間，天地之祠五徙焉。」是敬天之所在常隨人事而流轉。

第四節　統一帝國之天道思想——以董仲舒之天道觀爲中心

一、漢承秦制

　　漢初，帝國體制之決定乃環繞秦朝之興廢而來，政治制度之施設，亦得爲面對歷史思考之產物，而於秦制多所承襲，《史記·曆書》云：

> 漢興，……是時天下初定，方綱紀大基，高后女主皆未遑，故襲秦正朔服色。

《漢書·律曆志》云：

> 漢興，方綱紀大基，庶事草創，襲秦正朔。

《漢書·郊祀志贊》云：

> 漢興之初，庶事草創，唯一叔孫生略定朝廷之儀。若迺正朔服色郊望之事，數世猶未章焉。

《漢書·百官公卿表》云：

> 秦兼天下，建皇帝之號，立百官之職，漢因循而不革，明簡易隨時宜也。

當日定制之人，據《漢書·高帝記》所載：

> 天下既定，命蕭何次律令，韓信申軍法，張蒼定章程，叔孫通制禮儀，陸賈造新語。……雖目不暇給，規模弘遠矣。

此諸人之背景，如《史記·張丞相列傳》：

> 自漢興至孝文二十餘年，會天下初定，將相公卿皆軍吏。

趙翼《廿二史箚記·漢初布衣將相之局條》〔註66〕所言人物更廣泛：

> 漢初諸臣，惟張良出身最貴，韓相之子也。其次則張蒼，秦御史；叔孫通，秦待詔博士。次則蕭何，沛主吏掾；曹參，獄掾；任敖，獄吏；周苛，泗水卒史；傅寬，魏騎將；申屠嘉，材官。其餘陳平、王陵、陸賈、酈商、酈食其，夏侯嬰等皆白徒，樊噲則屠狗者，周

〔註66〕《廿二史箚記》，清·趙翼撰，杜維運考證，華世出版社，1977年9月。

勃則織薄曲吹簫給喪事者，灌嬰則販繒者，婁敬則輓車者。一時人才，皆出其中，致身將相，前此所未有也。高祖以匹夫起事，角群雄而定一尊，其君既起自布衣，其臣亦多亡命無賴之徒，立功以取將相，此氣運爲之也。

所謂「氣運爲之」若指漢由平民立國而寓貶斥之意，實階級意識作祟，不顧戰國以來貴族夷陵，平民崛起之現象。錢穆先生以爲：

> 漢初政局，大體因襲秦舊，未能多所改革。此由漢廷君臣，多起草野，於貴族生活，初無染習，遂亦不識朝廷政治體制。又未經文學詩書之陶冶，設施無所主張。而遽握政權，急切間惟有一仍秦舊，粗定規模。〔註67〕

李偉泰則提出所謂「秦本位政策」之觀念，用以解釋漢承襲秦制之原由，於此部分其認爲：

一、劉邦集團既然決定經營關中，且留用秦吏，而秦朝的檔案資料，又已完整取得，則全盤沿用秦的典章制度，無論對漢廷，對秦吏，以及對秦民而言，均有其先天上的便利。

二、就民族感情來說，用楚制或各國遺制，容易激起秦人的反感，不如沿用秦制可以產生彼此一體的感受。

三、沿用秦法，執行從寬，則以秦法的嚴屬，足以維持治安，防範不虞；備而不用，則仍沿約法三章的精神。所以漢朝雖是秦的變象復活，仍可給秦民以寬容的感受。

四、起先的客觀形勢未變，不容漢廷驟然改變基本國策。後來形勢雖然起了變化，但漢廷沿用秦的典章制度既久，而依法家精神制定的秦制，對君主自有許多便利之處，自然也就吝於改革了。〔註68〕

茲對李氏之說再稍作補充，李所謂「秦本位政策」實就項、劉東西對峙之實況而言，且其觀察認爲，劉邦未入秦時即有此謀，至於劉邦何以能放棄其自身之楚地背景而採秦制，錢穆先生論戰國時人之性格與秦國之關係有言：

> 秦之富強，得東方遊仕之力爲多，如商鞅、張儀、公孫衍、甘茂、范雎、蔡澤、呂不韋，皆東方人也，彼輩皆不抱狹義的國家觀念。……

〔註67〕　《秦漢史》，頁46～47。
〔註68〕　此部分觀念見《漢初學術及王充論衡述論稿》，頁1～39，李偉泰著，長安出版社，1985年5月。

秦政府實一東西混合的政府，亦是一貴族與平民合組的政府。（所謂
布衣卿相之局。）秦藉東方人力得天下，自不能專以秦貴族統治。
故始皇雖爲天子，子弟下儕齊民爲匹夫，更不封建。雖係始皇卓識，
亦當時情勢使然。〔註69〕

若依此觀察角度而言，所謂「秦本位政策」，實指採秦朝之「立國精神」而借
勢以成。

《史記・陸賈列傳》云：

陸生時時前說稱詩書。高帝罵之曰：迺公居馬上而得之，安事詩書。
陸生曰：居馬上得之，寧可以馬上治之乎？且湯武逆取而順守，文武
並用，長久之術也。……鄉使秦已并天下，行仁義，法先聖，陛下安
得而有之。高帝不懌而有慚色，迺謂陸生曰：試爲我著秦所以失天下，
吾所以得之者何？及古成敗之國。陸生乃粗述存亡之徵，凡著十二
篇，每奏一篇，高帝未嘗不稱善，左右呼萬歲，號其書曰：《新語》。

其後賈誼於〈過秦下〉云：

秦滅周祀，并海內，兼諸侯，南面稱帝，以四海養，天下之士斐然
嚮風若是何也？曰：近古之無王者久矣。……秦王懷貪鄙之心，行
自奮之智，不信功臣，不親士民，廢王道而立私權，禁文書而酷刑
法，先詐力而後仁義，以暴虐爲天下始，夫并兼者高詐力；安定者
貴順權，以此言之，取與攻守不同術也。

漢初之思想焦點即落於對秦朝速亡之經驗反省上，此反省所以用爲政策方向之
指引，而「攻守異術」或爲當時普遍之共識，有此共識然後治術得以發揮，又
基於「攻守異術」之原則，此漢初黃老大行之原因，《史記・曹相國世家》云：

（曹參）聞膠西有蓋公，善治黃老言，使人厚幣請之。既見蓋公，
蓋公爲言治道貴清靜而民自定，推此類具言之。參於是避正堂，舍
蓋公焉。其治要用黃老術，故相齊九年，齊國安集，大稱賢相。……
參爲漢相國，清靜，極言合道。然百姓離秦之酷，後參與休息無爲，
故天下俱稱其美矣。

《呂后本記》云：

孝惠皇帝、高后之時，黎民得離戰國之苦，君臣俱欲休息乎無爲。
故惠帝垂拱，高后女主稱制，政不出房戶，而天下晏然，刑罰罕用，

〔註69〕《國史大綱》，頁88～89。

罪人是希。民務稼穡，衣食滋殖。

《外戚世家》云：

> 竇太后好《黃帝》、《老子》言，帝及太子諸竇，不得不讀《黃帝》、
> 《老子》，尊其術。

《魏其武安侯列傳》云：

> 竇太后好黃老之言，而魏其、武安、趙綰、王臧等，務隆推儒術，
> 貶道家言，是以竇太后滋不說魏其等。

《漢書‧景帝記》云：

> 周秦之敝，罔密文峻，而姦軌不勝。漢興，掃除煩苛，與民休息。
> 至於孝文，加之以恭儉。孝景遵業，五六十載之間，至於移風易俗，
> 黎民醇厚。周云成康，漢言文景，美矣。

由此而觀，是漢初宛若一幅河清海晏圖，其實不然，農民凋敝，商賈以錢勢
壞社會秩序不談，以刑法而言，梁玉繩《史記志疑》卷六云：

> 《漢書‧刑法志》曰：漢興，約法三章，網漏吞舟之魚，然其大辟，
> 尚有夷三族之令。又考惠帝四年，始除〈挾書律〉。呂后元年，始除
> 〈三族罪〉、〈妖言令〉。文帝元年，始除〈收孥〉諸相坐律令。二年，
> 始除〈誹謗律〉。十三年，除肉刑。然則秦法未嘗悉除，三章徒爲虛
> 語，《續古今考》所謂一時姑爲大言以慰民也。蓋三章不足禁姦，蕭
> 何爲相，悉攄秦法，作律九章，疑此等皆在九章之內。

何以漢初黃老嚴刑並行，林聰舜云：「漢初政治中的兩面性，……這兩面間似
乎存在著某種緊張性。其中一面是針對秦法嚴酷與秦亡的教訓，主張清靜無
爲，與民休息；另一面則是秦制的翻版，統治作風且不免帶有秦朝法家政治
嚴苛的遺風。亦即一面是反秦、反法（反「罔密文峻」）另一面則是承襲以法
家爲本的『秦制』。」〔註70〕人皆知秦爲戰國行法家最徹底最成功之典範，一
統六國爲最佳說明，且足以印証法家手法對帝國體制最有績效，漢繼秦，其
體制未曾改變，當然秦法不能驟去，然而基於「攻守異術」之原則又不能不
變，此時摶揉道法精神之「黃老」足以應世，茲舉二家說明，李偉泰以爲：
黃老思想流行於漢初的原因，可分三點說明：

　　一、就當時社會情勢來說，的確需要黃老的清靜無爲。

　　二、可以救治漢沿秦制所可能產生的毛病。

〔註70〕《西漢前期思想與法家的關係》，頁32，林聰舜著，大安出版社，1991年4月。

三、黃老思想有利於君權的維護，所以能夠獲得漢初帝王的青睞。〔註71〕
林聰舜以爲：「既然專制體制無法放棄法家思想，何以漢初政治不直接吸收法
家思想，而必須透過黃老，亦即透過與道家結合的方式來吸納法家？」其回
答如下：

第一、秦王朝短命覆亡的經驗，暴露法家的缺點，也造成漢初檢討法家
缺失的風氣。

第二、道家的「無爲」、「清靜」，符合漢初的實際需要。經過秦末大亂與
楚漢相爭，天下疲憊不堪，……這時縱想大肆作爲，條件也不允
許，能使人民休養生息的「無爲」、「清靜」思想，方是安定秩序、
恢復經濟生產力的好辦法。

第三、道家的包容性大，可以吸收各家之長，甚至可以保障法家制度的
存在。

第四、黃老思想是「柔性的有爲」思想，便於蓄積力量，準備有爲。〔註72〕
以上二家均爲黃老之學何以用於漢初提出說明，於此再進一步申訴，陳麗桂
云：「代表著漢人心目中的『道家』，其實是指戰國秦漢以來的黃老術，一種
摻合濃厚刑名色彩的治術，除了融合各家之外，『因』與『時變』也都是它們
的主要論題。」〔註73〕依此角度而言，是黃老術於漢初大行，就黃老學發展
而言，根本是一必然問題，亦即黃老本身之道法融合，除學說之內在理論有
其可融性外，必然也蘊涵此融合之目的性，除非此目的性之價值被揚棄，否
則黃老不死。又黃老之學其用何在？司馬談〈論六家要旨〉已有明言，其云：
「易大傳，天下一致而百慮，同歸而殊塗，夫陰陽、儒、墨、名、法、道德，
此務爲治者也。直所從言之異路，有省不省耳。」所言「務爲治者也」爲全
篇綱領，而道家之術，「因陰陽之大順，采儒、墨之善，撮名、法之要，與時
遷移，應物變化，立俗施事，無所不宜，指約而易操，事少而功多。」當然
爲治法中之善者，治術之最善，當然因應統治需要而不斷改良之故。

二、大一統象徵之出現——以三大勢力之消除爲前提

漢初之政治性格可謂由功臣所形成，此由蕭何、曹參、王陵、陳平、周勃、

〔註71〕同註68，頁44。
〔註72〕同註70，頁57～59。
〔註73〕《戰國時期的黃老思想》，頁107，陳麗桂著，聯經出版事業公司，1991年4月。

灌嬰、張蒼、申屠嘉等先後爲相可知，而其消息正如《漢書・韓彭英盧吳傳》
云：「昔高祖定天下，功臣異姓而王者八國。……皆徼一時之權變，以詐力成功，
咸得裂土，南面稱孤。見疑強大，懷不自安，事窮勢迫，卒謀叛逆，終於滅亡。
張耳以智全，至子亦失國。」又《史記・高祖功臣侯者年表》所云：

> 漢興，功臣受封者百有餘人。……至太初，百年之間，見侯五，餘
> 皆坐法隕命亡國耗矣。罔亦少密焉，然皆身無兢兢於當世之禁云，
> 居今之世，志古之道，所以自鏡也，未必盡同帝王者，各殊禮而異
> 務，要以成功爲統紀，豈可緄乎。（《考証》引徐孚遠曰：「此數語，
> 蓋不敢斥漢家少恩，故爲隱語也。」）觀所以得寵，及所以廢辱，亦
> 當世得失之林也。

而范曄於〈朱景王杜劉堅傳堅馬列傳〉亦云：

> ……降自秦漢，世資戰力，互於翼扶王運，皆武人堀起。亦有鬻繒
> 屠狗輕猾之徒，或崇以連城之賞，或任以阿衡之地。故勢疑則隙生，
> 力侔則亂起。蕭樊且猶縲紲，信越終見菹戮，不其然乎！自茲以降，
> 迄於孝武，宰輔五世，莫非公侯。

朝廷於功臣，雖加以封侯裂地之酬庸，然不能無防心，《史記・呂后本紀》云：
「太后稱制，議欲立諸呂爲王，向右丞相王陵，王陵曰：高帝刑白馬盟曰：
非劉氏而王，天下共擊之。」《漢書・外戚恩澤表》云：「漢興，外戚與定天
下，侯者二人。故誓曰：非劉氏不王，若有亡功非上所置而侯者，天下共誅
之。」實則此誓起於擊盧綰後，《漢書・高帝紀》十二年三月詔：「吾於天下
賢士功臣，可謂亡負矣。其有不義背天子擅起兵者，與天下共誅之。」〈外戚
恩澤表〉所云似是針對諸呂而發，由此可知其實不然。

太后欲王諸呂，王陵廷爭，而陳平、周勃等答以：無所不可，王陵責讓
陳平、周勃，陳、周等曰：「於今面折廷爭，臣不如君，夫全社稷定劉氏之後，
君亦不如臣。」知陳、周等人胸有成竹，太后崩後，諸呂被誅，浸至「文景
之世功臣外戚之患皆除，而同姓諸王，轉爲治安之梗焉。」

《漢書・諸侯王表》云：

> 漢興之初，海內新定，同姓寡少，懲戒亡秦孤立之敗，於是剖裂疆
> 土，立二等之爵，功臣侯者百有餘邑，尊王子弟，大啓九國。……
> 公主、列侯頗邑其中。而藩國大者夸州兼郡，連城數十，宮室百官
> 同制京師，可謂撟枉過其正矣。……然諸侯原本以大，未流濫以致

溢，小者淫荒越法，大者暌孤橫逆，以害身喪國。

而文帝時賈誼於〈治安策〉中以諸侯王過制爲可痛哭者，

夫樹國固必相疑之勢，下數被其殃，上數爽其憂，甚非所以安上而
全下也。今或親弟謀爲東帝，親兄之子西鄉而擊，今吳又見告矣，
天子春秋鼎盛，行義未過，德澤有加焉，猶尚如是，況莫大諸侯，
權力且十此者虖！

而於大國爲何不能施以仁恩籠絡，其因在於：

夫仁義恩厚，人主之芒刃也；權勢法制，人主之斤斧也。今諸侯王
皆衆髖髀，釋斤斧之用，而欲嬰以芒刃，臣以爲不缺則折。胡不用
之淮南、濟北？勢不可也。

非不用仁恩，乃是形勢上之不可，賈誼此見識得自對漢初諸異姓諸侯之叛，

臣竊跡前事，大抵彊者先反。淮陰王楚最彊，則最先反；韓信倚胡，
則又反，貫高因趙資，則又反；陳豨兵精，則又反；彭越用梁，則
又反，黥布用淮南，則又反；盧綰最弱，最後反。長沙乃在二萬五
千戶耳，功少而最完，勢疏而最忠，非獨性異人也，亦形勢然也。

既然彊者先反爲形勢所必然，故而

欲諸王之皆忠附，則莫若令如長沙王；欲臣子之勿菹醢，則莫若令
如樊酈等；欲天下之治安，莫若衆建諸侯而少其力。

此「衆建諸侯而少其力」之特點在「表面上仍維護半封建半郡縣的制度，承
認諸侯王存在的事實；但實際上是以漸進的手段，完成中央集權的目標。」「將
中央與諸侯王之間的矛盾，轉移爲諸侯王兄弟之間的矛盾」林聰舜以爲封建
爲儒家之主張，而郡縣爲法家所推動，是賈誼之主張兼具「儒家形式與法家
精神」，〔註74〕此就學派融合而言，然而周初之行封建實與其東進政策有關，
不全爲儒家精神之反映，不能因其與宗法之親屬關係結合遂判爲儒家思想，
誠然，儒家思想爲宗法與封建之理論作出許多合理之解釋與維護，而一旦周
人東進政策停止，殖民地域不再擴充，此時許多貴族逐漸下移，與平民無異，
至於秦行郡縣，是法家權力一統之表現，然而宗法時代之血緣氏族體制又必
須維持，漢繼秦而起，此問題同樣須加以解決，賈誼之儒法思想正反映戰國

〔註74〕同註70，頁97～98。又《史記・秦始皇本紀》李斯議行郡縣云：「諸子功臣，
以公賦稅重賞賜之，甚足易制，天下無異意，則安寧之術也。」西漢景帝後，
方能如此。

末期以來之潮流與社會問題。

　　至於賈誼之主張爲何未行於文帝朝，錢穆先生曰：

> 文帝雖仁慈，亦非不知道政治之不能終以無動無爲，一務恭儉玄默
> 以爲長治久安之計也。賈誼所言，文帝且一一行之。帝臨崩，告其
> 子，一旦有事，周亞夫可用。景帝卒用周亞夫平七國之變。特文帝
> 以代王入主中朝，諸王在外者，非其長兄，則其伯叔父。廷臣皆高
> 祖時功臣，封侯爲相，世襲相承。文帝即由廷臣所立，強弱之勢，
> 難於驟變。其時漢中朝之政令，既不能行於王國，而漢帝威權，亦
> 不能大伸於中朝功臣之上。
>
> 然文帝以慈祥愷悌默運於上，二十三年間，而中央政府之基礎日以
> 穩固。外有以制諸王，內有以制功臣，則文帝之賢，又豈僅於慈祥
> 恭儉而已哉。景帝雖遵業，慈祥之性，不能如其父。爲之謀臣者，
> 如晁錯，又以深刻，主促七國之變。大難雖平，錯亦見誅。然自高
> 祖以來，功臣外戚同姓三系紛紜之爭，至此告一結束。而中央政府
> 一統之權能，遂以確立。〔註75〕

政府之權力一統，而董仲舒天道象徵一統國家思想應運而出，此雖戰國以來
潮流所趨，然與現實政治之符應不能無關，而鄒董合流，其天道思想遂演成
變法與讓賢之國家權力根源之正當性問題。〔註76〕

三、鄒董合流與天人結合之可能

　　勞思光言：「漢儒思想受陰陽五行說之支配，實爲一普遍趨勢；並非始自董
仲舒。陰陽五行之說，本非儒學所有，而漢儒取此種立場以解經，亦非一人一
派之事。然董仲舒論『天人相應』特詳，且以此作爲儒學之精義；又倡罷黜百
家之議，由此，使中國思想界在一段極長時間中，受僞託儒學之災異妄言所支
配。」〔註77〕漢人受陰陽五行支配之程度，可能遠超吾人想像，〔註78〕而對於
董仲舒所以罷黜百家之議，〈舉賢良對策〉云：

> 《春秋》大一統者，天地之常經，古今之通義也。今師異道，人異

〔註75〕同註67，頁62～63。
〔註76〕同註69，頁110。
〔註77〕《中國哲學史》（二），頁22，三民書局股份有限公司，1984年9月。
〔註78〕同註63，頁26。

論，百家殊方，旨意不同，是以上無以持一統；法制數變，下不知
所守。臣愚以爲諸不在六藝之科，孔子之術者，皆絕其道，勿使並
進。邪辟之説滅息，然後統記可一，而法度可明，民知所從矣。

此議曾爲胡適比作李斯之議焚書，

古者天下散亂，莫之能一，是以諸侯並作，語皆道古以害今，飾虛
言以亂實，人善其所私學，以非上之所建立。今皇帝並有天下，別
黑白而定一尊。私學而相與非法教，人聞令下，則各以其學議之，
入則心非，出則巷議，夸主以爲名，異取以爲高，率群下以造謗。
如此弗禁，則主勢降乎上，黨與成乎下，禁之便，臣請史官非秦記
皆燒之，非博士官所職，天下敢有藏《詩》、《書》、百家語者，悉詣
守尉雜燒之。有敢偶語《詩》、《書》者棄市，以古非今者族，吏見
知不舉者與同罪。令下三十日不燒，黥爲城旦。所不去者，醫藥、
卜筮、種樹之書。若欲有學法令，以吏爲師。

此二者之同，在於均期望達成價值標準之統一，然而董仲舒之大一統觀，[註79]
除現實政治之一統，又得自其對春秋公羊學之詮釋，而其引入陰陽五行之觀念，
或如勞思光所云：「非一人一派之事」，當時武帝贊同其議，或與其天人相應之
說法有關，蓋「漢武一朝政治，其動機大體往往自方士發之。」[註80] 董仲舒
之學可涵蓋鄒衍以來之方士或社會上各階層所普遍流行之觀念，唯勞思光批評
道：

董仲舒所言之「天道」與「天象」，或爲形上意義之規律，或爲經驗
意義之事實；本身不能涉及價值問題。但董仲舒則將「應天」當作
最高價值原則，此乃思想上一大混亂。

批評此類説法，至爲容易。吾人可設想有一套屬於天象之事實，然

〔註79〕 李新霖言：「所謂一統者，以天下爲家，世界大同爲目標；以仁行仁之王道理
想，即一統之表現。然則一統須以統一爲輔，亦即反正須以撥亂爲始，所謂
統一，乃約束力之象徵，齊天下人人於一，以力假仁之霸道世界，即爲統一
之結果。」此爲確論，董仲舒之思想背景亦在此。見《春秋公羊傳要義》，文
津出版社，1989 年 5 月。而分別解「大」與「一統」者，可見《公羊傳的政
治思想》一書第三章，不過作者以《公羊傳》本身並沒有文化思想統一的要
求及歷史事實並不能證實董氏所言爲眞兩點，批評董氏之非，此則未免善誣
董氏，其所批評無著落。簡松興著，國立臺灣師範大學國文研究所碩士論文，
民國 68 年 5 月。

〔註80〕 同註 67，頁 114。

後比較此類事實與人事間之相似關係。但無論此種相似關係是否存
在，均非一價值問題，吾人不能謂人事與天象應該相似，或不應該
相似。蓋天象是一套事實，人事是另一套事實；二者是否相似，亦
只是一事實問題。此中不可能涉及價值。〔註81〕

勞思光此說之反面，即為董仲舒所用力處，意即，將天道與人事會通，而其
會通如何可能？曰：來自鄒衍一派之思想，在此似乎構成一循環論証（Circulus
vitiosus），究其實，勞氏所謂「思想上一大混亂」，於董仲舒學說理論本身並
不存在，無論「人副天數」或「同類相動」其所呈顯之思想，〔註82〕正足以
說明天道與人事之會通在於神話與宗教，以《春秋繁露・求雨》中所載，四
季求雨必置蝦蟆社中一例說明之，何以蝦蟆有求雨之功能。

因為有些原始人相信不是雨把青蛙從隱藏的地方引出來，而是青蛙
的呱呱聲把雨引了出來。

譬如蛙鳴則雨。野蠻人覺得他也能學蛙鳴。於是，他就扮作青蛙，
學作蛙鳴，希望求得他所盼望的雨水。這樣，就產生了祭祀以及對
奇蹟的崇拜，然後又發明了教條和神話來加以解釋。〔註83〕

神話在為秩序（含因果關係）提出說明，而宗教則以信仰為優先，天道人事
藉此二者會通，其價值即神話與宗教範疇之存在。董仲舒之思想之所以被批
評即在此處，不論其用心如何，當其將陰陽五行與公羊思想結合時，於方法
上，既不能不訴諸於神話或宗教，其招物議乃必然之事。

四、天君關係

以《春秋繁露》全書內容分法而言，徐復觀以為「〈郊語〉第六十五、〈郊

〔註81〕 同註77，頁26～27。董仲舒將鄒衍以來之學說融合而摶成一套天人哲學，是
　　　　章太炎曾視其為大巫，就其所使用之方法而言，確有巫風，尤其「同類相動」
　　　　之感應說法，與巫術原理實無二致，見《金枝》一書第二章，弗雷澤（James
　　　　Frazer）著，汪培基譯，陳敏慧校閱，久大文化股份有限公司、桂冠圖書股份
　　　　有限公司聯合出版，1991年2月。
〔註82〕 天道人事除了類動關係外，與其秩序亦有關連，東漢張衡〈靈憲〉言：「昔在
　　　　先王，將步天路，用定靈軌，尋緒本元先準之于渾體，是謂正儀立度而皇極
　　　　有遒建也。」天體遼廓，求其秩序，除先驗理性之自然運作外，亦為人世間
　　　　之社會秩序要求，投射於星空中。
〔註83〕 見《黑馬——中國民俗神話學文集》，頁360～361所引，蕭兵著，時報文化
　　　　出版企業有限公司，1991年3月。

義〉第六十六、〈四祭〉第六十八、〈郊祀〉第六十九、〈郊事〉第七十一〈祭義〉第七十六，凡六篇，乃由尊天而推及郊天及一般祭祀之禮，與當時朝廷的禮制有關。」而賴炎元則主張：「從〈郊語〉第六十五到〈祭祀〉第七十六，共十二篇，是論述祭祀天地、宗廟以及求雨、止雨的儀式和意義，發揮尊天敬祖的道理。」〔註84〕由於董仲舒其天之涵義不止一端，〔註85〕此專就其與天子之關係，範圍約同於徐復觀所述。首先討論董仲舒天道之性格，

> 一般地說，對天的性格的規定，一是轉述傳統的說法，傳統對人的
> 精神是一種力量，而容易使人作無反省的信服。一是出於個人價值
> 觀的投射：即是將個人的價值觀，不知不覺地投射到天上面去，以
> 為天的性格本來是如此。另一是出自主觀的要求：自己要求如此，
> 認定天即是如此。三者常混在一起，而其中有輕重之不同。仲舒對
> 天的性格的認定出於他主觀的要求為多。〔註86〕

以上為徐復觀之說法，若按照此分類，其實只說得兩項，第二、三項實可合併，因個人如此地認定實即個人價值觀之反映，至於徐復觀言董仲舒之天道

〔註84〕《春秋繁露》全書分法，見《董仲舒》，頁4～6，韋政通著，東大圖書公司，1986年7月。

〔註85〕項退結認為：「真正有案可查而把自然界的天與出令之天混為一談的是董仲舒。」見〈從董仲舒、淮南子至王充的「天」與「命」〉一文，收入《漢代文學與思想學術研討會論文集》，國立政治大學中文系所主編，文史哲出版社，1991年10月。而董仲舒不同涵義之天，彼此結合運作之方式李澤厚以為：「在董仲舒那裏，人格的天（天志、天意）是依賴自然的天（陰陽、四時、五行）來呈現自己的。前者（人格的天）從宗教來，後者從科學（如天文學）來。前者具有神秘的主宰性、意志性、目的性，後者則是機械性或半機械性的。前者賴後者而呈現，意味著人對『天志』、『天意』的服從，即應是對陰陽、四時、五行的機械秩序的順應。『天』的意志力量和主宰作用在這裏是與客觀現實規律（陰陽、四時、五行）相合一。而作為生物體存在的人的形體與作為社會物存在的尊卑等級和倫常制度，都只是『天』即陰陽五行在世間的推演。這樣，關鍵點就在於如何認識和處理人事、政治、制度與陰陽、四時、五行相類比而存在、相關聯而影響，使彼此構成一個和諧、穩定、平衡、統一的機體組織，以得到綿延和鞏固。」對李澤厚此部分學說之批評，可見〈思想家李澤厚評傳〉一文尤其頁43~44，齊墨著，《中國論壇》月刊號，三十二卷第六期，1992年4月。而李氏上引文見《中國古代思想史論》，頁162，谷風出版社。此皆就董仲舒思想內部分析，不得視為其天有二元，又李澤厚言董仲舒自然之天從科學來，如天文學云云，實舉例不當，因當時之天文學較屬今日所謂星占學（Astrology），其宗教意味甚濃。見〈上古天文考——古代中國『天文』之性質與功能〉，江曉原著，《中國文化》第四期，1991年8月。

〔註86〕見《兩漢思想史》，頁373，徐復觀著，臺灣學生書局，1989年9月。

性格多出於其主觀認定，其原因即在於董仲舒之天爲大一統皇帝之象徵。馮友蘭云：

> 在中國文字中，所謂天有五義。曰：物質之天，即與地相對之天。曰主宰之天，即所謂皇天上帝，有人格的天帝。曰：運命之天，乃指人生中吾人所無可奈何者，如孟子所謂「若夫成功則天也」之天是也。曰：自然之天，乃指自然之運行，如荀子〈天論篇〉所說之天是也。曰：義理之天，乃謂宇宙之最高原理，如〈中庸〉所說「天命之爲性」之天是也。《詩》、《書》、《左傳》、《國語》中所謂之天，除物質之天外似皆指主宰之天；論語中孔子所說之天，亦皆主宰之天也。〔註87〕

此爲汎說，若以先秦諸子而論，董仲舒之天較偏墨子之天帝觀，李杜云：「（墨子）對天帝的觀點不同於《左傳》與《國語》二書和孔子對《詩》、《書》神性義的天與自然義的天，皆有所繼承與發展。他只注意天爲可敬畏的神靈，其意旨可以爲人法而成法的觀念。」〔註88〕「因此，墨子的天的政治性重於宗教性。」〔註89〕吾人可依此角度考察董仲舒之天道觀，〈郊語〉云：

> 人之言：醞去煙，鴟羽去眯，慈石取鐵，頸金取火，蠶珥絲於室，而弦絕於堂，禾實於野，而粟缺於倉，蕪萸生於燕，橘枳死於荆，此十物者，皆奇而可怪，非人所意也。夫非人所意而然，既已有之矣，或者吉凶禍福、利不利之所從生，無有奇怪，非人所意如是者乎，此等可畏也。孔子曰：「君子有三畏：畏天命，畏大人，畏聖人之言。」彼豈無傷害於人，如孔子徒畏之哉！以此見天之不可不畏敬，猶主上之不可不謹事，不謹事主，其禍來至顯，不畏敬天，其殃來至闇，闇者不見其端，若自然也，故曰：堂堂如天殃。言不必立校，默而無聲，潛而無形也。由是觀之，天殃與主罰所以別者，闇與顯耳，不然其來逮人，殆無以異，孔子同之，俱言可畏也。天地神明之心，與人事成敗之眞，固莫之能見也，唯聖人能見之，聖人者，見人之所不見者也，故聖人之言亦可畏也，奈何如廢郊禮？郊禮者，人所最甚重也，廢聖人所最甚重，而吉凶利害在於冥冥不

〔註87〕見《中國哲學史》附補篇，頁55。
〔註88〕見《中西哲學思想中的天道與上帝》，頁100，李杜著，聯經出版事業公司，1991年5月。
〔註89〕同前，頁107。

可得見之中，雖已多受其病，何從知之！故曰：問聖人者，問其所
爲，而無問其所以爲也，問其所以爲，終弗能見，不如勿問，問爲
而爲之，所不爲而勿爲，是與聖人同實也，何過之有！

之所以不憚煩而錄之，在於其可見董仲舒之宗教態度，其推論之過程爲先列舉
經驗中之可怪事物，然後將此類事物歸於可敬畏之範圍，同時中止求其背後原
因，而純粹訴之於虔敬，較值得注意者在文中之聖人頗類古之巫覡，對荀子一
派可謂逆轉，《荀子・天論》云：「列星隨旋，日月遞炤，四時代御，陰陽大化，
風雨博施，萬物各得其和以生，各得其養以成，不見其事而見其功，夫是之謂
神。皆知其所以成，莫知其無形，夫是之謂天，唯聖人爲求知天。」又〈禮論〉
云：「祭者，志意思慕之情也，忠信愛敬之至矣，禮節文貌之盛矣，苟非聖人，
莫之能知也。聖人明知之，士君子安行之，官人以爲守，百姓以成俗。其在君
子，以爲人道也；其在百姓，以爲鬼事也。」雖荀子亦有「神道設教」之義，
然其宗教味道甚淡，而董仲舒言聖人能見人所不見，此又同〈祭義〉中云：「祭
之爲言際也與！祭然後能見不見。見不見之見者，然後知天命鬼神。毋怪徐復
觀云：「董氏所說的天，似乎回到古代宗教的人格神上面去了，我相信董氏常常
會有宗教神的影像，往來於他的心目之中。」〔註90〕

又〈郊語〉云：

天子者，則天之子，以身度天，獨何爲不欲其子之有禮也，今爲其
天子，而闕然無祭於天，天何必善之。

〈郊義〉云：

天者，百神之君也，王者之所最尊也。

〈郊祭〉云：

喪者不祭，唯祭天爲越喪而行事。夫古之畏敬天而重天郊如此甚也，
今群臣學士不探察曰：「萬民多貧，或頗饑寒，足郊乎！」是何言之
誤，天子父母事天，而子孫畜萬民，民未偏飽，無用祭天者，是猶
子孫未得食，無用食父母也，言莫逆於是，是其去禮遠也。先貴而
後賤，孰貴於天子，天子號天之子也，奈何受爲天子之號，而無天
子之禮，天子不可不祭也。

〈郊祀〉云：

天若不予是家，是家者安得立爲天子，立爲天子者，天予是家，天

予是家者，天使是家，天使是家者，是家天之所予也，天之所使也。
天子祭天爲禮之先，〈深察名號〉云：「受命之君，天意之所予也。故號爲天子者，宜視天爲父，事天以孝道也。」天與天子之關係爲父子，此關係實由名字上所界定，受命觀念古已有之，然天與天子明示爲父子關係此董仲舒始發明，〈爲人者天〉云：「爲生不能爲人，爲人者，天也，人之人（盧文弨校作人之爲人）本於天，天亦人之曾祖父也，此人之所以乃上類天也。」此又將天人關係納入親屬關係中解釋，古時郊祀宗廟本來爲二，天道人事多不可踰越，董仲舒於此將天人關係予以親屬解釋，無形中正所以降低天之權威性。〔註91〕

五、天道之政治作用

許倬雲指出兩漢四百年基業，「在這四百年中，中國眞正的鎔鑄成爲一個完整的個體。這一段鎔鑄的過程，不在漢初的郡國並建，不在武帝的權力膨脹，而在於昭、宣以下逐漸建立起政權的社會基礎。在武帝以後，中國開始了政治上的一元結構。」〔註92〕是秦帝國所行進之方向，武帝以後逐漸明朗，柳宗元於〈封建論〉論周行分封出於「勢」，錢穆先生論秦行郡縣亦因於「勢」，〔註93〕浸至西漢「自高祖以來，功臣外戚同姓三系紛紜之爭，至此（景帝）告一結束。而中央政府一統之權能，遂以確立。」〔註94〕權能一統，爲帝國之眞精神，此武帝時方確立。而董仲舒之思想背景在此，徐復觀云：「漢代思想的特性，是由董仲舒所塑造的。……他的這一意圖，與大一統專制政治的趨於成熟，有密切關係。他一方面是在思想上、觀念上，肯定此一體制的合理性。同時，又想給此一體制以新的內容，新的理想。」〔註95〕林聰舜更以「新國家學說」之建立爲觀察角度，討論由黃老到賈誼、董仲舒之發展，肯定其思想間之合理演變。而其所謂「國家學說」之要項當有（一）賦予統治權力「正當性」。（二）能深入各生活領域，作爲行動的指導原則。（三）具有

〔註91〕董仲舒之天道偏於爲治道所用，此時天君合一，又加以親屬關係之搭連，本來分屬政治、社會倫理範疇之忠與孝，其間關係愈緊張，見〈忠孝不兩全——儒家忠孝觀念的歷史考察〉，李焯然著，《九州學刊》第四卷第二期，1991年夏。

〔註92〕見《求古編》中〈西漢政權與社會勢力的交互作用〉一文，頁453，許倬雲著，聯經出版事業公司，1982年6月。

〔註93〕同註69，頁89。

〔註94〕同註67，頁63。

〔註95〕同註86，頁296～297。

籠罩一切的世界觀，能成為人民理解周圍事務的基礎。（四）表面上能顧及各階級的利益。〔註96〕其中第一項尤要，因其涉及國家權力之根源問題。董仲舒之前之儒者如陸賈、賈山、賈誼等多偏向於政治現實之思考，賈誼思想雖已有關於法治倫理之形上義發明，然而將帝國權力之根源明揭為天者，董仲舒始明朗，雖賈誼思想蘊涵國家或國君與天之關係，然與仲舒之確然明示不同，故而國家權力之形上根源之提出當始於董仲舒。

《漢書‧公孫弘卜式兒寬傳贊》云：「漢興六十餘載，海內艾安，府庫充實，而四夷未賓，制度多闕。上方欲用文武，求之如弗及，始以蒲輪迎枚生，見主父而歎息。群士慕嚮，異人並出。卜式拔於芻牧，弘羊擢於賈豎，衛青奮於奴僕，日磾出於降虜，斯亦曩時版築飯牛之朋已。漢之得人，於茲為盛。……是以興造功業，制度遺文，後世莫及。」

《漢書‧武帝記》云：

> 漢承百王之弊，高祖撥亂反正，文景務在養民，至于稽古禮文之事，猶多闕焉。孝武初立，卓然罷黜百家，表章六經。遂疇咨海內，舉其俊茂，與之立功。興太學，修郊祀，改正朔，定曆數，協音律，作詩樂，建封禪，紹周後。號令文章，煥焉可述。後嗣得遵洪業，而有三代之風。如武帝之雄材大略，不改文景之恭儉，以濟斯民，雖詩書所稱，何有加焉。

武帝功過，元、成以後儒者，意見即有不同，而於其制度多興，錢穆先生云：「武帝當時改制度，興禮樂，固共許為傳世之大業矣，然所為改制度興禮樂者，其事所以對天，而與民事則無關。」〔註97〕此誠為洞鑒之論，蓋「自武帝後，朝廷既一反秦之卑近，遠規降古。立言之士，亦遂不得不棄其譏秦嘲亡之故調，而轉據經術。其大者則曰春秋與陰陽。蓋一本人事，一藉天意。藉天意則尊，本人事則切。」〔註98〕此則《漢書‧五行傳》所云：「漢興，承秦滅學之後，景武之世，董仲舒治公羊春秋，始推陰陽為儒者宗。」之意，是人事天意可為董氏學之精神，而天道更為其學說中之綱要，蕭公權言：「董子天人關係之理論實為天君關係之理論。」〔註99〕亦即若以天為神聖符號，則此符號得為政治符號，

〔註96〕同註70，頁231。
〔註97〕同註67，頁111。
〔註98〕同前，頁213。
〔註99〕同註65，頁316。

又其用意爲「法天承天以治人，其權力實以天意爲根據而即受其限制。天權對
君權之限制有二：一曰予奪國祚，二曰監督政事。前者爲革命受命之理論，後
者爲災異譴告之理論。秦漢先後以武力取天下，就一方面觀之，似政權轉移由
於人力，而君主本身足以獨制天下之命。董子天命之說，殆意在攻破此傾向於
絕對專制之思想。」〔註100〕徐復觀說法亦同此，其云：「（董仲舒）維護專制之
主的至尊無上的地位；但由至尊無上的地位所發出的喜怒哀樂，運轉著整個統
治機構所及於天下的影響太大。可以說，大一統專制皇帝的喜怒哀樂，成爲
最高政治權力的權源。他大概也感到儒道兩家，想由個人的人格修養來端正
或解消這種權源之地，幾乎是不可能，於是只好把它納入到天的哲學中去，
加上形上性的客觀法式，希望由此以把權源納入正軌。第二，作爲大一統專
制統治的重大工具，在董氏時代，幾乎也可以說是唯一的工具，是繼承秦代
的刑法。此種刑法之酷，臣民受害之烈，只要一讀《漢書‧刑法志》及〈酷
吏傳〉，稍有人心的人，無不怵目驚心。……董氏當時痛心疾首於這些情形，
希望把政治的方向，改途易轍，尙德而不尙刑。但如何能扭轉此人民血肉所
形成的專制機構，也只有希望拿到『天』的下面去加以解決。可以說，近代
對統治者權力的限制，求之於憲法；而董氏則只有求之於天；這是形成他的
天的哲學的眞實背景。」〔註101〕是蕭、徐二家於董氏天之看法無大差別，皆
爲政治上制衡君權之作用樞紐，則其弊病可期。

　　因董之天實含有工具性意味在，而涵工具性意味之天，無形中其神聖性
被削弱，更大弊病在於：天出異象以示警，然而此異象之解釋權屬誰？又異
象之解釋常因時地而或不同，舉例言之，眭弘時，泰山有大石自立，僵柳復
起，眭弘言漢帝宜求索賢人，禪以帝位，結果伏誅，顧頡剛言：「要是泰山大
石自立，上林苑中枯了的大柳樹再生的事實出現在漢武帝時，不知這班儒生
和方士又要如何地說作祥徵漢武帝將又去封禪改元了。不幸那時武帝已經享
盡榮華而死，人民經了一番大痛苦，創痍未復，他們長在希望易姓受命，有
一個新天子出來救濟他們一下，既有這等事情發生，正好爲易姓受命之說張
目，哪裡再肯說作符瑞，討漢家的歡喜。」〔註102〕而繼董仲舒者亦多不免於
刑禍，《漢書‧眭兩夏侯京翼李傳》贊云：

〔註100〕同前，頁317～318。
〔註101〕同註86，頁297～298。
〔註102〕《五德終始說下的政治和歷史》，頁127，顧頡剛著，龍門書店，1970年3月。

漢興，推陰陽言災異者，孝武時有董仲舒，夏侯始昌。昭宣則眭孟，
夏侯勝。元成則京房、翼奉、劉向、谷永。哀平則李尋、田術終。
此其納說時君著明者也。察其所言，彷彿一端，假經設誼，依託象
類，或不免乎億則屢中。仲舒下吏，夏侯因執，眭孟誅戮，李尋流
放，此學者之大戒也。京房區區，不量淺深，危言剌譏，構怨彊臣，
罪辜不旋踵，亦不密以失身。悲夫。

以上或觸逆鱗而遭禍勿論，而帝權是否受限制？觀三公常以災異策免，成帝
綏和二年熒惑守心，帝竟命丞相翟方進自劾，可知帝權未嘗受制，皇帝本上
承於天，何以災異現而罪下三公。此法家之治術，重主上之勢《韓非子・主
道》云：

有功則君有其賢，有過則臣任其罪。……臣有其勞，君有其成功。

而董仲舒以後一派，可簡述如下：

武昭之世明災異者用意多在警主安民，元成以後則傾向於抑權姦以
保君國。哀平之世陳符命者為篡臣作藉口，新室既敗則又成止僭竊，
維正統之利器。初則忠臣憑之以進諫，後則小人資之以進身。其始
也臣下以災異革命匡失政，其卒也君上取符命讖記以自固位權。鄒
董之學，至此遂名存而實亡。〔註103〕

鄒董之學何以亡，則如前所述，可謂亡於天之工具性作用，而災異萬端，言
人人殊，居心有善不善，談天當明「天人相與之際，甚可畏也。」

《漢書・董仲舒傳》載武帝問：「三代受命，其符安在？災異之變，何緣
何起？」國家權力之正當性問題，為帝國根基所在，《漢書・酈陸朱劉叔傳》載
南越王趙佗問陸賈，「我孰與皇帝賢？」賈曰：「皇帝起豐沛，討暴秦，誅彊楚，
為天下興利除害，繼五帝三王之業，統天下，理中國。中國之人以億計，地方
萬里，居天下之膏腴，人眾車輿，萬物殷富，政由一家，自天地剖判未始有也。
今王眾不過數萬，皆蠻夷，崎嶇山海間，譬如漢一郡，王何乃比於漢！」佗大
笑曰：「吾不起中國，故王此。使我居中國，何遽不若漢？」此趙佗崇信以力假
仁，不信符命。又《漢書・文帝記》載陳平、周勃、劉章誅諸呂後，使人迎代
王，張武等皆曰：「漢大臣皆故高帝時將，習兵事，多謀詐，其屬意非止此也，
特畏高帝、呂太后耳。今已誅諸呂，新喋血京師，以迎大王為名，實不可信，
願稱疾無往，以觀其變。獨宋昌進曰：「群臣之議皆非也。夫秦失其政，豪傑並

〔註103〕同註65一書，頁328。

起，人人自以爲得之者以萬數，然卒踐天子位者，劉氏也，天下絕望，一矣。高帝王子弟，地犬牙相制，所謂盤石之宗也，天下服其彊，二矣。漢興，除秦煩苛，約法令，施德惠，人人自安，難動搖，三矣。夫以呂太后之嚴，立諸呂爲三王，擅權專制，然而太尉以一節入北軍，一呼士皆袒左，爲劉氏，畔諸呂，卒以滅之，此乃天授，非人力也。」可見漢之正當性問題不斷受質疑，後來班彪答隗囂之〈王命論〉則持續爲漢宣傳受命思想，「帝王之祚，必有明聖顯懿之德，豐功厚利積累之業，然後精誠通於神明，流澤加於生民，故能爲鬼神所福饗，天下所歸往。未見運世無本，功德不紀，而得倔起在此位者也，世俗見高祖興於布衣，不達其故，以爲適遭暴亂，得奮其劍，遊說之士，至比天下於逐鹿，幸捷而得之，不知神器有命，不可以智力求，悲夫，此世之所以多亂臣賊子者也。若然者，豈徒闇於天道哉，又不睹之於人事矣。」而於天道人事，仲舒則曰：「謹案者春秋之中，視前世已行之事，以觀天人相與之際，甚可畏也。國家將有失道之敗，而天乃先出災異以譴告之，不知自行，又出怪異以警懼之，尚不知變，而傷敗乃至。以此見天心之仁愛人君而欲止其亂也。」此天意人事彌合說法，與斑彪作政治宣傳有異，因「董子言天人，其意實重革命而輕受命，詳災異而略禎祥。……蓋其學猶有鄒子談天之遺意，與漢代曲學阿世之儒，推天命以媚時君者，皮毛相似，而精神迥殊。吾人不可因其同持五行陰陽之說而混之也。」〔註104〕是學理與學理之用，不可不察持其說者之存心。

〔註104〕同前，頁 319。

第五章　結　論

　　由封建組織入帝國體制，除政治制度之差異外，表現於宗教上之型態亦大不相同，無論爲郊祀或宗廟等大事，表面上爲沿襲，然而其內涵與精神爲因應不同型態之政治實況而大爲不同。至於地方宗教方面，封建時代之各地宗教風俗，藉帝國之力而一統，且逐漸淡化其地方性色彩而傳播力更盛。而宗教型態仿於帝國組織，經董仲舒等三綱六紀之學說宣化，帝國（政治）宗教之結合更緊密，對後世宗教之影響甚深，以劉宋時陶宏景爲例，其《眞靈位業圖》之神統，即與政治組織中朝班之品序觀念相同，崇信天上神階如此，無疑對地上之政治更加鞏固。

　　統一帝國與宗教間誠爲互有實質內涵上之呼應，然而亦有對二者結合不利之質素存在，茲舉一例說明，王夫之《讀通鑑論》中言：

> 封建廢而權下移，天子之下至於庶人，無堂階之差也，於是乎庶人
> 可淩躐乎天子，而盜賊起。嬴政之暴，王莽之逆，盜賊橫焉，然未
> 嘗敢與久安長治之天子抗也。至漢之季，公孫舉、張嬰、許生始稱
> 兵僭號而無所憚，積以成乎張角之亂，盜賊輒起於承平之代者數千
> 年而不息。秦之盜曰悲六國之亡；莽之盜曰思漢室之舊；盜者必有
> 託也；然後可假爲之名以聳天下而翕然以從。至於角而無所託矣，
> 宦寺之毒，郡縣之虐，未可以爲名也，於是而詭託之於道。角曰：
> 吾之道，黃帝、老子之道也。

秦、莽時起兵皆託復先朝而起，何以至漢末黃巾等託以宗教，此爲有趣之歷史問題，王夫之所言封建廢而權下移，其實乃是權一統而君民對立，階級間則是賈誼所謂堂陛階之比喻。而階級之流動爲橫向流動，非上下之流動，因

此欲打破強固之階級現況，除非有強大外力，張角等起義不能全歸爲宗教問題，然而帝國時代宗教之傳播常能突破封建時之較爲地方性色彩樊籬，是以勢力能較大，因而以宗教爲號召能吸納更多人民，此則統一帝國與宗教間之結合較不利之質素。自秦漢以後，帝國宗教之型態基本上無大差異，國家祀典方面所扮演爲監督調節之功能，善良風俗之地方性宗教常納入祀典，而有淫僻邪侈者，則以政治力滅之，至於皇帝之佞佛、崇道，此又何異秦皇漢武之興祀。

　　宗教範疇實爲人存在皆有之意識反映，毋論處何種政治制度，永遠有宗教性關懷之祈求，特其型態隨時世而轉異，自封建而後郡縣，自天子以至於庶人，關注於此領域者或有不同程度之社會影響，然皆歸於生命個體對超驗存有之涉問，是「天人之際」之大哉問。

參考書目

一、典　籍

1. 《詩經》，十三經注疏，新文豐出版公司。
2. 《左傳》，十三經注疏，新文豐出版公司。
3. 《公羊傳》，十三經注疏，新文豐出版公司。
4. 《穀梁傳》，十三經注疏，新文豐出版公司。
5. 《周禮》，十三經注疏，新文豐出版公司。
6. 《儀禮》，十三經注疏，新文豐出版公司。
7. 《禮記》，十三經注疏，新文豐出版公司。
8. 《史記》，司馬遷，鼎文書局。
9. 《史記會注考證》，瀧川龜太郎，洪氏出版社。
10. 《漢書》，班固，鼎文書局。
11. 《漢書集釋》，施之勉，三民書局股份有限公司。
12. 《後漢書》，范曄，鼎文書局。
13. 《國語》，左丘明，宏業書局。
14. 《國語（點校本)》，左丘明，上海古籍出版社。
15. 《荀子集解》，王先謙，世界書局。
16. 《荀子柬釋》，梁啓雄，華正書局。
17. 《呂氏春秋校釋》，陳奇猷，華正書局。
18. 《白虎通義》，班固，商務印書館。
19. 《三輔黃圖》，藝文印書館百部叢書集成平津館叢書。
20. 《漢舊儀》，衛宏，藝文印書館百部叢書集成平津館叢書。

21. 《漢官儀》，應劭，藝文印書館百部叢書集成平津館叢書。

22. 《春秋繁露注》，董仲舒著，凌曙注，世界書局。

23. 《春秋繁露義證》，董仲舒著，蘇輿義證，河洛圖書出版社。

24. 《春秋繁露今註今譯》，董仲舒著，賴炎元註譯，商務印書館。

25. 《說文解字注》，許慎著，段玉裁注，漢京文化事業有限公司。

26. 《風俗通義校注》，應劭著，王利器校注，漢京文化事業有限公司。

27. 《文選》，蕭統編，李善注，華正書局。

28. 《通典》，杜佑，新興書局。

29. 《文獻通考》，馬端臨，新興書局。

30. 《讀通鑑論》，王夫之，里仁書局。

31. 《原抄本日知錄》，顧炎武，文史哲出版社。

32. 《陔餘叢考》，趙翼，世界書局。

33. 《校證補編廿二史箚記》，趙翼著，杜維運考證，華世出版社。

34. 《五禮通考》，秦蕙田，秦蕙田、盧文弨、姚鼐等手校，聖環圖書公司。

35. 《禮書通故》，黃以周，華世出版社。

36. 《漢魏遺書鈔》，王謨，中文出版社。

二、專　著

1. 《鄒衍遺說考》，王夢鷗，臺灣商務印書館，1966 年。

2. 《古史辨》，顧頡剛等，明倫出版社影印本。

3. 《五德終始說下的政治和歷史》，顧頡剛，龍門書店，1970 年。

4. 《春秋繁露義證》，蘇輿著，河洛圖書出版社，1974 年。

5. 《春秋繁露注》，凌曙，世界書局。

6. 《中國思想史論集》，徐復觀，臺灣學生書局，1975 年。

7. 《中國思想與制度論集》，段昌國、劉紉尼、張永堂等譯，聯經出版事業公司，1976 年。

8. 《中國上古史論文選集》，杜正勝，華世出版社，1979 年。

9. 《書傭論學集》，屈萬里，臺灣開明書店，1980 年。

10. 《天人關係論——中國文化一個基本特徵的探討》，楊慧傑，大林出版社，1981 年。

11. 《董仲舒政治思想之研究》，賴慶鴻，文史哲出版社，1981 年。

12. 《國史大綱》，錢穆，臺灣商務印書館，1982 年。

13. 《中國政治思想史》，蕭公權，聯經出版事業公司，1982 年。

14. 《求古編》，許倬雲，聯經出版事業公司，1982 年。

15. 《秦漢史》，呂思勉，臺灣開明書店，1983 年。

16. 《白話秦漢史》，西嶋定生著，黃耀能譯，文史哲出版社，1983 年。

17. 《宗教哲學》，賈詩樂著，吳宗文譯，種籽出版社有限公司，1983 年。

18. 《中國文化新論──宗教禮俗篇》，楊惠南等，聯經出版事業公司，1983 年。

19. 《中國文化新論──制度篇》，鄭欽仁等，聯經出版事業公司，1983 年。

20. 《中國文化新論──根源篇》，杜正勝等，聯經出版事業公司，1983 年。

21. 《中國青銅時代》，張光直，聯經出版事業公司，1984 年。

22. 《中國知識階層史論》，余英時，聯經出版事業公司，1984 年。

23. 《新編中國哲學史》，勞思光，三民書局，1984 年。

24. 《周代城邦》，杜正勝，聯經出版事業公司，1985 年。

25. 《秦漢的方士與儒生》，顧頡剛，里仁出版社，1985 年。

26. 《漢初學術及王充論述論稿》，李偉泰，長安出版社，1985 年。

27. 《中國之科學與文明（五）》，李約瑟著，陳立夫主譯，臺灣商務印書館，1985 年。

28. 《支配的類型》，韋伯著，康樂等譯，允晨文化實業股份有限公司，1985 年。

29. 《董仲舒天道觀》，王孺松，教育文物出版社，1985 年。

30. 《中國神話》，白川靜著，王孝廉譯，長安出版社，1986 年。

31. 《董仲舒》，韋政通，東大圖書公司，1986 年。

32. 《秦漢史》，錢穆，東大圖書公司，1987 年。

33. 《秦漢史論稿》，邢義田，東大圖書公司，1987 年。

34. 《秦漢社會文明》，林劍鳴等，谷風出版社，1987 年。

35. 《中國傳統思想的現代詮釋》，余英時，聯經出版事業公司，1987 年。

36. 《中國古代陵寢制度史研究》，楊寬，谷風出版社，1987 年。

37. 《戰國史》，楊寬，谷風出版社。

38. 《原始儒家道家哲學》，方東美，黎明文化事業公司，1987 年。

39. 《春秋繁露今註今譯》，賴炎元，臺灣商務印書館，1987 年。

40. 《董仲舒》，林麗雪，臺灣商務印書館，1987 年。

41. 《考古學專題六講》，張光直，稻鄉出版社，1988 年。

42. 《天‧神‧人──中國傳統文化中的造神運動》，馬曉宏，雲龍出版社，1988 年。

43. 《中國法制史》，李甲孚，聯經出版事業公司，1988年。

44. 《漢代的巫者》，林富士，稻鄉出版社，1988年。

45. 《兩漢經學今古文平議》，錢穆，東大圖書公司，1989年。

46. 《兩漢思想中》，徐復觀，臺灣學生書局，1989年。

47. 《春秋公羊傳要義》，李新霖，文津出版社，1989年。

48. 《宗教學通論》，呂大吉主編，中國社會科學出版社，1989年。

49. 《人論》，卡西爾著，結構群譯，結構群，1989年。

50. 《野性的思維》，李維·史特勞斯著，李幼蒸譯，聯經出版事業公司，1989年。

51. 《中國青銅時代（第二集）》，張光直，聯經出版事業有限公司，1990年。

52. 《編戶齊民——傳統政治社會結構之形成》，杜正勝，聯經出版事業有限公司，1990年。

53. 《先秦諸子繫年》，錢穆，東大圖書公司，1990年。

54. 《天、人、社會——試論中國傳統的宇宙認知模型》，呂理政，中央研究院民族學研究所，1990年。

55. 《中國上古禮制考辨》，邱衍文，文津出版社，1990年。

56. 《政治神話論》，孫廣德，臺灣商務印書館，1990年。

57. 《楚文化研究》，文崇一，東大圖書公司，1990年。

58. 《語言與神話》，恩斯特·卡西勒著，于曉等譯，久大文化股份有限公司，桂冠圖書股份有限公司聯合出版社，1990年。

59. 《神話即文學》，陳炳良等譯，東大圖書公司，1990年。

60. 《上古禮制考辨》，邱衍文，文津出版社，1990年。

61. 《觀堂集林》，王國維，中華書局，1991年。

62. 《戰國時期的黃老思想》，陳麗桂，聯經出版事業有限公司，1991年。

63. 《中西哲學思想中的天道與上帝》，李杜，聯經出版事業公司，1991年。

64. 《西漢前期思想與法家的關係》，林聰舜，大安出版社，1991年。

65. 《黑馬——中國民俗神話學文集》，蕭兵，時報文化出版企業有限公司，1991年。

66. 《比較宗教學——一個歷史的考察》，夏普著，呂大吉等譯，久大文化股份有限公司，桂冠圖書股份有限公司，聯合出版，1991年。

67. 《宗教經驗之種種》，威廉·詹姆士著，唐鉞譯，萬年青書店。

68. 《漢代文學與思想學術研討會論文集》，政治大學中文系所主編，文史哲出版社，1991年。

69. 《原始宗教》，董芳苑，久大文化股份有限公司，1991年。

70. 《金枝——巫術與宗教之研究》，弗雷澤著，汪培基譯，久大文化股份有限公司，桂冠圖書股份有限公司聯合出版，1991 年。

71. 《先秦齊學考》，林麗娥，臺灣商務印書館，1992 年。

72. 《中國古代思想史論》，李澤厚，谷風出版社。

73. 《中國思想史》第一卷《七世紀前中國的知識、思想與信仰世界》，葛兆光，復旦大學出版社，1999 年。

三、期刊論文

1. 〈太一攷〉，錢寶琮，《燕京學報》第 12 期，1932 年。

2. 〈商代的神話與巫術〉，陳夢家，《燕京學報》第 20 期，1936 年。

3. 〈漢代社祀的源流〉，勞幹，《中央研究院歷史語言研究所集刊》第 11 本，1944 年。

4. 〈秦漢間之所謂「符應」論略〉，陳槃，《中央研究院歷史語言研究所集刊》第 16 本，1947 年。

5. 〈秦漢戰國間方士考論〉，陳槃，《中央研究院歷史語言研究所集刊》第 17 期，1948 年。

6. 〈中國祖廟的起源〉，凌純聲，《中央研究院民族學研究所集刊》第 7 期，1959 年。

7. 〈秦漢時代之畤〉，凌純聲，《中央研究院民族學研究所集刊》第 18 期，1964 年。

8. 〈中國古代社之源起〉，凌純聲，《中央研究院民族學研究所集刊》第 17 期，1964 年。

9. 〈九歌中的上帝與自然神〉，文崇一，《中央研究院民族學研究所集刊》第 17 期，1964 年。

10. 〈荊楚文化〉，饒宗頤，《中央研究院歷史語言研究所集刊》第 41 本第 2 分附載，1969 年。

11. 〈中國古代的神祕數字論稿〉，楊希枚，《中央研究院民族學研究所集刊》第 33 期，1973 年。

12. 〈歷史研究的課題與方法——特就宗教史的研究論〉，杜正勝，食貨月刊復刊第 3 卷第 5 期，1973 年。

13. 〈三代宗法社會的起源與發展〉，李震，《中國歷史學會史學集刊》第 8 期，1976 年。

14. 〈春秋列國風俗考論〉，陳槃，《中央研究院歷史語言研究所集刊》第 47 本第 4 分，1976 年。

15. 〈天道觀與道德思想〉，饒宗頤，《中央研究院歷史語言研究所集刊》第 49 本第 1 分，1978 年 3 月。

16. 〈神道思想與理性主義〉，饒宗頤，《中央研究院歷史語言研究所集刊》，第 49 本第 3 分，1978 年 9 月。

17. 〈周代封建的建立〉，杜正勝，《中央研究院歷史語言研究所集刊》第 50 本第 3 分，1979 年九月。

18. 〈周代封建制度的社會結構〉，杜正勝，《中央研究院歷史語言研究所集刊》第 50 本第 3 分，1979 年 9 月。

19. 〈宗廟制度論略（上）〉，龔鵬程師，《孔孟學報》第 43 期，1982 年 4 月。

20. 〈宗廟制度論略（下）〉，龔鵬程師，《孔孟學報》第 44 期，1982 年 9 月。

21. 〈巫蠱之禍的政治意義〉，蒲慕州，《中央研究院歷史語言研究所集刊》第 57 本第 3 分，1986 年。

22. 〈眾妙之門——北極與太一、道、太極〉，葛兆光，《中國文化》第 3 期，1990 年。

23. 〈式與中國古代的宇宙模式〉，李零，《中國文化》第 4 期，1991 年。

24. 〈上古天文考——古代中國天文之性質與功能〉，江曉原，《中國文化》第 4 期，1991 年。

25. 〈晚近歐美宗教研究方法學評介〉，蔡彥仁，《宗教學研究》第一期，1991 年。

26. 《山海經》中《五藏山經》祭祀儀式初探，王鏡玲，《哲學與文化》，第 18 卷 1 期，1991 年，1 月。

27. 《西漢的宗廟與郊祀》，張寅成，國立臺灣大學歷史研究所碩士論文，民國 74 年 6 月。

28. 《古代中國的「國家」概念及其正當性基礎（500B.C.-8A.D.）》，王健文，國立臺灣大學歷史學研究所博士論，民國 80 年 5 月。

29. 《中國古代崇祖敬天思想研究》，王祥齡，私立中國文化大學哲學研究所博士論文，民國 80 年 5 月。